海洋旅游目的地高质量发展
之健康价值提升报告

主编 ◎ 杨德进　　　副主编 ◎ 妥艳嫃　牛会聪

中国旅游出版社

编委会

序　言

　　突如其来的新冠肺炎疫情给旅游业带来了前所未有的发展挑战，不仅仅是因停业抗击疫情所造成的经济损失，更显著地是加剧了行业发展健康化变革的进程。后疫情时代，人们对生命、生活和生态健康的重视达到了新高度，以提高自身免疫力抗击病毒、改变不健康生活方式、调理亚健康状态与症状、追求养生延年益寿、选择健康卫生又安全的环境等为目标的旅游消费行为成为一种新趋势，正驱动着整个旅游行业实现转型升级。众多学者和实践者因此更加关注独特健康旅游资源的挖掘、健康旅游产品的开发、健康旅游环境的营造、健康旅游品牌的塑造、健康旅游体验的设计等环节，以期为游客健康水平全方位地提升而不断努力。本书基于此，从海洋旅游发展的健康价值挖掘和提升视角，去探索目的地应对健康化变革的方略。

　　海洋旅游具有天然的健康优势和条件，并体现出了极大的健康魅力。游客面朝大海能放飞身心、呼吸海洋空气、享受沙滩阳光、开展海上运动、品尝海鲜美食等，赋予了广泛的健康价值。众所周知，海洋旅游是以海岸带、海岛、海洋为依托而开展的各种旅游活动形式的总和，在海陆交错地带、海岛独立空间、远海深海区域、海上海空层面都形成了一个相对完善的旅游活动场域系统。从健康价值角度看，海陆两大生态系统交错形成的自然环境和生物多样性条件具有突出的健康价值，海洋和海岸带独特的气候条件具有发展康养旅游的基础，海洋生物资源逐渐得到有效开发后形成的医药保健功能日益明显，滨海城市和渔村所形成的海洋健康文化、健康生活方式、健康基础设施等也受到了热捧，大海自净化能力和神秘浩瀚境界又产生了强大的健康包容魅力。基于此，本书从研究医学地理、游客健康需求、海洋健康作用原理出发，去构建海洋旅游健康价值提升的理论基础。

  海洋型旅游目的地在提升健康价值的路径和举措方面还存在不足，表现在资源挖掘、产品创新和环境塑造等诸多环节上还远远不能满足游客日益增长的健康消费需求。如何在旅游目的地供给端发力，秉承健康价值最大化发挥原则，从资源开发、目标定位、产品研发、要素优化、项目建设等方面实现系统性转型升级，也是本书力求回答的重要问题，力争为决策者、实践者和开发者提供一些行动方略。本书一共分为四个部分，分别为理论趋势研判、区域观察指引、分类发展建议和案例观点借鉴，以期实现理论探索与应用价值相结合的编书目标。另外，由于时间、团队和基础资料等客观条件的局限性，导致了本研究的深度和精度不高的问题，还请各位读者多批评指正，并邀请大家来共同携手致力于海洋旅游目的地发展的研究与探索。

杨德进

2021 年 10 月于南开园

目 录

第一部分　理论趋势篇

第一章 海洋旅游目的地健康价值提升的理论视角

━━━━━━━━━━━◆━━━━━━━━━━━

本章选取健康这一视角，对海洋旅游的健康价值提升展开理论构建研究，以期形成相关理论贡献和应用导向。首先，对海洋旅游目的地健康价值提升的相关概念进行了梳理和认识，包括海洋旅游目的地、健康旅游、海洋健康旅游价值等。海洋旅游目的地对人的健康多有益处，丰富多样的海洋资源、神秘的海洋环境也吸引着人们探寻的脚步，海洋旅游基于海洋资源而发展，更是有着难以替代的价值。其次，以游客健康水平的促进为目标，深刻剖析健康消费人群、健康意识与行为、健康影响因素。再次，解读海洋旅游目的地健康供给系统的构成，分析海洋旅游目的地健康供给系统的基底条件、供给主体和供给内容；最后，结合提升海洋旅游目的地健康水平提升的理论基础和相关视角，形成海洋旅游目的地健康价值提升的方法和路径，以期为海洋健康旅游发展实践提供指导。

一、基本概念界定

1.1 健康的内涵与思想

随着社会发展和生产力水平的不断提高，人类对健康的认知也在不断深化，健康内涵的演变可分为三个阶段：早期的健康观念只强调"健康身体"的要素，即生理上的健康，只要身体各脏器没有病残就是健康，但这样的健康观念是不全面的；之后，健康的内涵得到进一步丰富，世界卫生组织将健康定义为一个人在身体、精神和社会等方面的完善状态。在这一阶段中，心理、精神和社会等多种要素被加入其中，体现了人对自身认识由部分到整体的辩证过程；现今，健康的内涵仍在继续扩充，杨立华等（2011）认为，道德、自然也是健康评价的一部分，赵驰等（2015）认为，健康是通过心理调适能力在心理上、躯体上和社会适应性上的一种完善状态，心理和精神健康是整体健康的核心。因此，可以将健康定义为涵盖个体生理、心理和道德品质的内在健康以及与自然、社会等外部健康环境协调、统一的有机整体。

中国人对健康的认识受到传统中医观念的影响，形成了强调形神合一和天人相应的整体观，具体表现为中医生命哲学的健康观，即以健康的世界观、价值观和人生观为指导过一种积极、平和的生活，建立敬畏自然、依赖自然、顺应自然、享受自然的价值取向和思维方式，这样的协调统一健康观依赖于人与自然与社会的和谐共生。健康是生命的基础，是人类最基本的需求，也是衡量一个国家文明进步的重要标志。近年来党中央提出了"健康中国"重大国家发展战略，把人民健康放在优先发展的位置，这无疑体现出健康事业的重要性，也为旅游产业的发展指明了前进的方向。

1.2 健康与旅游

健康与旅游的关系可从两方面进行解读，一方面是健康旅游，另一方面是旅游健康。首先，健康旅游伴随着旅游业的发展而兴起，是体现健康要素的旅游活动。郭鲁芳等（2005）认为，一切有益于现代人消解健康低质量状态及其体验、增进身心健康的旅游活动就是健康旅游。薛群慧等（2011）提出，健康旅游是一种以生态环境为背景、休闲养生活动为主题的专项旅游产品，也是包括中医养生、心理疏导、现代医学以及各种有益于身心的艺术、运动、学习等方式开展的旅游健身活动。尽管国内外健康旅游的概念和产品边界还未得到统一，但都着眼于旅游者的健康和保健目的。其次，旅游健康则有广义和狭义之分。广义的旅游健康包括旅游者的健康、旅游资源和环境的健康以及旅游服务提供者的健康等内涵；狭义的旅游健康则特指旅游者的健康，包括旅游者的身心健康，指旅游者在全部旅游行程中的生理和心理机能均得到不同程度的优化。旅游健康是旅游客体、媒体、主体共同指向的目标。综上所述，旅游健康是目标和指导原则，健康旅游是手段和途径，两者之间存在内在的、必然因果关系。

1.3 海洋旅游目的地

我国关于海洋旅游的研究始于 20 世纪 80 年代，海洋旅游较早的定义由董玉明提出，他认为海洋旅游是指在一定的社会经济条件下依托海洋来满足人们精神和物质需求而进行的海洋游览、娱乐和度假等活动所产生的现象和关系的总合。我国的海洋旅游发展经历了古代、近代和现代三个阶段，从最初的商品交换这种以经济为目的的旅游活动，到后来在海滨地带开辟和建设了各具特色的旅游景区或景点，又到现在海洋旅游业在海洋产业中占有重要地位并成为中国沿海地区新的经济增长点。现代旅游产业伴随着改革开放而发展，各种旅游活动也是从此开始兴起，如今的海洋旅游包括邮轮旅游、游艇旅游、海岛旅游、海上与水下旅游、滨海旅游等多种形式。

海洋旅游目的地是游客进行海洋相关旅游活动的场所。于庆东（1998）根据旅游资源特色及其地域分布将我国海洋旅游目的地分为环渤海地区、长江三角洲地区、闽江三角洲地区、珠江三角洲地区、海南五大海洋旅游区。本书也结合了这一分类方式，进一步从环渤海地区、长三角地区、闽台地区、粤港澳大湾区、海南地区、北部湾地区六个区域，从健康价值视角对我国海洋旅游发展的区域性目的地进行了分析和研判。

1.4 海洋健康旅游

海洋健康旅游是健康旅游的一种类型，指以海洋为旅游场所，以恢复和改善身心健康为目的的旅游活动形式。海洋健康旅游受海洋旅游资源的影响，有着海洋性、综合性、季节性与地域性的特点。从海洋旅游资源的角度上看，丰富的自然资源、人文景观资源和历史文化资源，有着独特的健康旅游环境，能够满足游客观光、娱乐、疗养等多种健康需求。从旅游要素的角度上看，海洋旅游资源能够提升游客"食、住、行、游、购、娱"各方面的健康体验，从而给游客带来新奇而愉悦的旅游经历和全方位的健康体验，达到放松身心、修养身心、康复身心的目的。在此基础上，本书以提升游客健康水平为目标，通过健康视角解读海洋旅游，为海洋旅游的健康化发展提出建设性意见和对策。

二、游客健康水平提升维度

2.1 重点人群的健康提升

慢性病客群的治疗康复。慢性病，也就是慢性非传染性疾病，已成为全人类健康的主要威胁之一，主要包括心脑血管疾病、癌症、慢性呼吸系统疾病以及糖尿病四大类。研究表明，参与旅游休闲活动对于慢性病的治疗有着良好的作用，一方面，单纯的药物治疗和心理干预并不能有效促进慢性病的改善，另一方面，通过改变生活方式，提升生活环境质量则可以有效地预防慢性病的患病率和死亡率。晏萍（2009）的研究表明，构建适宜人居住的自然生态环境，打造休闲度假胜地，可以让一些有精神病、呼吸系统疾病、心血管疾病的患者逐渐康复。即使这类群体受到身体条件的约束，但疾病不能成为其户外活动或是旅游的终止符。吴士艳等（2017）研究发现了慢性病人群的休闲活动量不足问题，应当通过健康教育和健康促进帮助其克服主观障碍，同时减少休闲类身体活动的客观障碍，不断提高自我效能。因此，海洋旅游活动的设计和安排，应当以减少慢性病客群身体的客观障碍为前提，注重细节的无障碍安排，探索旅游活动中慢性病群体的健康管理模式。

亚健康和中老年客群的养生养老。亚健康是处于健康与疾病之间的临界状态，中医也称为未病。亚健康人群一般不需要药物治疗，更多的是需要非侵入性、非药物性的方式来恢复身体原有的生理功能而已，主要从饮食保健、规律生活、身心放松、体育运动等方面进行调理。由于快速城镇化和工业化进程所形成的现代社会的压力，致使我国亚健康人群比例不断攀升。根据2016年世界卫生组织报告公布的数据，全球亚健康人数超过60亿人，占全球总人口的85%，中国亚健康人数占中国总人口的70%，约9.5亿人左右。休闲旅游成为人们进行自我身心调节的重要手段，并逐渐成为消减亚健康状态的主要形式。中老年客群则指年龄在45岁及以上的人群。中年人是社会事业的贡献者和社会财富的创造者，由于工作压力大、生理功能下降、精力逐渐衰退、无暇顾及健康等因素，使得身心健康问题日益突出，也因此产生了康体养生的需求。对于老年人而言，身体大多已经出现劳损、慢性疾病、免疫力低下等状况，他们对健康问题尤为重视，也是对养生和健康旅游需求最强烈的群体。预计到2050年，我国老年人口将超过4亿人，老龄化水平将超过30%。虽然人口老龄化加速催生了养老旅游市场空间，但目前我国老年旅游市场的发展仍不完善，老年人的旅游决策也具有复杂性，受到人口特征、经济、健康和时间等诸多因素的影响。贾亚娟（2014）发现旅游对老年人口生活自理能力有着积极的影响，生活和健康方面的变量与老年人口的生活自理能力也有相关性。由此可见，促进老年养生、养老、养病旅游市场的壮大，对提升老年人的生活质量有着重要的现实意义。

青少年和其他群体的健康成长。青少年主要指年龄在 13—17 岁的学生群体，这一年龄段是从儿童到成年的过渡阶段，他们的健康状况关乎个体的成长，也关乎一个国家的根本和未来。改革开放以来，我国青少年的身高、身体成分等身体形态指标都呈现上升趋势，而力量、耐力、灵敏等素质指标却呈现持续下降的态势，营养不良和肥胖问题同时存在，呈现明显的"双峰"现象。张丽军等（2020）研究发现，青少年体质健康促进路径可以从制定政策、创新管理机制、优化保障机制、完善监测机制、提升精准治理等方面进行提升。旅游则是提升青少年健康素质的重要路径。青少年群体是开展科普教育、探险、户外运动、游览观光的目标人群，也是未来健康休闲和度假的潜力群体。此外，其他群体的健康需求也可以通过旅游实现，按照不同方面细化女性旅游市场，发展美容保健、母女亲情游等。

2.2 游客健康内在影响因素的改善

影响游客健康水平的个人因素主要分为以下四个方面：个人观念意识、个人生活质量、个人健康行为、个人健康出游意识能力。个人健康观念意识受到先天因素和后天因素的综合影响，先天身体条件影响其身体体质和健康意识，从而影响其健康的认知水平，后天的生存环境、社会环境、生活方式也会影响其生理健康和心理健康。个人生活质量涉及个人生活的方方面面，包括生活环境、生活方式、生活习惯、生活态度等，个人生活质量越高，生活方式越健康，越重视对健康品质的追求，个体健康水平也就越高。个人健康行为是个体主动提升健康水平的表现，相关研究表明，健康行为对认知能力、发病、死亡和伤残结果有着特别积极的影响，不良行为生活方式因素会直接引发疾病。个人健康出游意识能力影响健康行为，也影响游客在外出旅行途中的健康状况，健康出游意识能力不强将引发一系列旅途中的身心健康问题。总之，游客追求健康的方式有很多种，但重点是要提升个体的健康维护意识，使其正确认识行为因素对健康的影响。

2.3 游客健康外部影响因素的分析

影响游客健康水平的外部因素包括：外部环境压力、自我实现损耗、遗传等其他因素。外部环境的变化会影响游客的健康压力。现代社会中，快节奏的生活、高效率的工作、多样化的信息渠道，使得来自生活、工作、学习等方面的压力越来越大。短暂且轻度的压力是有益于机体健康的，它可以引起轻微的身心兴奋效应，有助于机体参与到创造性活动中去；但个体经常性地、长时间地处于一种压力反映状态时，其心理和躯体的健康水平都会遭受损害。另外，外部生态环境的恶化也直接对游客健康产生威胁，如空气、噪声、水、土壤等污染。自我实现损耗是实现个人追求的健康付出。个人追求物质生活、名誉声望、个体价值、社会价值、精神满足等各类自我实现、需求满足的过程中，会以牺牲个人健康为代价，为实现需求满足而损耗个人健康水平，甚至导致疾病或死亡。最后，由于遗传等不可抗力引起的健康问题，需要在旅游发展中体现出更多的人文关怀。诸多遗传原因形成的健康问题对个体身心产生巨大的影响，但是遗传因素是个体不能控制的，如今的许多遗传疾病也是无法根治的，这不仅会影响旅游者个体的健康水平，而且会对旅游者产生一定的心理困扰（见图1-1）。

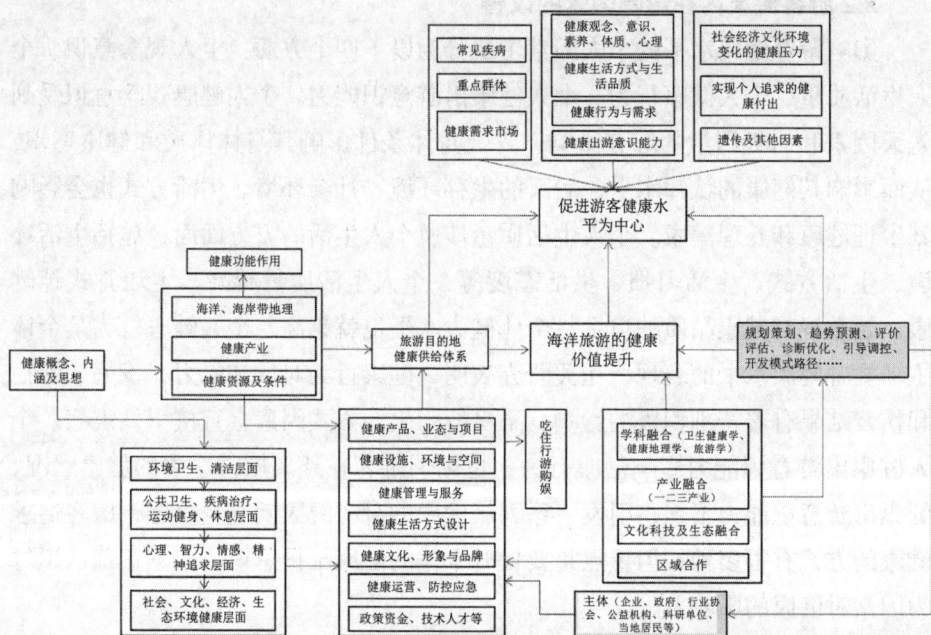

图1-1　以促进游客健康水平为中心的海洋旅游目的地发展指引

三、海洋旅游目的地健康价值提升

3.1 目的地健康供给系统的基底条件分析

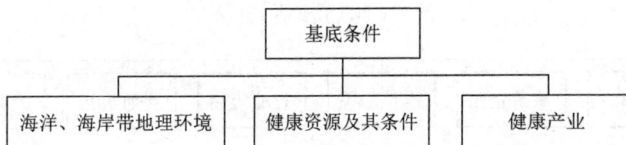

图1-2　目的地健康供给系统的基底条件

如图1-2所示，健康供给的基底和基础条件，主要包括海洋地理环境的健康功能、海洋旅游的健康资源及其条件、海洋旅游目的地健康产业发展基础三个方面。首先，海洋地理环境的健康功能可分为海洋环境与海岸带环境的功能。海洋环境是保障人类健康的最后一块净土，是保障人类食品安全的最后基地，更是维护人类健康的最大医药宝库，因此，依靠海洋环境来保障人类健康是未来的必然选择。而海岸带是地球表层系统的重要组成部分，是人与自然、海洋与陆地的过渡区，也是海陆两大生态系统交互作用最集中的地带，这里是人海关系最集中的区域，人类对海洋的开发利用与保护互动也主要集中在海岸带区域，蕴含了丰富的健康价值。其次，海洋旅游目的地有着多样化的健康资源禀赋，海洋气候环境、水土环境、自然条件、温泉资源、海鲜美食、养生文化等能够给人体带来多方面的健康效应，这些海洋生态和文化资源蕴含的健康价值也在不断被挖掘。最后，海洋旅游目的地健康产业发展基础则包括绿色健康的农业和渔业，营养食品、保健食品，保健用品、保健服务、医药产业等成熟的产业体系，为海洋健康旅游发展提供了坚实基础。海洋旅游目的地健康产业发展基础是其打造海洋健康旅游目的地、开发海洋健康旅游产品、提升海洋旅游健康品质的基底条件和依托资源。与此同时，海洋旅游目的地健康产业发展的水平也决定了其健康价值提升的空间、能力与潜力。

3.2 目的地健康供给系统的主体分析

旅游目的地中包含了诸多相关利益主体，它们也是海洋旅游目的地健康供给体系的主体。一个真正可持续发展的旅游目的地要明确在长期发展中必须满足所有利益主体的需要。这些利益相关者主要包括六个主体：政府部门、旅游企业、当地居民、行业协会、科研机构及公益机构，相关主体是建立健康的产业发展环境并共创健康海洋旅游目的地的核心力量（见图1-3）。

```
                        供给主体
   ┌──────┬──────┬──────┬──────┬──────┬──────┐
 政府部门  旅游企业  当地居民  行业协会  科研机构  公益机构
```

图1-3　目的地健康供给系统的主体构成

政府部门作为公共利益的代表者和维护者，对目的地的旅游发展具有引导和协调的作用，是海洋旅游目的地提升健康旅游意识、开发健康旅游产品、促进健康旅游产业融合的倡议者、宣传者和引导者。旅游企业的主要责任是开发海洋旅游产品和寻求最大投资回报，是健康旅游产品开发、推动产业融合的实践先锋和市场力量。当地居民应是海洋旅游目的地发展的受益者和参与者，他们在目的地生活和工作，是旅游目的地可持续发展所需要考虑的重要因素，各种决策与开发都需要当地社区的参与，当地居民也是海洋旅游产品和服务的重要供给方，向游客生产并提供相关旅游产品、资源和服务。当地的、区域的、国家的行业协会、科研机构、公益机构等，能够通过制定规则、理论指导、基金赞助等方式影响政府部门和旅游企业行为，是促进海洋旅游目的地健康产业发展的推动力量。

3.3 目的地健康供给的内容分析

旅游目的地是一个相互关联要素的组合。关于旅游目的地系统构成有着不同的说法，通常由旅游吸引物、旅游活动、旅游接待设施、旅游交通体系和进入通道、基础服务设施等组成。这些设施和服务的组合能够为游客提供完整的旅游体验。基于此，结合海洋旅游目的地健康供给主体的功能作用，海洋旅游目的地健康供给体系主要包含健康产品与业态、健康服务与管理、健康生活方式设计、健康设施与环境提供、健康文化与形象塑造、健康运营与应急防控、健康政策与人才保障七个方面（见图1-4）。按照海洋旅游目的地健康供给体系的吸引力水平，也可将其分为引力系统、支持系统和保障系统三部分。

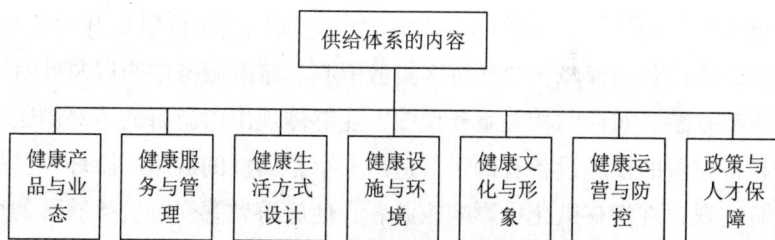

```
                    ┌──────────────┐
                    │ 供给体系的内容 │
                    └──────────────┘
    ┌──────┬──────┬──────┬──────┬──────┬──────┬──────┐
┌───────┐┌───────┐┌───────┐┌───────┐┌───────┐┌───────┐┌───────┐
│健康产 ││健康服 ││健康生 ││健康设 ││健康文 ││健康运 ││政策与 │
│品与业 ││务与管 ││活方式 ││施与环 ││化与形 ││营与防 ││人才保 │
│态     ││理     ││设计   ││境     ││象     ││控     ││障     │
└───────┘└───────┘└───────┘└───────┘└───────┘└───────┘└───────┘
```

图 1-4　目的地健康供给的内容分析

健康产品与业态。以"3S"为代表的海洋旅游资源是海洋旅游发展的基础，具有海洋性、综合性、季节性、地域性、可持续利用性等诸多特点。海洋健康旅游产品是根据旅游资源且围绕旅游市场而产生一系列健康消费产品，包含餐饮、住宿、休闲活动项目及其所使用的产品、原材料等，在此基础上，海洋旅游目的地则又形成一系列健康业务经营形态，这些产品和业态都服务于旅游者旅游经历的实现。对于旅游者而言，旅游产品和业态是构成旅游活动的基础，对于旅游目的地而言，旅游产品和业态是发展旅游业的前提。

健康服务与管理。旅游业属于服务性产业，旅游者购买的产品实际上是一次外出度假旅游的经历。这些经历的产生依赖于旅游目的地提供的服务，即使某些旅游产品，比如客房、餐饮、交通、设施等为有形物品，但旅游者最终购买并获得的则是这次旅游活动的经历，而非有形物品本身。旅游服务的这一特点使其管理上遇到很多难点，不同的旅游者对于一项旅游服务的主观感受和体验不尽相同，因此，如何建立一套基于健康价值的服务与管理标准，因地制宜地对旅游产品的健康质量进行管理和控制，是许多旅游企业包括政府部门面临的现实问题。

健康生活方式设计。当旅游者到达旅游目的地后，除体验健康旅游产品，享受健康旅游服务外，还能够感受到旅游目的地在生活方式上的不同，这种体验区别于旅游者在惯常环境中的感受。旅游目的地对旅游者健康生活方式的设计，既可以是康养旅游线路的规划，也可以是 24 小时全天候的健康生活安排。这样的旅游活动能够带给旅游者深深的沉浸感，获得与日常生活截然不同的健康体验，从而增强旅游目的地的吸引力，同时极大地提升目的地健康旅游的水平，带动整个城市甚至是地区的健康氛围，使当地居民与游客一同收获健康生活带来的益处。

健康设施与环境。目的地的健康旅游设施则是健康价值提升的重要支持，这些旅游设施设备的保障，包括游客集散中心、旅游服务中心以及针对携带儿童的家庭型旅游者布局的相关服务设施，能够体现出旅游目的地对健康旅游的投入。具备完善的设施设备有助于打造出一个整体性的健康旅游环境，从而使健康旅游的观念在潜移默化中影响旅游者，使旅游者感受到健康旅游的全方位魅力。

健康文化与形象。旅游目的地的健康文化与形象，是健康旅游地发展和扩大影响力的关键。旅游者对一个目的地的感知，往往是从一个视角进行切入，这样的视角则依赖于目的地文化和形象的塑造。健康可以成为目的地具备亮点的主题形象，使旅游者受到这种具备特色的目的地形象的影响。例如，昆明打出了"世界春城花都、历史文化名城、中国健康之城"的昆明城市形象 IP，在这样的城市形象打造下，旅游者除了感受到春城花都和文化名城的魅力之外，更能够在这种氛围下感受健康文化的塑造和传递。

健康运营与防控。目的地健康旅游的供给和支持涉及多个主体，包括政府以及相关企业。在实际的旅游活动中，目的地健康旅游的开发、健康环境的打造依赖于安全运营和卫生防控。对于不符合旅游者健康需求的产品进行调整或撤销，根据不同人群推出定制化的健康旅游产品，针对新的健康需求进行及时的统计和完善，进而实现整个目的地开放、包容、健康的氛围。除了给游客身体上的健康体验之外，也要给其心理上一个好的感知，比如滨海城市厦门，在旅游目的地打造的开放度和友好度，能够使旅游者获得愉悦的精神体验，从而促进旅游者的心理健康。除此之外，目的地公共卫生环境改善和疫情防控措施需要不断强化，塑造出卫生健康的整体格局。

政策与人才保障。旅游目的地是否出台有利于海洋健康旅游发展的政策，以及是否培育一些专业化的卫生健康从业人才，比如涉及医疗健康的专业人才，对于目的地健康旅游长久发展起到重要作用。如今，海洋旅游业已成为世界海洋经济的最大产业之一，党的十九大报告提出要"坚持陆海统筹，加快建设海洋强国"，而发展海洋旅游对建设海洋强国有着积极的作用。2013 年，国家旅游局将该年的旅游主题确定为"中国海洋旅游年"，这对海洋旅游的发展起到了巨大的政策推动作用。在这当中，人才资源是海洋旅游健康价值提升的支持条件，也是海洋旅游目的地大健康产业良性发展的动力。因此，海洋旅游目的地出台相关健康产业发展政策，加大对于健康专业的人才培养力度，成了当前亟待解决的难题。

四、提升海洋旅游目的地健康价值的理念

4.1 跨学科融合创新理念

基于健康价值提升视角的海洋旅游目的地研究，是创新性、应用性、指导性极强的学科交叉研究探索方向。因此，本书在研究方法上综合运用医学地理学、卫生学、海洋学、旅游学、生态学等学科融合的方法和理念，以此形成创新性的理论成果，为海洋旅游目的地发展提供理论支撑。医学地理学是研究人群的健康与地理环境关系的科学，是医学和地理学相互交叉形成的边缘学科，研究领域包括自然环境、生物环境和地球人文社会环境对人体健康和疾病的影响等，从而为人体健康提供合理的理论指导和解决措施。卫生学是医学科学中的一门重要学科，主要研究外界环境因素与人体相互关系的规律，以及如何充分利用有利于健康的因素，防止和消除有害因素的措施和方法等。海洋学是研究海洋中水文、气象、物理、化学、地质、生物等现象和过程的学科总称。旅游学研究人类旅游活动的学科，也是同社会学、经济学、心理学、地理学、管理科学、城市科学、建筑学等学科和学科门类密切相关的综合性学科。生态学是研究生物（植物、动物、人类）的生存条件及其与环境相互影响、相互作用、相互制约的复杂关系的科学。本书综合应用以上学科的思维和方法，力争在分析海洋旅游目的地健康价值挖掘、健康资源发掘、健康产品开发、健康市场开拓、健康服务管理等方面形成理论体系，并以此提出因地制宜的相关发展措施，从而为游客提供改善健康身心状态的旅游环境。

4.2 产业融合的大健康理念

一二三产业是对国民经济部门的一种划分方法。第一产业包括农业、林业、牧业、渔业等；第二产业包括采掘业、制造业、建筑业、电力业、煤气业等；第三产业包括第一、第二产业以外的其他部门和行业，主要是流通部门和服务行业。对于海洋健康旅游的开发，应坚持产业融合发展理念，突破第一二三产业的界限，贯通一二三产业体系，形成大健康产业格局。在海洋渔业方面，可以进一步发展休闲渔业、海上牧场、特色渔村等有利于身心健康

的融合性产业项目；在海洋工业方面，既可以发展食品、药品、保健品制造业，更大限度地发挥海洋旅游资源的健康价值，又可以开发相关健康文化类纪念品和旅游商品，丰富游客的旅游体验；对于海洋中的第三产业，可以通过相关服务产品的开发，打造海洋健康旅游服务业以及挖掘相关文化要素，进一步发展海洋健康文化创意产业等，从而建立起海洋旅游目的地大健康产业体系和门类。

4.3 "健康 +" 协同发展理念

《"健康中国2030"规划纲要》指出，要"积极促进健康与养老、旅游、互联网、健身休闲、食品融合，催生健康新产业、新业态、新模式。"大健康产业是"健康中国"的重要组成部分，包含对健康人群的创造和维持健康，对亚健康人群的恢复健康以及对患病人群的修复健康，是以健康长寿为终极目标的覆盖全人群、全生命周期的产业链。海洋旅游目的地健康价值的提升，可以从"健康 +"的角度去推进，发展海洋健康大产业，在跨行业跨门类跨领域中形成协同创新局面。比如"海洋健康 + 文化旅游""海洋健康 + 医疗旅游""海洋健康 + 体育旅游""海洋健康 + 养生养老""海洋健康 + 保健旅游""海洋健康 + 科技旅游""海洋健康 + 互联网"等。具体而言，根据海洋目的地自身条件的不同，可采取一系列措施，如挖掘海洋健康中的文化和资源要素、进一步构建海洋旅游目的地的医疗保健环境、丰富海洋旅游目的地的参与性体育健康活动、将先进的科技融入海洋旅游并与海洋健康发展应用相结合、充分吸收融合其他产业中的健康元素和健康理念、探索海洋健康旅游产业的转型升级新业态和新路径等。总而言之，坚持"海洋健康 +"协同发展理念，形成海洋健康与文化旅游的多维度共生，是促进海洋旅游目的地健康价值提升的有效途径。

4.4 文化生态保护优先理念

"绿水青山就是金山银山"，实现生态文明和绿色发展不仅是海洋旅游目的地可持续发展的保障，也是践行"天人合一"健康价值观的内在要求。在海洋旅游目的地开发和游客旅途活动过程中，只有敬畏自然、依赖自然、顺应自然、享受自然，才能获得健康的发展、健康的体验和健康的提升。具体而言，生态优先的理念是在发展过程中各种要素产生矛盾时，其他要素让步于生态的合理保护与可持续发展，生态保护具有优先权。海洋自然生态环境是海洋健康旅游开展的前提和基础条件，但由于海洋自然环境本身就具有多样性和脆弱性的特点，因此在旅游开发中需要格外注重生态保护。生态环境是动植物赖以生存的基础，也构成了海洋旅游的重要资源，发展海洋旅游必须以生态保护为前提，以可持续发展思想为指导，坚持绿色、低碳、集约、节能环保的观点，秉承生态优先理念，采用适当的生态开发技术，以此开发生态友好型海洋旅游健康产品，才能获得新发展空间、新增长动力和新市场支撑。另外，需要更加重视海洋文化的保护，包括海洋历史文化、海洋文化遗产、海洋非物质文化、海洋民俗文化等，在建设海洋健康旅游目的地过程中，采取有效的保护措施并挖掘海洋健康文化的内涵，形成海洋文化的永续传承和保护性利用机制。

4.5 区域合作差异化发展理念

区域合作理念是现代区域经济发展的普遍趋势，区域内通过优势互补或优势叠加，把分散的经济活动有机地组织起来，把潜在的经济活力激发出来，形成一种合力。区域合作的优势可以分为以下三方面，一是可以针对特色的资源进行差异化分类开发；二是可以避免恶性竞争，在区域范围内进行差异化定位；三是对于跨区域的资源，实现合作开发共赢。对于旅游产业而言，实现区域旅游合作是现代旅游业发展的必然趋势。杨荣斌等提出了区域旅游合作的五种典型模式，即点轴发展模式、单核辐射模式、双核联动模式、核心边缘模式、网络型模式。对于海洋旅游目的地的开发，由于海岸线区域联通、海域广泛联系、海水自然流通、沿海发展高度集聚等特点，也就形成了区域分工合作的诉求。对于海洋旅游目的地健康价值提升，一方面需要沿海旅游目的地共同营造海洋旅游大健康环境，共同保护海洋文化生态环境，共同建设海洋健康旅游线路与品牌，共同拓展海洋健康旅游市场，形成分工协作的沿海健康发展格局；另一方面需要沿海旅游目的地因地制宜差异化、特色化和精细化发展，避免同质化恶性竞争和旅游项目重复建设，以此在参与区域合作过程中形成内涵式发展导向。

参考文献

［1］张兴国，陈丹.健康观念转变及其当代意义［J］.辽宁大学学报（哲学社会科学版），2016，44（1）：30-36.

［2］杨立华，黄河.健康治理：健康社会与健康中国建设的新范式［J］.公共行政评论，2018，11（6）：9-29+209.

［3］赵驰，任莔.健康观的再认识［J］.医学与哲学（A），2015，36（12）：

15-18.

[4] 龚仁艳. 从中医整体观念浅谈健康 [J]. 甘肃医药, 2017, 36 (4): 260-262.

[5] 严家凤. 中医哲学生命观的当代价值——以"健康中国"为例 [J]. 锦州医科大学学报 (社会科学版), 2018, 16 (2): 13-16+24.

[6] 郭鲁芳, 虞丹丹. 健康旅游探析 [J]. 北京第二外国语学院学报, 2005, (3): 63-66.

[7] 薛群慧, 邓永进, 顾晓艳. 健康旅游开发的若干思考——以浙江为例 [J]. 经济问题探索, 2011, (10): 85-89.

[8] 毛晓莉, 薛群慧. 国外健康旅游发展进程研究 [J]. 学术探索, 2012 (11): 47-51.

[9] 陶汉军. 新编旅游学概论 [M]. 北京: 旅游教育出版社, 2001.

[10] 陈静, 李健. 旅游健康与健康旅游——基于旅游主体的视角 [J]. 旅游研究, 2009, 1 (4): 23-28.

[11] 董玉明, 王雷亭. 旅游学概论 [M]. 上海: 上海交通大学出版社, 2000: 35-50.

[12] 董玉明. 中国海洋旅游的产生与发展研究 [J]. 海洋科学, 2003 (1): 26-29.

[13] 王娜娜. 舟山海洋旅游产品优化升级 [D]. 舟山: 浙江海洋学院, 2014.

[14] 于庆东. 中国海洋旅游分区及其特点 [J]. 海洋信息, 1998, (12): 15-16.

[15] 刘国栋, 王桦, 汪琦, 李晨芳, 曾尔亢, 吴晓玲. 四大类主要慢性病流行现状与应对策略 [J]. 中国社会医学杂志, 2017, 34 (1): 53-56.

[16] 黄巨朋, 熊袖足, 卢小琼, 陈会会. 贵州省慢性病康养旅游产业发展研究 [J]. 当代体育科技, 2019, 9 (4): 168-170.

[17] 晏萍. 衡阳市开发疗养旅游产品的思路和对策研究 [J]. 企业导报, 2009, (2): 122-124.

[18] 吴士艳, 胡康, 张幸, 张旭熙, 孙凯歌, 刘思佳, 孙昕霙. 基于结构方程模型的慢性病高危人群休闲类身体活动影响因素分析 [J]. 中国健康教

育，2017，33（7）：587-591.

［19］任宣羽.康养旅游：内涵解析与发展路径［J］.旅游学刊，2016，31（11）：1-4.

［20］吴克祥，李舟.休闲旅游产业发展模式探讨［J］.商业时代，2004（8）：62-41.

［21］丁志宏.我国城市老年人旅游现状及影响因素［J］.社会科学家，2016（11）：102-106.

［22］贾亚娟.旅游对陕西农村地区老年人口生活自理能力的影响［J］.中国老年学杂志，2014，34（6）：1615-1617.

［23］张业安.青少年体质健康促进的媒介责任：概念、目标及机制［J］.体育科学，2018，38（6）：14-26.

［24］张丽军，孙有平.大数据时代青少年体质健康促进的现实困境、路径探寻与未来展望［J］.沈阳体育学院学报，2020，39（4）：1-8.

［25］范向丽，郑向敏.女性旅游市场细分及其特征分析［J］.经济论坛，2009（17）：80-84.

［26］庄润森，向月应，韩铁光，张媛.深圳社区居民健康影响因素自评状况调查［J］.中国公共卫生，2014，30（6）：776-779.

［27］陈娟.中国海洋旅游资源可持续发展研究［J］.海岸工程，2003，22（1）：103-108.

［28］姜振寰.交叉科学学科辞典［M］.北京：人民出版社，1990.

［29］武广华.中国卫生管理辞典［M］.北京：中国科学技术出版社，2001.

［30］王续琨.社会科学交叉科学学科辞典［M］.大连：大连海事大学出版社，1999.

［31］马国泉.新时期新名词大辞典［M］.北京：中国广播电视出版社，1992.

［32］范月蕾，毛开云，陈大明，于建荣.我国大健康产业的发展现状及推进建议［J］.竞争情报，2017，13（3）：4-12.

［33］陈颖.生态优先的乡村规划策略研究［D］.北京交通大学，2019.

［34］许辉春.区域旅游合作的模式与机制研究［D］.武汉理工大学，

2012.

　　［35］杨荣斌，郑建瑜，程金龙.区域旅游合作结构模式研究［J］.地理与地理信息科学，2005（5）：95-98.

　　［36］薛群慧，卢继东，杨书侠.健康旅游概论［M］.北京：科学出版社，2014.

第二章 海岸带旅游地医学地理特征及
健康作用机理

海岸带是海洋旅游业发展的重要承载地带，海岸带旅游地更是凭借着独特健康的环境优势而成为游客心中的疗养和康养胜地。近年来，社会快节奏生活、老龄化趋势、生态环境破坏等原因导致亚健康人群、老年人群和慢性病人群的数量居高，这一现状促使人们对于健康的需求日益增长，健康旅游因此成为旅游经济新的增长点。在这个大背景下，海岸带旅游地的健康价值也逐渐显现，海岸带旅游地拥有丰富的自然资源、发达的海洋制造业和较高的城市医疗卫生条件，与健康旅游相结合将具有巨大的发展潜力。然而，海岸带旅游地对人体健康的影响机理目前尚不清晰，海岸带旅游地的健康价值认识深度明显不足，也导致了相关海洋旅游面对健康需求的开发不足。本部分旨在了解我国海岸旅游的健康化发展现状，深入挖掘和分析海岸带旅游地的医学地理特征与健康作用机理，从而探讨海岸带旅游地的健康价值及其开发路径。

一、相关研究评述

1.1 海岸带旅游地相关研究

随着海洋经济的迅速发展，海洋与海岸带旅游领域也受到了各国学者的重视。由于相比近海、远海和深海，受到认识水平、开发技术、特定环境等因素的限制，海岸带是目前可利用性最高的海洋旅游资源，因而世界上绝大多数国家的海洋旅游开发皆以滨海旅游为主。

就目前来看，国内海岸带旅游地相关研究呈现出三大特点。第一，研究以政府开发者的宏观视角为主，强调海岸带旅游地的规划与管制工作。海洋生态旅游与滨海旅游可持续发展的规划设计是一直以来的研究重点，其中滨海旅游地的空间结构与管理模式研究是相关学者较为关注的话题。此外，保护与开发之间的矛盾仍是国内海岸旅游发展面临的主要困境，这与我国海岸带旅游地的研究尚处于初步发展阶段有关。第二，海岸带旅游资源开发与评价逐渐上升为当前的研究热点。多数研究是以个别省市为例，对海岸带旅游资源做出相关技术评价和开发建议，如慕慧洁基于 RMP 框架对烟台市海岸带旅游资源进行分析并构建出六种开发模式，还有如陈宇菲、熊小菊等少数学者在资源非使用价值评估、同质化等问题上做出相关研究。第三，研究重心开始向旅游市场及其目标人群偏移，旅游产品开发方向呈现多元化趋势。由于滨海旅游地游客态度与行为关系等方面的研究陆续出现，国内学者对于海洋旅游的实际运营与社会作用也愈发好奇，且随着海岸带旅游与文化、休闲体育旅游等的融合趋势日益明显，景观规划、滨海线路设计等方面的研究成果数量也有所增长。

1.2 医学地理相关研究进展

随着环境科学的出现和发展，医学地理学聚焦的环境与健康问题已成为世界科学技术发展的主要趋势之一。医学地理学主要研究人群疾病和健康状况的地理分布规律，研究疾病的发生、流行和健康状况与地理环境的关系以及医疗保健机构和设施地域配置的科学。目前，学界认为以地理区域、地质、种族人群、气候等为主的地理要素与人体健康、疾病产生、医疗水平之间存在一定关联。

当前的医学地理学研究主要存在以下三点变化。首先，医学地理学的研究范围发生了变化，由关注疾病转向关注人类的全面健康，实现了从医学地理向健康地理的过渡，其中健康地理学认为人的健康状态包含了生理与心理的健康，它主要研究自然与人文地理环境对人体健康的交叉影响。其次，目前国内医学地理的相关研究仍以自然地理环境与人类健康之间的关系为主要探索方向，学者们的研究内容主要集中于人体微量元素和医学健康指标的空间地域分布规律或与地理因素的关系，而国外有关人文地理环境与健康的关系研究却明显增多，尤其是社会经济因素对健康的影响研究，其中学者们还持续关注卫生与健康公平等话题，如研究种族、地位差异以及医疗设施的地域配置问题导致健康结果的不平等。最后，对地理环境的健康风险评估也是我国医学地理研究的重要领域之一，学者们通常关注相关地区的特定地理因素对人体健康带来的风险，如黄玉英和李鹏等学者研究我国滨海地区贝类重金属含量现状并分析其对人体健康的风险影响。

1.3 健康旅游相关研究进展

健康旅游作为一种新兴旅游形式，是在 20 世纪初的美国兴起并发展而来的，国外相关研究已相对成熟。国内的健康旅游研究起步较晚且热度不高，近年来因政府重视及相关政策的出台，这一领域才逐渐成为研究的新热点。

国内学者对健康旅游还未形成一个明确的概念体系，目前国内健康旅游相关研究呈现出三大趋势。一是国内研究热点与政府政策关联较大，政策指导促使旅游介入健康、医疗、养生、美容等领域的创新研究快速增多，并成为国内学者关注的重点课题，其中三个研究前沿分别是养生旅游、医疗旅游和中医药健康旅游。二是研究范围扩大与视角多元化发展，健康旅游相关研究逐步由概念界定向健康旅游产业化方面深化，健康概念的系统化也使得研究领域逐渐向社会学、心理学等方向扩展，这不仅是打破当下健康旅游资源与需求不匹配现状的必然要求，也是现代社会更加丰富与完善的健康观念推动下的结果。三是国内健康旅游市场尚有较大的开发空间，由于健康旅游资源的评价与开发研究相对较少，目前国内的健康旅游研究与产品运营仍以老年旅游市场为主，其他以中青年旅游人群为主体的如医疗旅游、康养旅游市场尚未得到有效开发，针对老年人群的健康疗养与康体产品也尚未形成完整体系，缺乏聚焦市场需求和供给角度的深化研究。

二、海岸带旅游地的医学地理特征及影响机理

海岸带位于海洋与陆地的交汇区域，包括海岸线两侧的毗邻海域与海岸环境，国内调查研究中的海岸带通常被认定为陆侧距岸线 10 千米处至近海 15 米水深线之间的带状区域（见图 2-1）。广义上的海岸就是海岸带，通常指的是自然海岸，而随着科技的发展也出现了种类多样的人工海岸，如港口海岸与盐场海堤等。

```
                    ┌─ 我国规定海岸带宽度为岸线向陆侧延伸10千米，向海至15米水深线
              ┌──────┐
              │水陆环境├──→  游憩空间利于康体疗养，促进身心健康
          海  └──────┘
          岸  ┌──────┐
          带  │气候资源├──→  海岸带适宜休疗养期长，适合养生度假
          旅  └──────┘
          游  ┌──────┐
          地  │海洋特产├──→  海洋生物营养价值高，具有食疗保健功能
              └──────┘
              ┌──────┐
              │滨海文化├──→  引导游客健康生活方式与健康理念的培育
              └──────┘
```

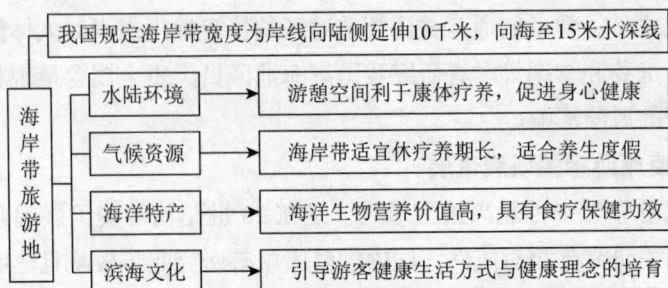

图 2-1　海岸带旅游地的健康作用机理

海岸在发育过程中会受到多种因素的影响，从而形成多样化的海岸类型。海岸分类在我国还没有统一的标准，早期有较多学者主张以地质构造理论来划分我国海岸，其中海岸地貌与物质组成是认可度较高的分类依据。曾昭璇将我国海岸划分为山地岸、台地岸、平原岸；林文棣则总结为砂质海岸、基岩海岸和粉砂淤泥质海岸三种类型。此外，生物海岸也是研究较多的海岸划分类型，分布于热带和亚热带地区，主要包括珊瑚礁海岸和红树林海岸。

我国沿海地区濒临太平洋西岸，海岸线总长约 3.2 万多千米，包括约 1.8 万千米的大陆海岸线和 1.4 万千米的海岛岸线，海岸带则由北部辽宁鸭绿江口至南部广西北仑河口，跨越了温带、亚热带和热带三个大气候带。我国内海和滨海水域面积约 470 万平方千米，管辖海域划分为渤海、黄海、东海、南海和台湾以东海域共 5 大海区和 29 个重点海域。沿海地区经济发达，是我国重要的旅游经济地带，其滨海地区与海岛资源丰富独特，拥有优质多样的健康旅游资源。

2.1 海岸带水陆生态的健康环境

海岸带受海洋和陆地两大生态系统的影响，水文地理条件优越，植物景观资源十分丰富，拥有开展健康旅游的良好环境与资源基础，但自然生态相对敏感和脆弱。

水体环境是海岸带旅游发展的主要依托景观，海滨地带通常以视野宽阔的海面景观作为旅游资源进行开发，如建造滨水海景房、打造观海沙廊、建设滨海浴场等，众多滨海城市还利用海水资源发展旅游，如开发海水浴场、海洋温泉以及海底观赏通道等。除休闲娱乐价值外，研究发现海岸带水体环境还具有

健康价值，如海面宽阔的视界能够缓解人类的精神压力，使人身心愉悦、通体舒畅，而海水浴也对人体健康有一定的促进作用，海水可为人体提供镁、钙、钾、碘等多种非常重要的元素，对多种皮肤疾病具有治疗功效，而且对于中老年病患的脑血栓等疾病也能起到一定的缓解疗效。由于受到两大生态系统的影响，海岸带尤其是过渡地带的环境较为独特，水陆植物景观丰富多样，热带地区甚至衍生出了以红树林海岸与珊瑚礁海岸为主的生物海岸，其植被及微气候资源具有巨大的休闲健康旅游开发价值。然而，海岸带生态相对敏感，近代以来的海洋开发活动已使其环境变得更加脆弱，划定生态红线等保护性举措是海岸带后续健康化发展的前提。海岸带作为海洋与陆地的接合部，一般都拥有着广阔的海域、优质的沙滩甚至岩崖等水陆景观，这些也为多种健康体育项目的开展提供了绝佳的环境，较为经典的项目有冲浪、沙滩排球和攀岩，运动过程中充满乐趣与刺激的同时，兼具放松身心与强身健体的健康作用。

2.2 海岸带气候资源的健康价值

特殊的地带造就了特殊的海岸带气候，而适宜的气候条件能够缓解疲劳，对人体循环与新陈代谢有良好的促进功效，有利于疾病治疗。从医学地理学的角度来看，海岸带所特有的微气候系统和舒适的地域气候对人体健康具有一定益处。海岸带动态的微气候环境一定程度上影响着人体的舒适度与行为状态，海陆风环流是典型现象之一，它影响着滨海地区的气象条件与近岸空气污染的分布，对海岸带健康产业规划具有一定的参考价值。除自然现象外，滨海地区还存在人造微气候环境，如胶东海草房聚落因其厚重的围护结构与紧凑的建筑布局，使聚落内部尤其是室内空间的温度、湿度与风速皆稳定于人体舒适程度，其中蕴含的生态技术对于滨海健康环境的建设与改善有很大帮助。此外，海边温湿空气中的负离子浓度高，有助于改善心肌营养，增强心肺和消化器官功能，提高机体免疫能力。

由于南北跨度大且受海洋系统的调节，我国滨海地带的气候宜人且较为多样，拥有发展康养旅游度假区的健康气候资源。范业正和郭来喜等对我国海滨旅游地的气候适宜性进行了研究，发现北方暖温带与中热带海岸带旅游地的气候相对更为舒适，适宜海洋康养旅居的发展。在我国，渤海湾沿岸与琼南沿岸是度假疗养与避寒避暑的黄金地带，拥有长达 4~6 个月的休疗养适宜期，期间光照条件优良且无灾害性天气干扰，尤其是渤海湾的大连、兴城、北戴河、昌黎等海滨城市称得上是避暑胜地，琼南三亚市则是我国不可多得的滨海避寒胜地。辽东半岛、山东半岛沿岸的海岸带气候资源也已转化为旅游资源，发展成为我国海滨地带的避暑胜地。而其他滨海地带的疗养适宜期时间短且连续性不强，较多地分散在春秋两季，气候资源利用相对较低，岛屿海岸带的疗养性能也相对较低。

2.3 海洋食品保健品的营养价值

随着人类社会的发展和陆生资源的减少，海洋生物资源逐渐得到有效开发，海洋生物体内含有许多功能独特且具有保健药用价值的活性物质，适合依托健康食疗理论来制作营养产品，应用市场前景广阔。海岸带介于陆地和海洋两大生态环境之间，因而其近岸海域的海洋生物丰富且多样性强，蕴藏着大量陆生物种所匮乏的元素，是人类保健品的天然宝库，存在巨大的健康价值开发空间。

目前已有多种具有健康功效的海洋生物物质投入研究与开发，通过提取技术将有益元素加工制成营养品、保健品和药品。市面上流行的深海鱼油即是其中之一，其成分主要是从深海鱼类中提炼出的功能性油脂，能够有效激发人体细胞的活性，对强化记忆、促进吸收有重要功效。海洋食品工业在健康饮品制造上也有相应成果，如提取了天然海藻成分的海藻苏打水，在抗氧化、增强免疫上具有一定功效。有研究发现，海洋盐卤由于含有丰富的矿物质而对维持人体免疫系统的健康具有重要作用，可有效预防部分现代疾病的入侵。药用方面的海洋生物研究也在不断推进且已有发现，如水母毒素与壳聚糖等物质均具有良好的抗肿瘤活性，还有部分研究成果已投入产品运营，如以海藻中的甘露醇为原料制作的降压降脂药品等。如今，国内的海洋生物医药研发逐渐走上了产业化发展道路，在受人瞩目的同时也已成为蓝色经济的新增长点。

2.4 海陆多元文化交错地带的健康文化

海岸带旅游地是文化多元荟萃之地，独特的海洋文明与工业文明、农耕文明以及城市文明等相互碰撞，不断融合发展成为滨海特色文化。错综复杂的文明地带，生活方式的相互包容与优胜劣汰，孕育出独特的健康文化与生活行为方式。例如，由于海岸带气候独特性而衍生出的安全预警意识，滨海地区的居民大多对于风向等气候变化较为关注，其中胶东半岛有不少渔村在各家各户门前立上旗杆，并挂出显眼醒目的红旗来预测风向，以减少恶劣天气给人体健康造成的危害，如此善用气象信息和知识，能够维护人体健康、增进生活质量。

　　由于滨海环境的舒适性与宜人性，许多滨海城市兴起建设康养旅游基地，走健康旅游与养生文化相结合的发展模式。滨海长寿文化是海岸带健康文化中最经典的一种，东兴是我国的"滨海长寿之乡"，其长寿人口多在沿海居住，海洋生态与海洋文化皆为长寿老人提供了健康的生活环境。东兴有白鹭群聚的万鹤山，因其祥瑞长寿之意而具有极高的文化价值，而健康生态环境的存在背后也体现了当地群众的生态保护意识与行为，可为培育旅游人群生态保护的健康理念提供参考与指导。东兴滨海长寿老人的生活环境、物质生活以及民俗人文等方面处处体现着滨海的长寿文化内涵，此间所包含的诸多健康文化还有待更加细化深入地挖掘与开发，如长寿菜、长寿宴、长寿生活等具有滨海特色的日常饮食和生活仪式，其背后蕴含的是食疗法的延年益寿功效与人民群众对于健康长寿的美好期盼。

三、海岸带旅游地的健康化发展现状及趋势

　　海洋旅游已经成为我国旅游经济发展的重要领域，海岸带旅游地也因其是发展海洋旅游的主要切入点而备受瞩目，然而该领域研究起步晚且相对滞后，现阶段的海岸带旅游地也尚处于初步开发阶段，目前国内滨海旅游目的地的总量不足，高质量旅游目的地也较为欠缺。尽管当前滨海健康旅游产业已有所发展，但我国对于海岸带旅游地的健康价值尚且识别不足。

　　综上所述，国内海岸带旅游地的健康化发展趋势明显，但在海洋健康文化旅游资源方面还有待深入挖掘，目前的开发现状及问题可概括为以下四个方面。

　　第一，以水陆环境为依托的健康产品已有较为明确的开发方向，但在产业规模、资源利用程度等方面尚落后于国外，现存的生态污染问题也对滨海健康旅游的发展造成一定威胁。目前，国内以海岸带水陆环境为资源依托的健康旅游产品开发已形成一定规模，休闲观光、自然疗养与体育运动是三个较为常见的开发方向。国内滨海地区开展较早的是休闲观光类健康旅游项目，以滨海自然风景与旅游目的地人造景观为主要旅游产品，具有开阔视野、放松身心、运动健身、天然氧吧等健康功效，异于内陆的生态环境对游客产生了巨大的吸引力，因而各沿海地区的休闲观光旅游产业得到迅速发展。自然疗养类的健康旅

游产品中，海水浴场、海洋温泉和沙滩日光浴是当下市场占比成分较大的滨海健康旅游产品，而滩涂美容、海洋康复、滨海森林浴等健康项目是新进的开发热点；此外，海岸带地域广阔且兼有水陆环境，是体育运动类健康项目开展的绝佳场地，但国内对此的资源利用程度与项目开发却明显不足，陆上沙滩缺少如躺椅、凉棚等休憩设施和排球足球等体育器材，岩崖山体等地貌的开发利用程度也不高，专业性攀岩与猎奇探险等项目相对空白，游艇、潜水、冲浪等海上健康运动产品也有待进一步开发。此外，旅游开发和人类活动已经对海岸带环境造成一定破坏，出现了如水体污染、土地盐碱化以及植被退化等生态问题，对海岸带旅游地健康化发展产生较大的威胁，甚至使滨海环境对于人体健康的影响风险增大，这是目前滨海健康旅游发展亟待解决的难题之一。

第二，国内海岸带气候旅游资源的健康化开发以避寒避暑胜地为主，而对滨海微气候的健康价值利用程度则相对较低，滨海气候疗养的健康知识普及也尚不深入。渤海湾沿岸与琼南沿岸是我国度假疗养与避寒避暑的黄金地带，此带如康养度假等健康产业的开发时间较早且形成了一定规模，如北戴河避暑胜地于清朝便已开始扬名，海南三亚的避寒名片响彻全国，健康气候旅游产业及基础设施的建设相对完善。然而国内对于滨海微气候的健康价值开发明显不足，自然微气候系统的相关理论研究也相对滞后，人造微气候环境的生态技术利用与转换还有待更进一步的发展。在负离子疗养方面，森林、公园等环境的负离子康养疗法发展快且受众较广，但关于滨海湿润地带空气负离子的健康化开发却相对空白。目前大多数游客已对滨海气候的宜人性有所了解，因而以滨海气候疗养为目的的康养度假旅游热度也居高不下，但具体关于气候疗养方面的健康知识普及、旅游产品、体验项目却不到位，如适度恰当的日光浴才是健康的，阳光照射的时间与强度都会影响人体健康，过多的直射阳光照射会使人们患皮肤癌的概率增加，由此可见推进游客疗养方式的健康化势在必行。

第三，以海鲜为主的滨海美食旅游的健康化发展缺乏创新和规划，海洋药物的研发进程较快但产业化实现程度不足，此外水域污染也严重影响了海洋生物食用和药用的健康价值。滨海食品保健品方面的健康化发展相对较快，海鲜食品、海洋保健品、健康日用品等已经逐渐打入健康需求市场人群，并成了舟山、大连、青岛等市的旅游名片与招牌。但目前我国的海产品加工产业仍以劳动密集型食品加工为主，海鲜产品同质化严重且存在单一性问题，大多数海岸带旅游地的餐饮行业以海产品为招牌的同时往往会忽略营养适量与均衡，仅凭海洋生物的营养元素已无法满足食疗需求者的健康诉求，过量食用海产品也会影响人体健康。总而言之，滨海美食旅游缺乏创新性与健康规划性，也缺乏主打营养均衡、健康食谱、养生套餐的健康餐厅。而海岸带人类活动的增多也造成了如海洋资源枯竭、水域污染等问题，由海洋生物污染进而影响到人体健康，因而食品安全问题成为当前海洋食品健康化发展应重点关注的话题。我国海洋生物产业已得到较快发展，尤其是海洋保健品和药品的开发成就引人瞩目，浙江等地以此为研发方向的高新技术企业较多，已成功提取许多人体日常所需的营养及微量元素，海洋药物研发也已成为我国研究的重点项目之一，成果显著但产业化的实现程度明显不足，在面向海洋健康旅游方面的产品则更加匮乏。

第四，海岸带健康文化的挖掘不够深入，特色健康文化品牌知名度不高，旅游产品开发缺乏载体与应用。国内海岸带旅游地在海洋文化产品的开发上存在较大空白，目前大多数仍以海洋知识科普、海洋文化遗产游览、海洋节事节庆等内容为主，而对于海洋文化健康价值的关注与重视不足。然而许多文化是无意识的，需要主动发现与挖掘，滨海健康文化也往往内化于当地居民的生产生活中，如东兴等滨海地区的长寿文化，其地方物质生活与民俗文化中必然存在能够体现长寿健康文化的相关载体，海带便是因其养生保健功效而被誉为东兴老年人的长寿菜，细致深入地挖掘滨海养生文化的内涵与载体有利于健康文化产品的开发，但目前东兴等滨海地带的长寿品牌尚未深入人心，秦皇岛养生文化也存在较大的开发空间，国内海岸带旅游地在对健康文化的品牌建设与宣传方面也相对欠缺。现代信息化社会的飞速发展推动着各方面的更新换代，不少蕴藏着丰富健康文化的传统海洋民俗或生活方式正面临着消亡衰微，如同海洋渔业承载着海岸带历史悠久的特色文化，但随着从事渔业的人数减少，部分传统民俗以及其中所包含的健康文化就缺少了传承的人群和载体。

四、海岸带旅游地的健康价值提升路径与建议

4.1 打造海岸带水陆生态游憩健康空间

针对上述海岸带旅游地水陆环境的健康化利用现状，建议保持当前滨海健康旅游的优势项目，坚持综合开发、充分利用、弥补空白、创新创意等原则，

丰富水陆观光与康体项目，为游客提供更为完善的游憩设施及健康休闲空间。政府相关部门及机构也需加强对海洋污染的治理与监管力度，同时调动游客参与环保的主观能动性，在可持续发展观和已有健康理论的基础上，共同营造健康的海岸带水陆生态游憩场所。

海滨景观是海岸带旅游地的主要优势资源，适宜开展康体怡神的休疗养与体育健康项目。海岸带旅游地需明确并保持自身的环境资源优势，在各自主题下健康产品开发的过程中，需注重创新产品设计及内容，完善为健康旅游项目服务的目的地基础设施建设，如以休闲观光资源为优势的海岸带旅游地可以修建滨海健康环步栈道，为游客呈现更为独特的观光视角或景观，进一步丰富游客的观光路线与交通方式，或为相关设施赋予趣味装饰，如青岛海边的彩虹步栈道能够给游客带来愉悦的精神体验和健身效果。一方面，海岸带旅游地需要提高对优质沙滩和岩崖地貌的利用程度，借鉴国际滨海运动项目的开发经验，丰富海陆健康运动产品种类并提供教学指导等服务，同时增加海岸带休憩设施与体育器材的供应，为游客提供更全面的游憩康体空间。另一方面，解决海洋污染问题是海岸带健康旅游可持续发展的前提，因而当地需要加强对海岸带生态环境的治理力度，不断完善垃圾排放制度与处理技术，同时培养游客及当地居民的环保卫生意识与行动，共同营造健康、生态、卫生的滨海旅游环境。

4.2 打造海洋微气候负离子健康度假区

在气候资源的健康旅游价值开发方面，建议海岸带旅游地在建设避寒避暑胜地时增添适量的健康配套项目，同时利用滨海环境优势发展空气负离子康养休疗旅游，以此丰富游客的康养旅游体验并构建特色的滨海疗养度假品牌，至于无条件的海岸带则可利用生态技术在建筑内部模拟健康的微气候环境，并通过普及疗养知识来推动游客疗养方式的健康化，进一步完善度假区的健康功能，从体质疗养与理念健康方面共同打造以气候旅游资源为主的健康度假胜地。

独特区位与水陆环境使得海岸带拥有适宜人体康养的气候条件，因而海岸带旅游地可发展成以气候疗养为主的健康度假区。目前国内避寒避暑的黄金地带已有形成一定规模的度假胜地，但现有度假产品相对单一，建议在度假区配置上适量增加健康项目，以满足康养度假期间游客的休闲娱乐及疗养需求。多数滨海地带拥有优良的光照条件与高浓度的空气负离子资源，可发展以日光浴和负离子疗养为招牌项目的康养旅游，如利用红树林植被群落等氧气资源富裕的生态环境来打造天然氧吧。此外，条件较差的海岸带旅游地可利用生态技术营造室内微气候环境，打造能使人体感到舒适或具有健康功效的度假别墅群，同时可开展以游客疗养方式健康化为目的的知识普及活动，打造海洋微气候负离子健康度假区。

4.3 打造海洋旅游健康食品和商品展销基地

海岸带拥有丰富多样的海产品，海洋工业也因此发展成为海岸带经济产业的重要组成部分，但近年来海洋污染导致的海洋生物体内重金属含量超标等问题，让消费者对海洋食品安全产生了担忧，市面上假冒伪劣保健品或药品的出现也让人们对海洋加工产品产生一定程度的抗拒情绪。因而打造海洋旅游健康食品和商品展销基地成为现阶段发展海洋健康工业的破解之道，基地采用制作、展览和销售统一进行的运营模式，一方面解决了消费者的安全顾虑问题，另一方面在客流量较大的旅游目的地建造展销基地也可以节省宣传等的开销，更利于其发展成为具有滨海特色的旅游购物基地。

基地建设可从三部分展开。首先是制作方面，可推出海洋食品保健品等商品生产流程的参观项目，针对部分讲究时鲜的海产品可采取现做现卖的展销手段，以海洋美食旅游为噱头招徕游客；其次是展览方面，可在商品展览的基础上增加辨识产品真假伪劣的教学活动，例如区分保健品的防伪标识、食材原料等，可削弱消费者的抗拒心理；再次是销售方面，可打造以海洋食品、保健品及药品为主要商品的滨海特色旅游购物基地，在销售产品的同时提供相应的食用说明、健康咨询、推荐咨询等服务，既能够避免出现乱吃保健品、药品的现象，也能为游客营造良好的旅行购物体验。此外，建议在展销基地内部建造以滨海特色食材为主要菜品的健康餐厅，主推采用科学配方的健康食谱，同时可结合电子设备进行开发，提供健康饮食指导与超标提醒等线上实时服务，从而提高对滨海物产健康功能的利用开发程度。

4.4 打造海洋健康文化和生活旅居目的地

针对国内海岸带旅游地健康文化项目开发不足的问题，建议对海洋文明影响下的滨海特色文化进行深入挖掘与健康功能识别，尤其是对养生系列文化进行更进一步的旅游产品开发，依据不同旅游客群的特征来构建旅居养老社区、禅意养生基地、海洋康复度假区等滨海特色健康项目与品牌，同时迎合市场需求考虑增添如儿童乐园、室外泳池及打卡点等配套娱乐设施，设计凸显健康内涵的旅居建筑，提倡健康生活并开发系列健康文化体验活动，打造全方位、高质量、精细化的健康生活旅居目的地，既满足了游客对生活和旅游体验的需要与追求，又进一步引导游客生活方式的健康化。

长寿文化和养生文化是滨海地区较为经典的健康文化，而且还留存有巨大的健康价值开发空间，建议深入挖掘并重点开发其文化内涵，识别出蕴藏于衣食、住、行等各方面的健康文化及生活方式，如将东兴长寿菜海带纳入健康食谱，开发观光与环保教育相结合的游览项目来培育游客的健康理念。对比现代社会的亚健康人群生活习性与长寿文化、养生文化所对应的健康生活方式，推导并描绘出现阶段人们应采纳的健康生活画像，以此开发体验式海洋健康旅居生活类项目，同时发挥文化优势开展健康文化教育活动并增加滨海康体训练项目，形成滨海特色健康品牌，塑造健康文化氛围。在明确旅居目的地的功能定位与市场细分的基础上，针对高龄养老人群可配套儿童游乐康体锻炼与设施，使其能在养老旅游体验过程中方便照看孩童和康体恢复；针对中青年养生群体，可推出禅意养生活动并增添茶艺室、室外泳池、深呼吸自然等设施，还可设计专为学生游客群体服务的健康文化实践项目。此外，海洋型养生社区建设时可采用能凸显健康名片的建筑设计，同时关注旅居建筑、景区标志物、场所文化风貌的健康内涵，加入如东兴鹤寿等的滨海特色健康文化元素，也可借用生态技术模拟健康的微气候环境，营造可使人体感到舒适的室内休闲生活场所，打造健康文化处处可见的海洋生活旅居目的地。

参考文献

［1］杨泽夷.厦门滨海旅游地游客环境态度与行为关系研究［D］.中南林业科技大学，2018.

［2］徐谅慧，李加林，李伟芳，赵斯，袁麒翔，王明月，杨磊，卢雪珠.人类活动对海岸带资源环境的影响研究综述［J］.南京师大学报（自然科学版），2014，37（3）：124-131.

［3］慕慧洁.基于 RMP 框架的烟台市海岸带旅游资源开发模式研究［D］.山东师范大学，2016.

［4］熊小菊，廖春贵，胡宝清.广西海岸带旅游资源同质化问题研究［J］.

农村经济与科技，2018，29（9）：103-105.

[5] 陈宇菲.基于 CVM 的长岛旅游资源非使用价值评估嵌入效应问题研究 [D].青岛大学，2018.

[6] 黄玉英.福州、泉州两地沿海贝类重金属污染状况及其健康风险 [J].长春师范大学学报，2020，39（2）：81-86.

[7] 李鹏.福建部分沿海地区贝类重金属污染及镉形态的分析研究 [D].集美大学，2020.

[8] 吴一全，刘忠林.遥感影像的海岸线自动提取方法研究进展 [J].遥感学报，2019，23（4）：582-602.

[9] 曾昭璇.中国海岸类型及其特征 [J].海洋科技资料，1977（1）：1-28.

[10] 林文棣.江苏省不同海岸类型林业开发设想 [J].海洋开发，1985（3）：19-23.

[11] 张小霞，陈新平，米硕，龚泽林，林鹏智.我国生物海岸修复现状及展望 [J].海洋通报，2020，39（1）：1-11.

[12] 刘祥.胶东海草房聚落微气候环境研究 [D].山东大学，2015.

[13] 崔立船.浅析海滨城市空气中负离子与人体健康的关系 [J].中国疗养医学，2010，19（7）：595-596.

[14] 范业正，郭来喜.中国海滨旅游地气候适宜性评价 [J].自然资源学报，1998（4）：3-5.

[15] 罗先群，王新广.海洋生物中与人体健康有关的生理活性物质 [J].广州食品工业科技，1999（2）：3-5.

[16] 王荣业.聚焦营养与健康　创新发展海洋食品产业 [J].产业创新研究，2018（4）：115-117.

[17] 李鹏程.海洋生物资源高值利用研究进展 [J].海洋与湖沼，2020，51（4）：750-758.

[18] 郭沛超.胶东半岛传统海洋民俗文化的变迁与传承 [J].世界海运，2020，43（7）：53-56.

[19] 阳国亮.滨海长寿文化与东兴旅游研究 [J].学术论坛，2011，34（4）：107-111.

［20］孙静，杨俊，席建超.中国海洋旅游基地适宜性综合评价研究［J］.资源科学，2016，38（12）：2244-2255.

［21］凌亦欣.厦门岛南部滨海游憩空间优化设计研究［D］.厦门大学，2017.

［22］胡静.鲁东滨海旅游带健康旅游产品开发与策划研究［D］.华中师范大学，2007.

［23］于航.山东沃森中医药健康旅游基地体验式营销策略研究［D］.中央民族大学，2019.

［24］李京模，邓丽丽.打造东兴边海长寿文化品牌的思考［J］.广西经济，2012（7）：56-58.

第三章　海洋旅游目的地游客健康需求的
调查与分析

本章在研究过程中，采用疫后研究报告、网络数据爬虫和问卷调查相结合的数据收集、分析方法。一是基于疫后各旅游行业协会、机构进行的旅游需求调研报告，对疫后游客的海洋旅游需求和对海洋旅游健康价值的认知进行分析汇总。二是利用数据挖掘技术分析游客对现有海洋旅游产品的需求偏好。三是利用问卷调查和 SPSS6.0 社会科学统计软件对游客海洋旅游健康需求进行市场调研与需求分析。四是对海洋旅游目的地游客健康需求特征进行总结。

一、疫后游客对海洋旅游的健康需求

1.1 疫后游客的海洋旅游需求

根据社科院、腾讯共同发布的《新冠肺炎疫情下的旅游需求趋势调研报告》，自然观光类依然是旅游者最偏好的旅游类型，占比达到 66.7%。同时，中山大学、澳大利亚格里菲斯大学团队关于"新冠肺炎疫情结束后消费者旅游态度"的联合研究成果显示，疫后消费者愿意选择的前三类目的地有"海滩 / 海岛度假地""风景旅游城市""世界自然（文化）遗产旅游景区"，在旅游动机中，亲近自然欣赏美景、让自己的身心焕然一新、缓解压力、开阔视野和增长见识以及体验当地文化成为影响游客以后出游的五大动机，消费者对海洋旅游的需求呈旺盛态势（见图 3-1）。

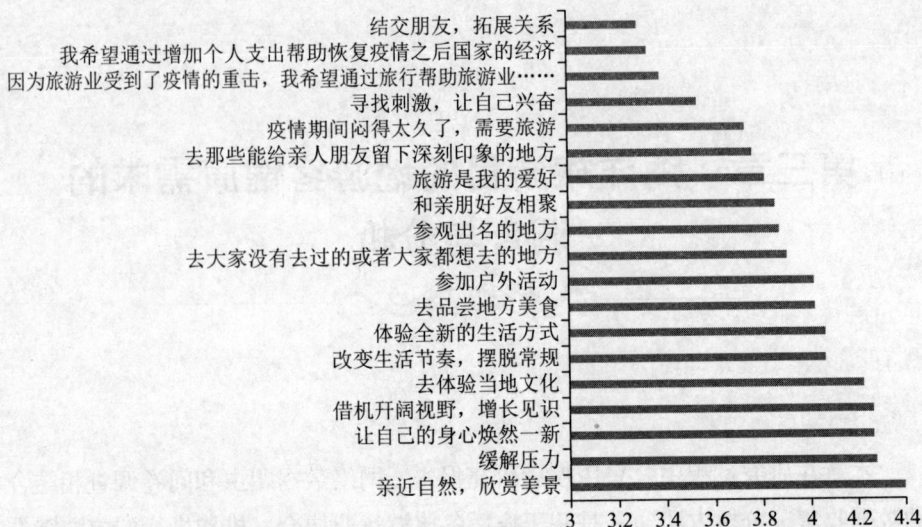

图3-1 《新冠肺炎疫情下的旅游需求趋势调研报告》中疫后游客旅行动机 ①

1.2 疫后游客海洋旅游需求的健康特征

突如其来的新冠肺炎疫情唤起了国民的健康意识和卫生安全责任感，对人们的价值取向产生了重大影响，从"个体价值"转向更关注"群体价值"，从"经济价值"转向更关注"人本价值"，个体健康、人与自然生命共同体受到社会普遍关注，疫后人们在健康方面的支出也大有持续增加的倾向。经预测，健康养生、康体休闲旅游产品可能会出现较大需求。后疫情时代，自然观光、生态休闲、康体养生将成为市场新热点和新风口。而兼具上述功能的海洋旅游将成为游客更愿意选择的目的地，其健康价值的挖掘和提升具有更为重要的意义。

二、基于数据挖掘技术的游客海洋旅游偏好分析

2.1 数据挖掘核心技术概述

本章重点采用内容分析法对网络平台的海洋旅游产品和游记、攻略数据进行分析研究。文本数据挖掘技术是通过对半结构化或非结构化的文本数据进行处理，作为一种方法论，它涉及多个学科领域以及与这些技术相关的数据库知

---

① 数据来源于《新冠肺炎疫情下的旅游需求趋势调研报告》。

识发现的方法及算法。近年来，网络上涌现出越来越多的数据挖掘技术、软件、应用，本章选取八爪鱼采集器，以"携程网"为采集对象，对海洋旅游目的地、海洋旅游游记数据信息进行采集，并使用内容分析法对采集结果进行分析研究。

八爪鱼数据采集器有四种采集模式：简易采集、智能采集、向导模式和自定义模式。采集结构可存储为 Excel、TXT、SQL、MYSQL 等多种格式。八爪鱼的优势在于：通用性强、操作简单、可视化、免费功能全。缺陷在于：不具有同义、近义词替换和参数替换的功能；无法抓取超链接、图片里的数据；缺乏数据处理和分析功能（见表3-1）。

表3-1　八爪鱼软件数据采集模式及收费结构

	免费版	专业版	旗舰版	旗舰＋版	私有云版
采集网站	不限制	不限制	不限制	不限制	不限制
任务数	30	100	300	1000	不限
客户端	1	2	2	4	不限
任务并行数	2	2	6	10	不限
云采集	无	无	不限量	不限量	不限
云采集速度	无	无	10 倍速	12 倍速	不限

2.2 样本数据的选取

很多游客养成了通过网络记录旅行日常、发布旅游攻略、分享旅游体验、反馈游后评论的习惯，相较于问卷调查数据，这些信息数据具有更强的客观性、真实性、丰富性。本篇章选取"携程网"在线爬取相关目的地营销和游记信息，并以"海洋"为关键词进行大范围收集。在目的地产品信息层面，以"海洋"为关键词，以"产品名称""所在地""评论数"为主要元素进行爬取，共收集到383条有效信息。在游客游记信息层面，共采集到数据1974条，删除重复采集数据、无内容游记、非海洋旅游游记、非滨海目的地产品游记、纯图片游记、具有明显广告倾向的非客观数据等共1010条，剩余有效游记共计964条，用于样本分析。

2.3 网络数据处理与分析方法

内容分析法是一种将不系统的、定性的符号性内容如文字、图像等转化为系统的、定量的数据资料的研究方法，在游客偏好研究领域被广泛运用。游记、攻略通过讲述故事、传播照片对旅游目的地发挥着生产、再造的作用。本章采用内容分析法对爬取的产品信息及游记文本内容进行分析。在软件层面，重点采用 ROST CM6.0 对挖掘的文本信息进行数据清洗、处理以及高频词分析。

2.4 网络产品信息数据处理与分析

对于在"携程网"已经获取的 383 条以"海洋"为关键词的目的地景区产品搜索信息中，将非海洋旅游目的地产品进行排除审查。同时，结合 964 条有效游记标题产品信息，通过 ROST CM6.0 进行分词和词频分析。经过分析，选取排名前十的产品词汇进行产品类型偏好汇总，如表 3-2 所示。从现有的产品看，更多的游客愿意选择具有科普、展演、娱乐性质的海洋公园、海洋世界类旅游产品。此类产品更具有观赏性和参与性，能够提升游客的精神愉悦感、刺激感，增长见识，并带来高峰体验，缓解压力。从疫情之前游客对产品的选择上看，邮轮旅游呈现明显的上升趋势，对滨海城市尤其是港澳及对外商贸较为开放的城市商业街区、购物旅游需求也较为旺盛，体现了游客对社会交往、自我实现和自我认同方面的心理健康需求不断增长。

表 3-2　海洋旅游产品类型网络数据词频统计表

类型	公园	世界	王国	酒店	邮轮	海洋馆	博物馆	广场	水族馆	大道
频次	400	196	140	129	126	87	85	69	60	59

如表 3-3 所示，从出境海洋旅游目的地的选择上看，排名前五的出境目的地中，日本仍是我国居民海洋旅游出境游的首选，以新加坡为代表的东南亚国家也是重要选择，泰国普吉岛、马来西亚等目的地的排名虽后于日本重要滨海城市，但数据上紧随其后，我国出境游客在海洋旅游目的地偏好上总体呈现以东亚、东南亚为主的近程特征。

表 3-3　出境海洋旅游目的地网络数据词频统计表

目的地	新加坡	冲绳	东京	迪拜	福冈
频次	25	24	24	23	22

如表 3-4 所示，从国内海洋旅游目的地的选择上看，以香港、珠海、澳

门、广州、深圳为代表的粤港澳大湾区以及以三亚、亚龙湾、海棠湾为代表的海南，成为国内游客更青睐的海洋旅游目的地。以大连、上海等为代表的沿海开放城市也是游客乐于选择的海洋旅游目的地。可以看出，游客对海洋旅游目的地的选择除了关注目的地的旅游产品、景观、生态环境之外，还看重其人文环境、开放程度和经济发展水平等综合性因素。

表3-4 国内海洋旅游目的地网络数据词频统计表

类型	香港	珠海	上海	大连	三亚	广州	青岛	深圳	秦皇岛	澳门
频次	240	177	63	52	47	30	27	22	16	11

2.5 网络游记文本数据的处理与分析

基于筛选的964条有效游记文本，以分析游客行为偏好现状特征为目的，从游客"人均消费水平"特征、"出游同伴选择""玩法偏好""目的地国家选择""目的地偏好""产品类型选择"六个维度，利用Excel数据统计排序和ROST CM6.0软件的词频分析功能，对游客的海洋旅游行为偏好现状进行分析。

人均消费水平特征。有效游记中提供人均消费水平信息的共计369篇，其中人均消费在2万元以上的有17篇，占4.6%；人均消费占比最高的区间是2千至5千元，占比达36.5%；2千元以下占比27.2%。由此可见，海洋旅游游客人均消费水平居于中等偏上水平，其中不乏消费水平高的客群，但总体上讲，以5千元以下为主体（见图3-2）。

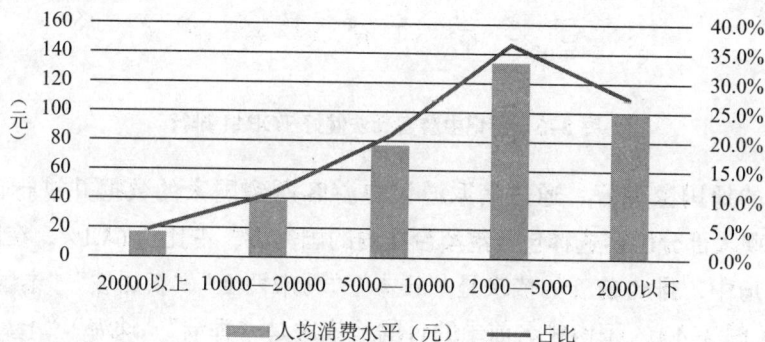

图3-2 游记中游客人均消费水平区间分布图

出游同伴选择。在游客出游同伴选择层面，根据携程网站游记版块自定义选项设置，重点进行了"亲子""和父母""和朋友""夫妻""情侣""一个人"六类选项的分析，从统计数据来看，"亲子"游占比最高，达37.1%，"和朋友"占比紧随其次，达31.4%，"一个人""夫妻""和父母""情侣"占比分别为10.8%、9.1%、8.5%、3.1%。从分析结论看，游客更倾向选择和子孙、亲朋好友一同出行。

玩法偏好。通过摘取携程游记的"玩法"类型进行分析，排名前十一的玩法分别是：自由行、美食、周末游、邮轮、人文、小资、自驾、购物、跟团、省钱、半自由行，其中"自由行"以552次提及的频率远超第二名"美食"（193次），可见，"自由行"已经成为游客偏好的出行方式，此外，短程的"周末游""自驾游"也逐渐成为海洋旅游的重要出游方式。在玩法的内容层面，游客更偏好"美食"类产品，"邮轮""人文""购物"类紧随其后（见图3-3）。

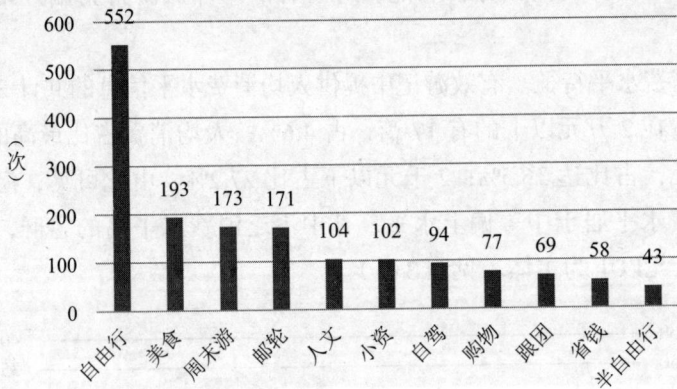

图3-3 游记中游客玩法偏好TOP11排行

目的地国家偏好。通过摘取游记中游客所到国家的数据并进行词频分析，发现大部分游客选择包含港澳台在内的国内游，占比达64.1%，在国外旅游目的地中，排名前五的依次是"日本""马来西亚""新加坡""泰国""韩国"（见图3-4）。国内排名前十的目的地依次是"香港""珠海""上海""大连""三亚""深圳""秦皇岛""广州""青岛""舟山"，与产品信息排名基本一致（见图3-5）。

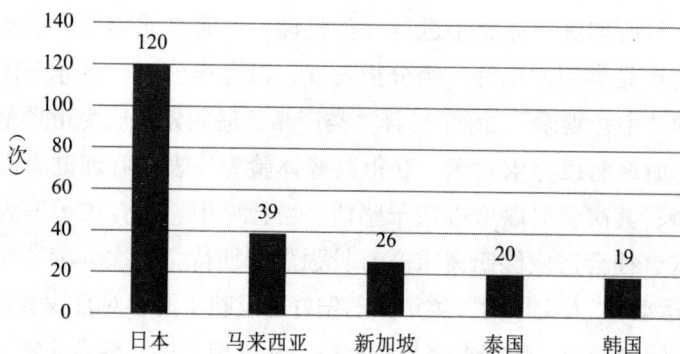

图 3-4 游记中游客出国游目的地偏好 TOP5 排行

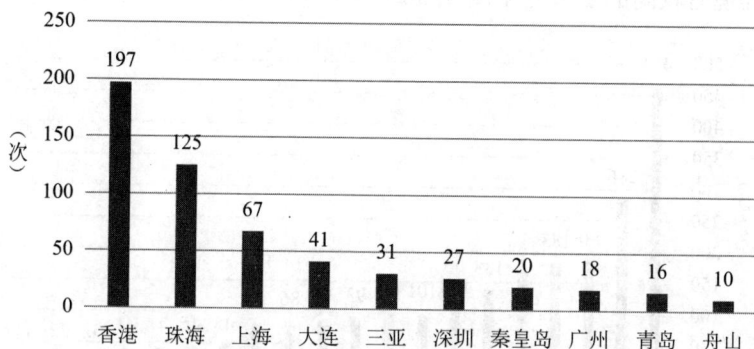

图 3-5 游记中游客国内游目的地偏好 TOP10 排行

旅游目的地偏好。通过结合携程游记"去哪儿玩"模块信息以及游客游记中详细记载的所到目的地名称，进行词频分析并进行排名，国内排名前十的依次是"香港海洋公园""珠海长隆海洋王国""香港中环""香港尖沙咀""香港铜锣湾""香港星光大道""香港旺角""香港浅水湾""皇家加勒比海洋光谱号邮轮""香港天星小轮"，粤港澳大湾区是海洋旅游目的地的首选，南方开放性发达海滨城市对游客具有较强的旅游吸引力。国际目的地排名前十的分别是"日本冲绳""日本福冈""新加坡""日本长崎""日本大阪""马来西亚仙本那""日本那霸""泰国普吉岛""日本东京""阿拉伯联合酋长国迪拜"，日本的滨海城市是国内海洋旅游游客出国游首选。

资源及产品类型偏好。在分析游记时发现，游客会对目的地格外偏好的资源、产品类型进行大篇幅记载或高度评价，通过对该类旅游资源、产品的摘取和概括，对所偏好产品类型进行分类整理，并通过词频分析了解游客对现有海洋旅游产品类型的偏好。经分析发现，以海洋公园、海洋王国、海洋世界为代表的"主题娱乐""海洋科普"类产品遥遥领先，成为市场最青睐的产品。首先，游客对以寻求刺激、获得高峰体验为代表的心理健康需求表现出更高的期待；其次，对以增进亲子感情、增长见识、教育孩子等为代表的心理健康需求、社会适应健康需求亦有较强烈的期待。再次，游客对"免税购物""海上运动""人文风情"类产品的偏好也反映了游客对自我满足、自我挑战、体验生活等精神心理需求满足的期待。从资源角度，游客非常看重"海洋气候""海岸带""环境质量""滨海观光"景观等资源，反映了游客对目的地的健康环境有较高的要求（见图3-6）。

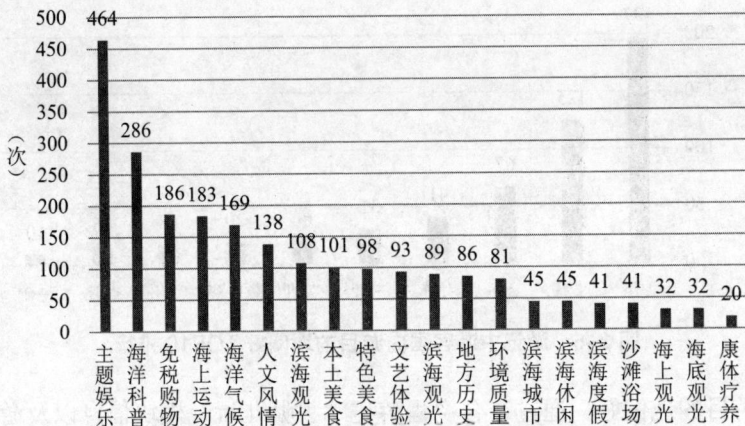

图 3-6　游记中游客对海洋旅游产品类型偏好 TOP20 排行

2.6 海洋旅游游客健康偏好现状总结

游客对海洋旅游环境健康质量要求较高。此处的环境包含气候条件、生态环境、经济条件和人文环境。通过阅读大量游记，并对游记中海洋旅游产品类型偏好进行分析后发现，游客倾向选择海洋气候明显、环境质量优异、滨海景观优美的目的地，在此基础上，大部分游客倾向选择经济较为发达、开放程度高、人文氛围好、设施配套全、旅游发展成熟、知名度高的滨海城市作为出游目的地，综合环境条件，尤其是生态和经济环境条件对大众游客行为偏好产生较大影响。

游客对通过海洋旅游增进社会关系较为重视。首先，在出游同伴选择上，大部分游客会选择和孩子、和朋友一同出行，且很多游记中会出现"增添了美好回忆""关系更紧密""期待下次旅行"等语句，反映了游客对社会关系的重视和对旅行增进社会关系的认可。其次，在出游动机上，不少游客表示想要通过旅行多结交些新朋友，反映了游客对社会适应健康的追求。最后，在出游行为特征上，游记中常出现"向XX推荐""拍照""发朋友圈"等行为特征描述，反映了游客需要获得社会认同、社会交往的心理诉求。

游客对海洋旅游的心理健康调节效果普遍认同。海洋旅游无论是从海洋气候、宜人环境、优美景色，还是从海鲜美食、运动产品角度，均能够起到陶冶情操、放松身心、自我满足的功效，在游记中主要表现为三个层次：一是初到海边时的兴奋，以"开心""放松""豁然开朗""美好""很美"等词汇的频繁出现为特征；二是体验海洋旅游产品、项目时的兴奋，以"刺激""惊喜""爽""心跳加速""快乐"等为代表的情绪释放性词汇的频繁出现为特征；以及在旅行结束时的不舍，"美好""流连忘返""精彩"等词汇体现了游客对海洋旅游能够带来轻松、快乐、提升幸福感等正向心理调节作用的认同。

游客对海洋旅游康养类产品关注度差异明显。海洋旅游康养类产品按照类型偏好可以分为以海上运动、滨海休闲、滨海娱乐、海底观光等为代表的康体健身类产品，以地方美食、海洋特产为代表的美食养生类产品及以沙滩浴场、康体疗养类为代表的保健疗养类产品。从产品偏好排行及游记的记载中可以看出，游客对散步、骑行、冲浪、帆船、拖拽伞、潜水、沙滩运动等产品的偏好较为明显；对于美食养生类产品，游客更注重它的特色、口感和食材，对于美食的养生价值强调较少；对于养生疗养类产品，游客对沙滩浴场有较多记录，但较少有评价，部分游客对水疗、温泉、SPA等养生产品较为青睐，且评价均较为正面，疗养类产品提及较少，医疗类产品未有提及。因此，大多数游客对现有海洋康养类旅游产品的选择动机并不主要关注其健康价值，而是更多地关注产品的体验感、舒适度、刺激性能否带来身体和精神的满足感。

三、基于问卷调研的海洋旅游游客健康需求分析

3.1 问卷设计

为更客观地了解游客对海洋旅游健康价值的认知与需求状况，以指导海

洋旅游目的地健康价值的挖掘与提升，本研究设置了问卷调研环节。问卷大致分为五个部分：Q1—Q4是对游客海洋旅游出游动机的调查；Q5—Q7是对游客出游选择影响因素、目的地和旅游产品需求的调查；Q9—Q10通过开放式问卷调研游客对海洋旅游目的地的偏好特征；Q8、Q11、Q12三题重点调研游客对海洋旅游目的地健康价值的认知情况；Q13—Q19是对游客基本属性的统计。

3.2 问卷调查与研究方法

本研究于2020年7月18日至7月24日通过问卷星在线问卷调研的形式向天津、北京、河北、山东、山西、广东、河南、安徽、湖北、辽宁等省市和地区的受访者进行问卷调查，共收到问卷615份，在采用80法则（即题目有80%不填、乱填即视为无效问卷）的基础上，将答题时间不超过100s的问卷也视为无效问卷，最终留下的有效问卷为476份（不包含16份Q1选"否"的问卷），有效问卷率为77.39%，可作为研究结论的依据。

本研究采用SPSS6.0社会科学统计软件对有效问卷各变量进行统计分析。重点通过描述性统计分析，包括频数、百分比、最大最小值等方法，以及交叉表分析对调研对象基本信息、旅游需求、健康价值认知水平等概况进行分析。

3.3 样本基本信息分析

样本客源地分析。由受访对象填写惯常居住地的统计信息可以看出，本次问卷样本大多来自京津冀地区，涵盖北上广深等一线城市（见图3-7）。

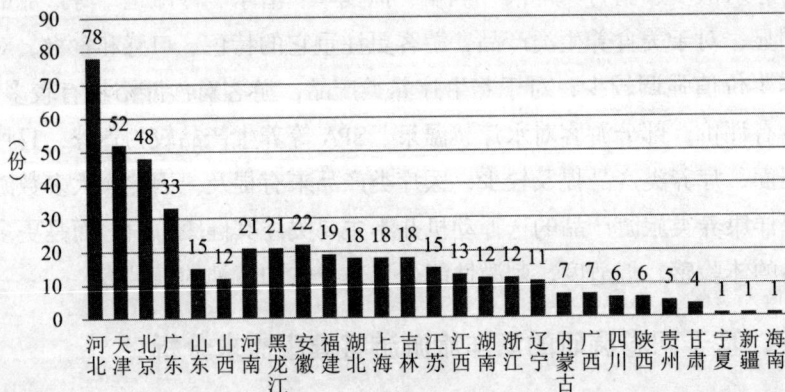

图3-7 样本客源地分布图

样本属性分析。通过对样本基本属性进行描述性统计分析，可以看出，选择愿意疫后出游海洋旅游目的地的游客中：性别层面，女性占58.6%，男性占41.4%；年龄层面，以18~35岁游客为主体，占总样本量的70%以上；婚姻状况层面，未婚游客占比最高，约占38.9%，已婚但尚未有子女或子女未独立的采访对象，约占53.8%；月均收入层面，月均收入9000元以下的受访者占68.5%，平均月收入为中低水平的受访者占大多数；生活压力层面，感觉到"有一点"压力的受访者最多，占46.8%，"没有"压力的受访者占5.9%；健康状况层面，56.5%的受访者认为自身存在亚健康状况（见表3-5）。

表3-5　研究样本基本属性统计表

属性	因子	人数（人）	占比（%）
性别	男	197	41.4
	女	279	58.6
年龄段	18岁以下	7	1.5
	18~25岁	135	28.4
	26~35岁	204	42.9
	36~45岁	89	18.7
	46~55岁	30	6.3
	56~65岁	7	1.5
	65岁以上	4	0.7
婚姻状况	未婚	185	38.9
	已婚，尚未有子女	121	25.4
	已婚，最小子女未独立	135	28.4
	已婚，最小子女已独立	35	7.3
月收入	6000元以下	146	30.7
	6001~9000元	180	37.8
	9001~15000元	110	23.1
	15001~20000元	26	5.5
	20001~25000元	8	1.7
	25001~30000元	4	0.8
	30000元以上	2	0.4

续表

属性	因子	人数（人）	占比（%）
生活压力	没有	28	5.9
	有一点	223	46.8
	一般	132	27.7
	大	85	17.9
	很大	8	1.7
亚健康问题	不存在	207	43.5
	存在	269	56.5

3.4 样本对海洋旅游需求现状分析

出游动机维度分析。Q2（多选题）问题重点设置了环境健康、身体健康、心理健康、社会适应健康四个维度的动机类型选项，从样本统计数据结果可以看出，以"获得放松"为目的的出游动机排名首位，其次是"享受滨海特色美食""增长见识，开阔眼界"，样本数据显示，以逃避惯常环境、增进关系、心灵寻求、享受与成就等为代表的心理需求动机排名靠前，游客对海洋旅游能够满足精神和心理诉求有较高的期待（见表3-6）。

表3-6　研究样本出游动机分析统计表

维度	因子	人数（人）	占比（%）	排名
环境健康影响维度	享受健康的生态环境	243	51.1	4
	享受滨海度假	84	17.6	9
身体健康影响维度	参加滨海健身活动	207	43.5	5
	想要参加滨海康养项目	59	12.4	10
	享受滨海特色美食	271	56.9	2
心理健康影响维度	获得放松	325	68.3	1
	增长见识，开阔眼界	264	55.5	3
	寻求刺激	96	20.2	8
社会适应健康影响维度	增进与家人、朋友的感情	141	29.6	7
	体验不同的文化和生活方式	182	38.2	6

动机影响因素分析。Q4问题及选项重点从环境、资源、产品、设施、政策

五个维度的动机影响因素进行设计,从 Q4 对游客出游动机影响因素关注度的调研结果中可以看出,以"气候舒适度""人文社会环境""海岸带环境质量""目的地经济条件""目的地形象与口碑"为代表的环境因素是游客海洋旅游目的地选择的较强影响因素,是游客出行前着重考虑的因素。此外,资源优质度、组合度、规模和设施配套也是影响出游动机的重要因素类型。在产品类动机因素中,受访者对"有无滨海养生项目、有无康养医疗产品"等海洋健康旅游产品关注度较低,对海洋旅游资源因素的关注度明显高于对产品因素、设施配套因素的关注度,天然类海洋旅游目的地依然是游客首选(见表 3-7)。

表 3-7　研究样本动机影响因素统计表

因素维度	因素	人数(人)	占比(%)	排序
环境因素	目的地形象与口碑	204	42.9	5
	目的地经济条件	218	45.8	4
	人文社会环境	256	53.8	2
	气候舒适度	280	58.8	1
	海岸带环境质量	232	48.7	3
资源因素	沙滩浴场质量	173	36.3	6
	可游玩景区(点)数量	151	31.7	8
产品因素	有无滨海养生项目	55	11.6	11
	有无沙滩运动项目	71	14.9	9
	有无海上运动项目	67	14.1	10
	有无康养医疗产品	53	11.1	12
设施因素	公共设施及场所整洁舒适度	156	32.8	7
	旅游接待设施配套	43	9.0	13
政策因素	有无相关旅游政策优惠	42	8.8	14

海洋旅游目的地需求。在目的地需求层面,问卷重点调研了受访者对海洋旅游目的地类型的需求、国内外海洋旅游目的地区域选择需求、已有目的地产品的现状偏好等,本研究将从多个维度对受访者的海洋旅游需求特征进行分析。

目的地类型需求。从 Q3 题样本统计结果可以看出,受访者对"海洋旅游景区"类海洋旅游目的地类型需求排名最高，对"滨海旅游城市""海洋旅游特色小镇"和"海岛"类目的地需求排名明显高于"邮轮航线"和"滨海渔村"，说明游客对以滨海城市、特色小镇为代表的休闲度假型海洋旅游目的地的市场需求逐渐赶超观光类海洋旅游目的地，但仍以观光型为主导（见表3-8）。由交叉分析可以看出，不同类型海洋旅游目的地的出游动机影响因素均有些微差异，但总体看，目的地的"气候舒适度""人文社会环境""海岸带环境质量""目的地经济条件"均为游客更为关注的因素（见表3-9）。

表3-8　研究样本海洋旅游目的地类型需求统计表

	人数（人）	占比（%）	排序
滨海旅游城市	262	55.0	2
海岛	230	48.3	4
海洋旅游景区	275	57.8	1
邮轮航线	117	24.6	5
海洋特色小镇	239	50.2	3
滨海渔村	98	20.6	6
其他	1	0.2	7

表3-9　研究样本目的地需求与影响因素交叉分析统计表

	滨海旅游城市	海岛	海洋旅游景区	邮轮航线	海洋特色小镇	滨海渔村
	占比（%）	占比（%）	占比（%）	占比（%）	占比（%）	占比（%）
目的地形象与口碑	50.40	50.90	43.60	31.60	47.30	36.70
目的地经济条件	51.50	46.50	49.50	47.90	44.80	36.70
人文社会环境	55.00	54.30	57.10	49.60	57.30	56.10
气候舒适度	60.70	67.00	61.50	51.30	65.30	64.30
海岸带环境质量	52.70	53.90	48.70	47.90	52.30	49.00
沙滩浴场质量	41.60	41.30	37.10	32.50	37.70	38.80
可游玩景区（点）数量	32.40	38.30	31.30	35.00	32.20	37.80
公共设施及场所整洁舒适度	34.70	33.90	34.20	31.60	41.00	37.80

续表

	滨海旅游城市	海岛	海洋旅游景区	邮轮航线	海洋特色小镇	滨海渔村
	占比（%）	占比（%）	占比（%）	占比（%）	占比（%）	占比（%）
有无滨海养生项目	9.90	9.60	10.90	15.40	12.60	15.30
有无沙滩运动项目	15.30	16.10	15.30	17.10	15.10	22.40
有无海上运动项目	15.30	12.60	14.20	17.90	13.80	16.30
有无康养医疗产品	10.30	7.00	8.70	20.50	13.80	16.30
有无相关旅游政策优惠	8.00	5.70	8.00	13.70	12.10	11.20
旅游淡旺季	7.60	11.70	9.50	9.40	8.80	15.30

国内外目的地区域需求分析。从国内外海洋旅游目的地需求统计数据可以看出，受访者对地中海海洋旅游区的需求最高，达41.4%，对国内沿海海洋旅游目的地的需求排名第2，比例基本与东南亚海洋旅游区需求占比持平，受访者对以日韩为代表的东亚海洋旅游需求度略低于东南亚海洋旅游目的地。由统计可知，游客对国内海洋旅游目的地需求逐步赶超东亚、东南亚，呈现出较高的需求趋势（见表3-10）。

表3-10　研究样本海洋旅游目的地区域需求统计表

海洋旅游目的地所在区域	人数（人）	占比（%）	排序
加勒比海洋旅游区（墨西哥坎昆、巴哈马群岛、百慕大群岛等）	101	21.2	6
地中海海洋旅游区（西班牙巴利阿里群岛、法国科西嘉岛、意大利卡普里岛、马耳他等）	197	41.4	1
太平洋海洋旅游区（夏威夷群岛等）	144	30.3	4
东亚海洋旅游区（韩国釜山、济州岛等；日本北海道、冲绳等）	140	29.4	5
东南亚海洋旅游区（新加坡、印度、泰国普吉岛、马来西亚、菲律宾、印度尼西亚巴厘岛、马尔代夫、斯里兰卡、毛里求斯、韩国济州岛、越南下龙湾等）	146	30.7	3
中国沿海海洋旅游区（环渤海、长三角、珠三角、港澳、闽台、海南、北部湾等）	152	31.9	2

研究进一步对国内海洋旅游的目的地进行需求统计，需求排名依次是珠三角、长三角、环渤海、海南、闽台地区、北部湾，其中对珠三角、长三角、环

渤海区域的海洋旅游目的地需求占比较为接近，对北部湾区域市场需求最低。由此可见，旅游目的地所在区域的经济发展水平、对外开放程度、人文环境氛围对旅游目的地的市场吸引力影响较大（见表3-11）。

表3-11　研究样本国内海洋旅游目的地区域需求统计表

国内海洋旅游目的地所在区域	人数（人）	占比（%）	排名
环渤海（大连、秦皇岛、天津、青岛等）	181	38.0	3
长三角（上海、浙江、宁波等）	186	39.1	2
珠三角（广州、深圳、香港、澳门等）	193	40.5	1
闽台地区（福建、厦门、台湾等）	119	25.0	5
海南（海口、三亚等）	179	37.6	4
北部湾（北海、湛江、防城港等）	40	8.4	6

印象深刻的目的地排名。Q9收集问卷中选项为"有"的有效回答有412份，占86.6%，大部分受访者都去过滨海旅游目的地（见表3-12）。进行关键词词频分析，删除词频分析中非目的地名称词汇，对样本填写频数10次以上的目的地进行频数排序，由分析结论可知，受访者印象最为深刻的目的地为三亚，青岛和大连紧随其后，在所提到的国际旅游目的地汇总中，巴厘岛和夏威夷被提到的频度较高（见表3-13）。

表3-12　研究样本国内海洋旅游目的地区域需求统计表

题目	选项	计数	占比（%）
哪个海洋旅游目的地印象最深刻	有	412	86.6
	没有	64	13.4

表3-13　研究样本对海洋旅游目的地偏好统计表

目的地	频数	排名	目的地	频数	排名
三亚	68	1	秦皇岛	14	6
青岛	43	2	上海	13	7
大连	41	3	海口	11	8
厦门	15	4	巴厘岛	11	8
北海	15	5	夏威夷	11	8

目的地偏好影响因素。在对印象深刻的海洋旅游目的地描述中，统计排名前20的高频词汇，词汇属性包括名词、动词和形容词，以名词为主。从名词词汇的排名上，可以发现，受访者对印象深刻的海洋旅游目的地的环境资源、观光资源、美食产品有更高的关注度，且评价较为积极正面；在动词词汇的排名上反映了受访者对海洋旅游目的地的"体验""观光"类产品更加偏好，尤其是"冲浪""潜水"等体验感强的产品，能够为游客带来高峰体验和深刻记忆；在形容词排名中，对"独特""干净""气候宜人""环境优美"等词汇的使用度较高，体现了受访者对目的地资源产品体验的独特性高度重视，对目的地的海洋气候、环境质量更为关注。总体来看，海洋旅游目的地的气候环境、观光资源、独特性体验产品是为游客带来深刻印象的重要因素（见表3-14）。

表3-14　研究样本目的地选择影响因素统计表

目的地	频数	排名	目的地	频数	排名
沙滩	46	1	气候	20	10
海洋	44	2	观光	20	10
环境	39	3	景色	19	11
体验	30	4	冲浪	19	11
风景	29	5	动物	17	12
美食	26	6	海水	16	13
海底	25	7	独特	16	13
海鲜	23	8	潜水	16	13
海上	23	8	风情	15	14
海滩	21	9	干净	15	14

海洋旅游产品需求分析。Q7调研了受访者对海洋旅游产品的关注度，从排名上看，海洋美食类排名第一，接着依次是海底观光类、沙滩休闲类、海上运动类、主题娱乐类、海滨浴场类、海洋科普类、滨海疗养类、休闲观光类、文化体验类、养生度假类和医疗康复类。游客对"海底观光、沙滩浴场、海上运动"等滨海特征比较显著的海洋旅游产品关注度更高，因此对海洋旅游目的地天然的资源条件有更高期待。在海洋健康旅游产品类型中，对滨海疗养类产品的关注度高于养生度假和医疗康复类，三者的整体排名低于海上运动、娱乐

类，同时也反映了海洋旅游的发展仍然处在观光＋休闲阶段，养生度假市场尚未成熟（见表3-15）。

表 3-15 研究样本海洋旅游产品类型需求统计表

产品类型	人数（人）	占比（%）	排名
海滨浴场类	152	31.90	6
沙滩休闲类	186	39.10	3
主题娱乐类	178	37.40	5
海上运动类	185	38.90	4
海底观光类	228	47.90	2
海洋科普类	145	30.50	7
海洋美食类	256	53.80	1
文化演艺类	124	26.10	10
滨海疗养类	136	28.60	8
医疗康复类	62	13.00	12
休闲观光类	128	26.90	9
养生度假类	66	13.90	11

3.5 样本对海洋旅游健康价值认知分析

整体认知情况分析。99.6%的受访者认为海洋旅游能够改善其健康水平（见表3-16）。

表 3-16 研究样本对海洋旅游健康价值认知统计表

题目	选项	计数	占比（%）
海洋旅游是否改善健康水平	能	474	99.6
	不能	2	0.4

海洋旅游的健康价值认知。在Q12"您认为海洋旅游能够改善哪方面的健康水平"中，选项排名前五的依次是"缓解了日常压力""感觉心情舒畅""享受了健康美食""增进了家人、朋友或同事的关系""满足了好奇心和求知欲"，

反映了游客对海洋旅游能够提高心理健康水平、身体健康水平、社会交往健康水平的认同（见表3-17）。

表3-17　研究样本对海洋旅游健康价值认知水平统计表

选项	人数（人）	占比（%）	排名
改变了对健康的认知	165	34.7	6
缓解了日常压力	346	72.7	1
感觉心情舒畅	338	71.0	2
享受了健康美食	270	56.7	3
增进了家人、朋友或同事的关系	222	46.6	4
满足了好奇心和求知欲	169	35.5	5
获得了高峰体验	95	20.0	10
获得了人生感悟	129	27.1	8
养成了健康的生活方式	130	27.3	7
增强了身体素质	130	27.3	7
获得了康复治疗	68	14.3	11
提高了生活品质	109	22.9	9

四、海洋旅游游客健康需求特征

4.1 游客更加关注目的地环境和资源的健康价值

由上述数据统计分析结果可知，游客对海洋旅游目的地环境和资源的关注度明显高于产品和设施。由于海洋气候、环境质量、景观优美度本身就是海洋旅游的重要吸引物，且是海洋旅游产品的重要组成部分（带有资源和产品双重属性），其所带来的身心享受、健康价值直观且有效，因此，更容易成为游客更加关注的健康因素。无论从生态保护还是从旅游产业发展角度出发，海洋旅游目的地均应做好海洋旅游环境的改善和提升工作。

4.2 游客对海洋旅游健康价值需求仍在初级层次

无论从海洋产品偏好层面还是从海洋旅游健康价值认知层次，游客对海洋旅游健康产品的选择、需求均处在初级阶段。首先，海洋旅游资源健康价值待发掘。海洋资源健康价值丰富，无论从海岸带环境、海洋气候、海洋矿物质、海洋生物等多个资源视角，还是从海上运动、滨海度假、康体疗养项目，均能看到海洋旅游区别于其他类型旅游目的地的专属健康属性，但从游客对海洋旅游资源的关注度来看，可视的滨海环境、可感受的海洋气候是游客对海洋旅游健康价值的基本认知，而鲜有人了解海洋旅游资源更多的健康价值。其次，海洋旅游产品健康价值有待引导。海洋健康旅游产品类型丰富，具有较高的经济附加值，但市场投放较多的海洋旅游产品依然是主题乐园类（海洋王国、海洋公园、海洋馆等），健康旅游产品以滨海和海上运动类为主，疗养、医养类只是众多海洋旅游产品的附属配套项目，说明我国海洋旅游休闲度假、养生养老旅游市场尚不成熟。

4.3 游客对精神层面的健康升级需求高于其他层面

从马斯洛需求层次来看，旅游本身就是人们更高层次的精神追求，从游记样本分析结果也可以看出，大多数游客对海洋旅游的心理健康调节作用、增进社会关系的强社交功能更为重视，自我满足和社会认同是旅游的内在驱动力，因此，海洋旅游健康产品的开发除了重视海洋旅游健康资源的挖掘、价值理念的构建之外，更需要关注游客精神层面、心理层面的健康需求，充分利用游客心理做好旅游产品的开发与迭代升级。

4.4 以休闲运动为代表的海洋旅游健康产品颇受关注

在海洋旅游健康产品体系中，除海洋美食外，游客更愿意参与体验滨海娱乐、滨海运动、海上运动、海底观光类健康旅游产品。该类产品具有消费水平中低档、组织性强、娱乐性强、心理感受强、强社交性等特征，拥有强身健体、获得高峰体验、增进社会关系等功效，但该类产品对身体健康素质有一定要求，不适合身体健康存在问题的海洋旅游人群。

4.5 海洋旅游目的地健康价值升级应适时推进

虽然优质的环境质量和较高的经济发展水平是影响游客目的地选择的重要因素，但却不是目的地吸引力弱的根本原因，提升产品的价值与主题吸引力才是招商引客的根本路径，健康价值的提升是路径之一。一是海洋旅游资源的健康价值挖掘不足。无论是地方政府还是开发商，对海洋旅游资源的健康价值认知不足，现有的旅游开发大多依然是以观光资源为依托的主题娱乐、海洋科普、休闲运动类产品开发，对海洋生态系统、海洋矿物资源、海洋生物医药资源的健康价值挖掘不深，尚未形成健康养生、医疗养生类健康旅游的潮流。二是海洋旅游健康产品培育不足。目前较受欢迎的海洋美食和运动类产品已经形成了健康旅游产品的基础，但针对养生、养老、医养市场的健康产品依然较为缺失，海洋旅游产业与大健康产业的结合不足，中高档次海洋旅游健康产品仍然缺位。三是海洋旅游健康市场的引导、重视不足。游客对海洋旅游健康价值认知较为初级，海洋健康旅游理念对市场的引导力弱，难以形成普世的海洋旅游目的地健康价值观，也难以催生游客更高层次的海洋旅游健康需求。四是市场的培育仍需时间。从游客偏好与需求趋势看，医疗养生、养生养老需求仍在萌芽和培育中，市场的成长仍有较长的过程，具有健康价值的产品培育可以应对市场需求循序渐进地推进。

参考文献

［1］保继刚，金鑫等.疫情结束后，游客何时来？［EB/OL］.［2019-0601］.https：//mp.weixin.qq.com/s/rg2bFoJrTVpMUTFLSPgu-w.

［2］八爪鱼.［EB/OL］.［2019-06-01］.https：//www.bazhuayu.com.

［3］乔萌萌.基于数据挖掘技术的"肥仔水"市场潜力分析——以八爪鱼为例［J］.电脑知识与技术，2019，15（34）：17.

［4］干货：国内外十大主流采集器软件盘点.［EB/OL］.［2019-0601］.https：//www.bazhuayu.com/blog/421.

［5］Thomas J S. Methods of Social Research［M］. Orlando，USA：Harcourt College Publishers，2001：296-297.

［6］李淼，谢彦君.以博客为舞台：后旅游体验行为的建构性诠释［J］.旅游科学，2012，26（6）：21-31.

［7］问卷调查的回收和发放［EB/OL］.中国社会观察网：http：//www.lookinto.cn.原文地址：http：//www.lookinto.cn/method/1965/.

第二部分　区域观察篇

第四章　环渤海地区

随着人们经济条件和生活水平的不断提高，大众对健康的关注度也越来越高。尤其是突如其来的新冠肺炎疫情让人们对健康的重视又上升了一个新高度。与此同时，国家也在积极地推进健康中国的建设，《"健康中国2030"规划纲要》《关于促进健康旅游发展的指导意见》等文件的颁发为发展健康旅游、提升公众健康水平提供了有力的政策支持。而海洋和海岸带所具有的独特健康功能吸引着越来越多的游客前往体验。本章旨在了解环渤海区域的大健康环境和海洋旅游的发展情况，根据该地区的基础条件，依托于环境健康学、食疗食养等理论，指出健康视角下环渤海区域海洋旅游发展目前的困境和现实挑战，并从海洋旅游目的地供给体系的角度出发，对环渤海区域海洋旅游健康价值提升提出一些可供借鉴的对策，从而满足环渤海区域游客对健康旅游的需求。

一、区域概况

1.1 范围界定与社会经济概况

从广义来看，环渤海地区是环绕渤海全部及黄海的部分沿岸地区所组成的广大区域。狭义上则包括北京、天津两直辖市；辽宁的大连、丹东、锦州、营口、盘锦、葫芦岛六市；河北的秦皇岛、唐山、沧州三市；山东的青岛、烟台、潍坊、威海、东营和滨州六市在内的17个城市。为了更紧密地结合海洋这一主题，本部分所分析的环渤海区域包括狭义上除北京市外的拥有海岸线的16个地级城市行政区域。

环渤海区域经济实力雄厚，人口聚集度高，消费能力强，但区域差异较大。其中，环渤海区域各市GDP差异明显，2019年天津市以14104.28亿元的地区生产总值雄踞环渤海区域首位，而丹东市的 GDP 仅为 768 亿元，GDP 由高至低大体呈现天津市、山东省、河北省、辽宁省的顺序（见图 4-1）。从人口规模来看，环渤海区域常住人口规模巨大，本地海洋休闲消费市场广阔，再加上北京、河北、山东和辽宁的其他地区人口，约有 2 亿人的消费人群，未来健康旅游消费动力强大。整体来看，天津市的经济情况与人口规模均位于环渤海区域首位，这也说明了天津作为环渤海区域的经济中心的优势所在。山东省的整体情况较好，辽宁省较为薄弱（见表 4-1）。

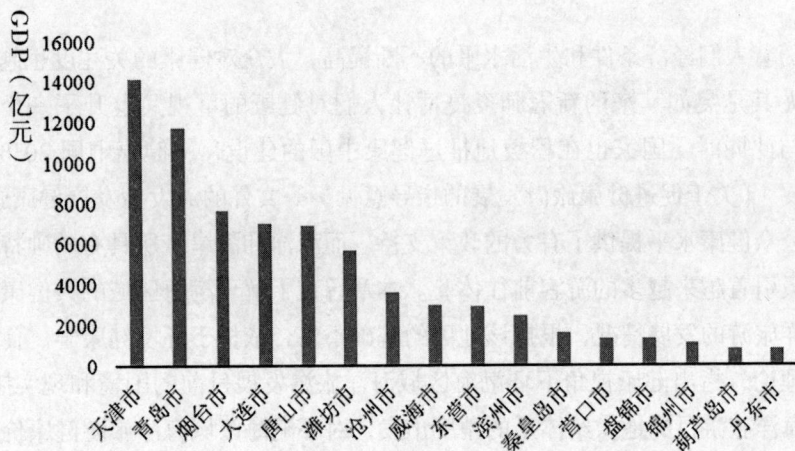

图 4-1　2019 年环渤海区域各市 GDP 情况[①]

表 4-1　2019 年环渤海区域概况[2]

省市		常住人口（万人）	GDP（亿元）	居民人均可支配收入（元）
天津市		1562	14104	42404
河北省	秦皇岛市	315	1612	26916
	唐山市	796	6890	33080
	沧州市	754	3588	25421

---

　　① 数据来源于各市2019年国民经济和社会发展统计公报。其中大连、锦州和葫芦岛市人口数据为户籍人口，潍坊、东营市和辽宁省的居民人均可支配收入由城镇和农村居民人均可支配收入平均值代替。

续表

省市		常住人口 （万人）	GDP （亿元）	居民人均可支配收入 （元）
山东省	青岛市	950	11741	45452
	烟台市	714	7653	37783
	潍坊市	935	5689	31017
	威海市	284	2964	39593
	东营市	218	2916	35071
	滨州市	392	2457	28517
辽宁省	大连市	595	7002	33221
	丹东市	238	768	24474
	锦州市	293	1073	25758
	营口市	243	1328	28950
	盘锦市	144	1281	30233
	葫芦岛市	276	807	22876

1.2 区域大健康环境概况

渤海生态脆弱，滨海物产健康价值高。作为我国唯一的半封闭型内海，渤海平均水深仅有18米，最大水深85米，水深在20米以下的海域面积占50%以上，近乎封闭的特性使渤海不可避免地具有自净能力差、环境承载能力较弱的特点。一方面，由于浅底平坡的海底地形，渤海的沉积物更容易产生堆积和污染。此外，渤海潮汐的流速、规律和海流流量、流速等水文特征以及沉积物的粗细混合特征都不利于渤海海域内污染物和海水的冲刷净化。另一方面，滨海开发导致了渤海的污染加剧，渤海海域与滨海生态环境容易陷入双向破坏的恶性循环。这使得渤海生态十分脆弱。与此同时形成的优势也比较明显，渤海沿岸河口浅水区营养盐丰富，饵料生物繁多，是盛产对虾、蟹和黄花鱼的天然渔场，海产品资源丰富且营养价值高。

气候舒适，景观多样，冬季健康旅游亟待提升。由于受到海洋环境的调节，环渤海区域夏无酷暑，气候温和，气候十分宜居，是避暑的好去处，十分适合滨海旅游业的开发。区域各市地处中纬度，主要为温带季风气候且兼具海洋性气候特点，空气湿润，四季分明。春季干旱多风，夏季高温多雨，秋季天高气爽，冬季干燥少雪。旅游最舒适月份集中在5、6月份和9、10月份两个时段。而冬季则是环渤海区域各市旅游的淡季，在景区开放时间、酒店价格、人流量等方面均有明显体现。与此同时，环渤海地区地貌多样，主要分布有低山丘陵和平原、山地等。海岸地貌有基岩海岸、砂质海岸、淤泥质海岸及三角洲海岸。其中威海市北东南三面环海，海岸类型属于港湾海岸，海岸线曲折，岬湾交错，多港湾、岛屿。大连市岩溶地形随处可见，是典型的喀斯特地貌和海蚀地貌。

环境污染严重，健康旅游大环境有待改善。环渤海污染防治仍面临巨大压力。其中，烟台市2019年市区环境空气质量指数优良天数为286天，较上年减少34天。空气质量优良天数比例为78.4%，较上年降低9.3个百分点。葫芦岛市环境空气质量达标天数278天，占比76.2%，同比下降5.2%。PM10浓度同比升高11.6%，PM2.5浓度同比升高11.9%。有研究表明，河北省居民的居住环境满意度评价整体较差，雾霾污染严重是评价较低的主要原因。天津市得分较为靠后，山东省既有第一名的威海市，也有倒数第二名的东营市。研究进一步发现，环境健康性是居民最不满意的要素，东营市的公共服务设施较差。

1.3 医疗卫生和健康产业发展

医疗卫生水平较高，但区域差异明显。卫生医疗水平方面，考虑到数据的可比性，对2019年末环渤海区域的卫生机构所拥有的床位数进行了排序（见图4-2）。结合环渤海区域各市拥有的卫生机构数量、医院数量、卫生技术人员人数等数据来看，环渤海区域医疗卫生水平较高，但整体差异较大，医疗水平位于前列的城市主要是天津、潍坊、青岛、唐山等市，丹东、盘锦等市医疗水平相对薄弱。

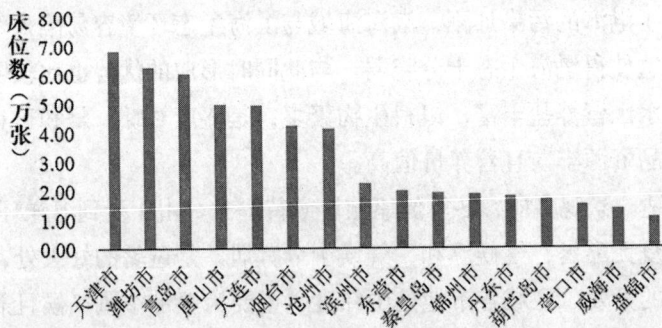

图4-2　2019年环渤海区域各市卫生机构拥有的床位数情况

健康产业有一定基础，秦皇岛等市发展势头良好。为落实国家的健康中国行动，环渤海区域正在积极发展健康产业，拥有了一定的基础。一方面，环渤海生物医药产业形成了较强的区域集聚力，具有全国优势地位的企业实力和创新能力。另一方面，秦皇岛北戴河新区正在全力打造国际健康城新形象。秦皇岛自古以来便是皇家养生之地，具有悠久深厚的养生文化。康泰医学、华药等174家健康制造业企业已经入驻秦皇岛，拥有养老服务机构近40家，体育健身场所3000多处。天津市2017年全市规模以上健康产业单位955家，从业人数18.64万。从经营规模来看，医疗卫生服务、医药制造等大类是天津市健康产业的主体。此外，天津健康产业园区建设也达到了一定的规模。位于团泊新城西区的天津健康产业园，占地22.55平方千米，自2006年启动以来，已完成65个项目，累计投资190亿元，园区已成为京津冀健康产业的重要承接平台。作为"国家中医药综合改革试验区"创建市，潍坊的中医药产业发展较好。临朐县中医院建成了全国首家县级中医药博物馆，培育命名首批24个中医药特色小镇。然而整体来看，环渤海区域的健康产业还没有形成体系，还有较大的发展空间。

二、区域海洋旅游发展概况

2.1 区域海洋旅游资源情况

港口物流带动旅游客流，旅游发展强劲。环渤海区域各市均位于交通要道，拥有大量重要港口，便利的交通带动了旅游客流，为旅游发展提供了良好的区位条件。其中天津地处太平洋西岸，西接首都北京，是海上丝绸之路的战略支点和重要出海口。天津港是我国北方重要港口，航道和码头等级均达到30万吨级。2019年，天津市旅客周转量达585.11亿人千米，增长5.7%。唐山市全年货物吞吐量6.6亿吨，比上年增长3.1%，实现旅游总收入907.0亿元，增长23.1%。营口港是中国第八、世界第十二大港口，与50多个国家和地区的150多个港口通航，海铁联运总量居全国第一。就旅游收入而言，青岛市、大连市、烟台市排在前列。整体来看，山东省的各城市旅游发展较好。

海岸带资源丰富，各具特色。海洋旅游资源丰富，其中大连市拥有长达2211千米的海岸线。除了大连之外，威海、烟台和青岛的海岸线也较长（见图4-3），其在距海岸线10千米内的国家4A、5A级旅游景区数量上也表现出较强的优势（见表4-2）。此外，环渤海区域拥有全国约三分之一的海水浴场及14个国家级海洋公园。2018年，全国沿海城市海水浴场共36个，有14个在环渤海区域，其中12个全年水质均为优良的海水浴场中有5个在环渤海区域①。由于近海这一独特优势，环渤海区域各市拥有各具特色的海洋旅游资源，其中天津市拥有海港、炮台、航母等独特的工业旅游资源，开发了逛海港、登航母、观炮台等海洋旅游活动。秦皇岛和营口拥有波缓沙平的优质白沙滩。温泉是营口最大的特色，海滨温泉、冰雪温泉、医疗温泉各具特色。

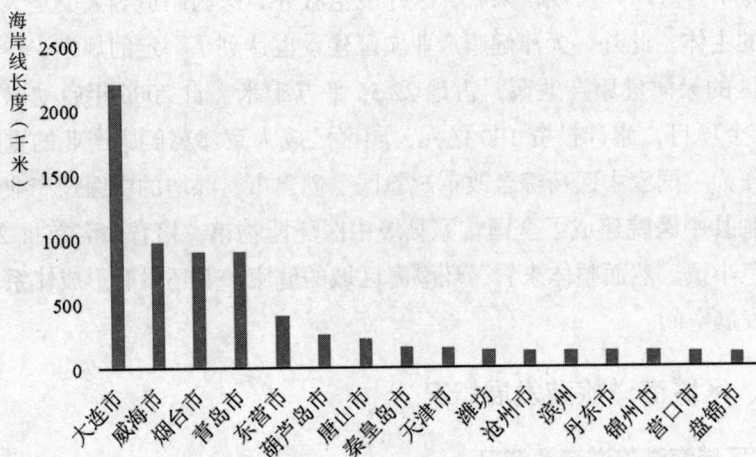

图4-3　环渤海区域各市海岸线长度②

表4-2　2019年环渤海地区海岸线及旅游景点情况

省市		海岸线长度 （千米）	距海岸线10千米内的国家 4A、5A级景区数量（个）
天津市		153	4A：5
河北省	秦皇岛市	162.7	5A：1 4A：19
	唐山市	229.72	4A：2
	沧州市	129.7	4A：2

① 数据来源于2018年中国海洋生态环境状况公报。
② 数据来源于各市政府网站及统计局。

省市		海岸线长度（千米）	距海岸线 10 千米内的国家 4A、5A 级景区数量（个）
山东省	青岛市	905.2	5A：1 4A：13
	烟台市	909	5A：2 4A：14
	潍坊市	140	4A：2
	威海市	985.9	5A：2 4A：12
	东营市	413	5A：1； 4A：1
	滨州市	126.44	4A：2
辽宁省	大连市	2211	5A：2 4A：18
	丹东市	126	
	锦州市	124	4A：4
	营口市	122	4A：5
	盘锦市	107	5A：1
	葫芦岛市	261	4A：6

海洋渔业是环渤海区域的优势产业。环渤海区域各市适合发展淡水养殖，海洋生物十分丰富，盛产虾、蟹等水产品，海洋渔业发展优势明显。其中唐山市海岸线平直，水深较浅，潮间带宽，淡水河口十余处，形成了重要经济鱼类及甲壳类动物产卵场和饵场。胶州湾一带泥沙底质岸段，是发展贝类、藻类养殖的优良海区。烟台市海洋渔业资源丰富，盛产海参、对虾、鲍鱼、扇贝等多种海珍品，是全国重要的渔业基地。滨州市地处渤海湾南岸，是全国四大渔场之一。全市可供养殖的内陆水域面积 1.6 万公顷，海滩和盐田初级制卤区丰年虫资源开发量粗具规模。盘锦市适宜发展淡水养殖，是中国北方最大的河蟹人工孵化和养殖基地，盘锦河蟹、河豚、泥鳅被批准实施国家地理标志产品保护。

2.2 海洋旅游发展的环境条件

各级政府的政策促进力度强。21 世纪，是海洋的世纪。近年来，国家政府颁发了各种相关政策为海洋的开发利用提供了整体思路和方向，对海洋旅游的发展具有重要的现实意义。其中《全国海洋经济发展"十三五"规划》明确指出推进天津、青岛建设"中国邮轮旅游发展实验区",支持大连、威海、烟台、青岛等沿海适宜地区建设海洋牧场。该规划的提出对环渤海区域海洋发展具有重要指导意义。《山东省精品旅游发展专项规划(2018—2022年)》、辽宁省《关于进一步加快旅游业发展的实施意见》等文件也为区域各省市海洋旅游的发展提供了政策支持。国家和环渤海区域各市都在积极地为海洋旅游的发展提供有力的保障。

海洋旅游营商环境有待提升。通过国家企业信用信息公示系统发现环渤海区域目前存续的与海洋旅游相关的企业的数量共34家,天津市仅有一家。总体来看,企业提供的海洋旅游服务较为同质,海上垂钓服务是最为广泛的服务,海上观光、海产品养殖等服务也较受企业的欢迎。有的企业主营业务多为旅游辅助服务,甚至并没有经营与海洋旅游直接相关的服务。仅有一家企业经营范围涉及滨海污水海洋处理工程设施服务,这从一定程度上说明了企业在进行污染治理方面有所欠缺。此外,支持环渤海企业海洋旅游发展的相关政策也有待细化和加强,应加强法治,提升海洋旅游氛围,改善营商环境。

坐拥2亿市场且需求旺盛,中老年市场有待开发。环渤海地区拥有较为丰富的海洋资源,是游客们青睐的避暑胜地。陈航对大连旅游品牌进行情感评价时发现大多数游客对海洋的评价是积极的,表达了看见大海、感受海风时的激动与惬意之情以及对海水浴场的沙质、水质的赞美。孙悦通过问卷调查发现,前来辽宁经济带各城市旅游的旅游者以中青年人为主,中老年人特别是老年人数量不多,其中大多来自东北三省,距离辽宁省较远的省份旅客数量很少。有研究发现潜在市场的海洋旅游的欲望非常高,尤其是西部偏远地区的中老年居民,他们很多人从来没有见过大海,去看海已经成为十分重要的愿望。旺盛的老年人市场需求与中青年为主的客源现状产生了强烈的对比,说明中老年市场开发潜力巨大。

2.3 海洋旅游健康化转型的挑战

海岸带的环境健康问题突出,可利用的自然生态岸线不足。2018年,渤海未达到第一类海水水质标准的海域面积较上年同期增加2820平方千米,环渤海各省(自治区、直辖市)中,仅河北近岸海域水质为优,天津近岸海域水质差。入海河流断面水质方面,辽宁、河北、山东轻度污染,其中天津重度污染。全国 61 个沿海城市中，近岸海域水质为优的 25 个城市中，仅有 5 个位于环渤海区域。环渤海区域雾霾、工业污染、水污染等严重，海洋旅游的健康环境欠佳，且环渤海区域主要依赖海洋产业和港口驱动，是依托于海洋渔业、港口码头运输业、邮轮游艇产业等发展的海洋产业旅游区。这样的产业开发模式不仅使得环渤海区域可利用的自然生态岸线被工业岸线挤占，还让渤海的生态环境面临较大的挑战。此外，渤海自净能力弱、易被污染的生态特点也增加了海洋旅游的健康环境营造的难度。

中高端健康产品和服务的供给严重不足。韩炜发现山东省滨海旅游业区域发展不平衡，水上休闲体育项目主要是海水浴、钓鱼、沙滩车等，缺乏高端刺激的新产品。薛康提出，青岛开发区旅游业的发展主要集中在近海、海岸带及滨海陆地，还未延伸至深海地区。环渤海区域目前的海洋旅游发展还停留在资源依赖阶段，海洋旅游活动主要是沿海岸带的旅游，以海洋观光为主，远海和深海旅游还未涉及，和健康的关联度也不高。整体来看，环渤海健康旅游发展氛围不浓，健康产业发展还处于初级阶段，海洋旅游健康项目和产品竞争力弱，总体水平不高，中高端健康产品和服务的供给严重不足。此外，环渤海区域的海洋旅游企业较少且提供的服务较为单一，主要集中在海洋观光、海洋垂钓、水产品养殖与销售等方面，海洋养生服务、健康咨询与指导等服务十分缺乏。

区域大健康旅游一体化发展程度低。环渤海区域的各省市之间的经济实力、科研实力、旅游资源等方面存在较大的不同，天津市作为环渤海区域的经济中心，拥有健康产业发展基础，在经济发展等方面优势明显，然而在海洋旅游资源方面则比较欠缺，区域差异过大、发展不平衡使得区域一体化存在一定的困难。目前，环渤海区域缺乏常设的旅游管理机构及知名度高的旅游线路和品牌，区域之间还未形成共同发展旅游业的战略协议和合作机制，区域交通、信息、制度等方面还没有达到一体化，旅游合作深度还有待提高，区域旅游企业、旅游服务等市场要素还未很好地自由流通，区域旅游一体化程度低。与此同时，学术界和实践的视角和重点都放在京津冀区域旅游一体化上，对环渤海区域旅游一体化关注度有所欠缺。

三、环渤海地区海洋旅游健康价值提升的理论构建

3.1 现有研究概述

以环渤海及区域内各市、海洋旅游、旅游等为关键词在中国知网进行交叉检索，对研究环渤海区域海洋经济、海洋旅游等方面的文献进行了综述，发现目前学术界对环渤海整体区域的研究主要集中在海洋经济的研究，而直接研究旅游以及海洋旅游的文献相对较少。一方面，在环渤海的海洋产业结构得到广泛关注的同时，从海洋旅游领域中特有现象或学术概念出发进行分析的文献显得十分薄弱。以健康视角切入对环渤海海洋旅游进行研究的文献则更为缺乏。另一方面，学术界关于环渤海的相关研究在范围界定上还存在差异，界定标准的不同显得现有研究成果较为模糊。

其中，以环渤海整体进行分析的研究主要集中于生态和经济方面，从环渤海城市化进程、生态环境及脆弱性、海洋经济产业结构、发展效率、环境承载力等视角出发，从时空分布的角度对其不同特征进行分析，并致力于环渤海各区域城市以及整体的可持续发展提出问题和建议。有关旅游方面的研究则主要是有关旅游竞争力方面。李志伟提出，环渤海地区海洋资源的过度供给以及海洋产业产能结构性过剩程度较高，近岸海域资源开发过度与深远海洋资源利用不足，海洋科技自主创新能力薄弱。环渤海区域内各省市的多数研究是以环渤海中的某个城市为例，对滨海旅游进行研究以及对该省市的旅游发展现状进行分析并提出建议。如孙悦基于旅客视角采用问卷调查方法，对辽宁省六城市旅游资源发展中存在的问题进行剖析，提出促进旅游资源可持续发展的对策建议。

3.2 健康价值提升的理论基础

环境健康学。环境健康学是研究环境中的物理、化学、生物、社会以及心理社会因素与人体健康，包括生活质量的关系，揭示环境因素对健康影响的发生、发展规律，为充分利用对人群健康有利的环境因素，消除和改善不利的环境因素提出卫生要求和预防措施的一门学科。环境健康学的研究内容十分广泛，主要包括大气、水、土壤与健康、人居环境与健康、环境质量评价和健康危险度评价、灾害卫生等。其本质是研究人和自然的可持续发展。健康的环境对人们的身心健康起着至关重要的作用，而在城市化进程不断加剧，大气污染

等环境问题愈发严重的背景下，环境健康学为改善污染环境，提升环境品质这一促进大众健康的必经之路提供了有力的理论支持。环境健康学研究关注敏感人群的特点，发现环境因素对老年人的生活和健康影响更大，环境污染可加速老年人因心血管疾病、呼吸系统疾病等疾病的死亡。而环渤海地区人口老龄化的背景则进一步说明了雾霾、工业污染等环境问题亟待解决。此外，除了自然环境之外，环渤海区域的健康营商环境、医疗卫生环境、服务环境等社会环境也需要进一步提升。

食疗食养理论。我国的饮食养生文化源远流长，"医食同源""食补大于药补"等理念深入人心。在长期的实践过程中，形成了科学系统的食疗食养理论。食疗养生是利用食物特性及其与自然之和谐来调节机体，使其获得健康或预防疾病的一种方法。其中阴阳五行学说认为人的健康取决于人体阴阳五气的调和平衡；天人合一讲求人的膳食要和环境相适应，因季节和地域而异。此外，中医药学中"治未病"理论强调疾病防治的观点与食养食疗思想相辅相成。医疗实践表明，食养食疗"治未病"可调整脾胃功能，具有安全无毒、行之有效等特点，特别在一些慢性疾病、孕妇和小儿及老年性疾病等方面具有不可替代的治疗作用。环渤海地区可以利用海产品丰富的基础优势，以食疗食养"治未病"为指导思想，从海洋食品、海洋保健品、海洋生物药品、海洋渔业等方面入手发展健康海洋旅游，从而提升环渤海地区的健康价值。

海洋功能区划相关理论。系统的理论支撑为科学的海洋功能规划提供了强大保障。其中海洋的可持续发展理论是指在海洋环境和生态可持续的前提下，既要满足当代或本地区人们的需要，又不对后代或其他地区人们满足其需求的能力构成危害的海洋发展，倡导更加科学和文明的海域开发利用方式。基于生态系统的海洋管理理论要求我们在保护海洋生态系统完整性原则下，优先确定海洋生态功能区，制定海洋生态功能区管理政策和保护措施，最后，在海洋生态功能区以外区域开展其他类海洋功能区划。环渤海地区工业和物流港口等生产岸线占用了自然岸线，可进行自然健康和生态旅游发展的岸线少，渤海地区的滨海生活和风情呈现不足。基于海洋生态旅游和海洋可持续发展的理念，环渤海地区需要科学规划海岸功能区，协调生态保护、生活和生产的岸线，形成生态健康可持续发展新格局。

3.3 环渤海地区海洋旅游健康需求的市场研判

人口老龄化严重，亚健康情况普遍。2017年，环渤海区域60岁以上老人大约达到1165万人，且占各市总人口的比例几乎超过了20%，这说明环渤海地区人口老龄化较为严重。此外，亚健康现象也较为普遍。有抽样调查显示，天津3866名城镇居民中有541人处于健康状态，亚健康检出率较高。其中，40~59岁年龄的城镇居民亚健康检出率高达92.64%。正常体重和规律吃早餐是亚健康的保护因素。赵梓瑶发现唐山市高龄空巢老年人整体健康水平呈中等水平。锦州市老年人慢性病患病率高于国家第三次卫生服务调查水平，如高血压、高血脂、风湿性关节炎、骨质疏松等。有调查显示，近70%的老年人有不良生活习惯，主要包括缺乏锻炼、自行用药、喜爱甜食、过咸饮食、吸烟饮酒等。此外，男性老年人的心理健康保健意识较差。王丽通过调查发现大连市居民在慢性病防治和健康生活方式倡导方面还有待加强。基于这样的背景，人们的健康水平亟待提高，环渤海区域的海洋旅游市场十分广阔。

新冠肺炎疫情暴发后，健康需求和消费需求市场广阔。此外，在保继刚和金鑫的一项关于《新冠疫情结束后消费者旅游态度》研究中，我们可以看到如疫情结束，受访者首选的五种旅游目的地类型分别为海滩/海岛度假地、风景旅游城市、世界自然/文化遗产、历史文化小镇和城市周边的休闲度假地，而游客密度大的主题公园则选择较少。其中，海滩/海岛度假地是受访者首选的旅游目的地类型。疫情宅在家的消费者，有时间思考未来的生活，多数人会将健康休闲放在重要地位。这说明疫情过后，具有独特健康功能的海洋旅游具有广阔的市场。在都市亚健康和人口老龄化趋势越来越严重的背景下，环渤海地区的海洋旅游健康价值提升具有重要的现实意义。

国际市场和商务健康旅游市场广阔。环渤海地区区位优势显著，地处中蒙俄经济走廊，沿华北和东北通道连接蒙古和俄罗斯，沿海域可延伸至东北亚，国际市场十分广阔。同时，《全国海洋经济发展"十三五"规划》将辽东半岛沿岸及海域的功能定位为东北亚重要的国际航运中心，明确提出重点推进东北亚国际海洋海岛旅游，打造东北亚地区邮轮旅游基地；山东半岛沿岸及海域要着力打造现代港口集群，完善港口物流服务网络，打造立足东北亚、服务"一带一路"建设的航运枢纽。随着东北亚国际航运中心、港口物流建设的不断完善、海洋海岛旅游的不断发展，环渤海区域将会拥有更为广阔的国际市场。此外，环渤海地区背靠首都北京，凭借首都作为经济、政治和文化中心的显著优势，来京的商旅人士数量庞大，依托于北京强大的引流能力，环渤海区域拥有广阔的商务市场。与此同时，商务人群的健康需求也较为旺盛。

四、健康视角下环渤海地区海洋旅游发展的对策建议

4.1 改善区域健康环境，建设滨海健康旅游目的地

如前所述，环渤海区域的健康环境营造面临着较大的挑战。建议进一步加大对渤海生态环境的治理，海洋科技发展水平的提高以及海洋污染治理力度加强等因素对胁迫程度的减小具有一定的推动作用。因此，走科技兴海道路，发展深海开发、海洋探测、海水净化和海洋生物技术等对渤海的生态环境改善起着重要作用。同时，科学技术对改善现有的海洋产业结构也有益处。建议与北京等科研实力较强的城市进行合作，引进科研人才，加快海洋科技的研发。与此同时，开展对外合作，引进新加坡等健康产业发展较好国家的技术和人才，共建环渤海健康环境。此外，加强对滨海旅游产生的人为污染的监管，保证海岸的陆域生态系统和渤海不会产生双向破坏。同时加大对海洋渔区的环境监管，确保海产品的品质。

4.2 建设海洋健康旅游商品生产基地和健康美食中心

环渤海区域一大重要优势为海洋渔业十分发达，拥有丰富的海产品、海珍品，由于水质肥沃，这里的海产品营养价值十分高。基于食养食疗理论，以海洋产品健康吃为主题，贯彻"饮食有节""药补不如食补"等理念，开发系列健康海洋产品，将环渤海的虾蟹打造成优势品牌。研究表明，长寿老人饮食清淡少盐，喜食蒸煮软烂的食物，膳食以谷类及薯类为主，以蔬菜水果为副食，鱼虾摄入频率较高。建议按照这样的饮食搭配开发健康饮食，如提供海鱼炖豆腐、海带黄豆汤、海参和鲍鱼、滨州南美白对虾、烟台苹果等特色产品。其中，鲍鱼具有润肺、益胃、滋肾补虚的功效，海参具有延缓衰老和防治肿瘤的作用。同时，注意搭配虾皮等补充钙含量。虾蟹等产品加工过程中应注意对虾壳、蟹壳等废弃物的利用，如虾壳中含有的虾青素具有很好的美白作用。海鲜调味品也能很好地增强食欲，促进营养吸收的功效，一些小鱼小虾可以加工成虾酱、虾油、鱼露等调味品。同时，基于葡萄酒的美颜、促进血液循环等健康功效，依托于烟台市的葡萄酒资源，打造葡萄酒风情海岸，开发酿酒、葡萄酒

文化体验等活动。

4.3 关注中老年及亚健康市场，开发健康海洋游

中西部偏远地区的中老年居民的"看海"欲望较为强烈，这类人群较多从来没有去看过海，同时，这类人群的健康需求也较为旺盛，对安全性的要求也相应更高。因此建议企业可以针对中老年居民及亚健康群体进行特色产品开发，如免费问诊、定制健康服务、海洋疗养游等。设计健康的生活方式，如吹吹海风、减少静坐的时间、沿海骑行或散步、配备生活医生、饮食清淡、适度饮酒等。培养健康的生活方式是一个长期坚持的过程，建议设置分时段的旅游行程。同时，在游客结束一段旅游行程后，应该配备专门的健康小管家，进行情况跟踪，做好售后服务。此外，重点关注旅游产品的安全性，从完善的旅游设施到细心专业的旅游从业人员，全方位保障老年人的出游安全。同时，在产品开发过程中还需要考虑老年人对价格的敏感性，为老年人市场提供性价比高的海洋旅游产品。

4.4 区域协调，共建共享海洋健康线路和品牌

针对环渤海区域一体化受限的现状，建议加强海洋旅游相关健康政策及文件支持，建立环渤海各市海洋旅游发展委员会，下设健康海洋旅游分管部门，统筹环渤海区域的健康海洋旅游发展。开展健康海洋旅游发展规划，鼓励环渤海区域各市政府和企业进行健康视角的海洋旅游项目的尝试，设立专项资金，为优势项目提供资金支持，提升市场活跃度，优化营商环境。鼓励企业与旅游院校和涉海高校进行合作，保证健康海洋旅游人才的输入。加大对海洋科技研究的政策支持力度。同时，各市应明确优势，取长补短，进一步推进环渤海区域一体化。东营、丹东等发展较为薄弱的城市应在合理规划海洋旅游资源的基础上，进一步提升自己的接待和服务能力以便能够利用北京、天津等市强大的游客引流能力和经济科技优势带动本市海洋旅游发展。同时，发挥山东省海洋资源丰富的独特优势，带动周边城市发展，实现环渤海海洋旅游健康持续发展。

共建环渤海区域健康海洋旅游品牌，加大宣传，形成口碑效应。聘请专业的营销团队，为目的地进行形象包装。结合目前较为流行的新媒体平台、短视频平台、直播等宣传方式和渠道，全方位地对目的地健康形象进行营销。同时，保证目的地从业人员的服务质量，并对从业人员和当地居民进行健康文化

普及，内化目的地的健康形象，为游客营造一个十分健康的环境，提高游客的体验。此外，做好投诉管理服务，增加游客的重游率和忠诚度。进一步开发秦皇岛市的养生文化，对秦皇岛求仙重点入海处进行重点打造，讲好秦始皇求仙养生的故事，开发系列健康体验活动。威海市的城市居住环境十分优良，长寿老人众多，其中文登区和乳山市被评为中国"长寿之乡"，但这一品牌形象也未深入人心，建议重点打造宣传威海市的宜居环境和长寿品牌。

4.5 提供中高端健康产品，培育龙头健康海洋旅游企业

目前环渤海区域内提供的海洋旅游服务较为单一，主要集中海上垂钓、海上生态观光、水产品养殖等活动，健康产品供给不足、品质不高，难以满足游客的多样化需求。建议培育一些龙头性的健康海洋旅游企业，积极发展深海和远海旅游，开发冲浪、潜水、海上竞技等海上运动。增加海洋知识科普教育活动，如举办知识展览、制作趣味性的科普手册或公益小视频等，向游客普及海洋的健康功能以及生态保护知识。在提供海洋旅游服务时应体现出海洋旅游的教育功能。此外，基于营口市的温泉资源，开发特色医疗温泉游；依托潍坊市的中医药产业优势，重点打造沿海中医药园区，提供药膳、中医诊疗、药浴等健康服务。天津市可依托港口优势，重点开发高端邮轮旅游，摆脱只作为停靠港的现状，从而带动周边海洋旅游的发展。

4.6 优化海岸线功能，建设国家级滨海康养度假区

基于海洋功能区划相关理论，优先规划环渤海地区的海洋生态保护区，统筹岸线生态、生活和生产功能，走产业融合发展的道路，关闭一些污染性较强的工厂，恢复被占用的生态生活岸线等。第一、二产业与第三产业融合发展，将海岸带功能向海洋服务业、滨海旅游业倾斜。进行港口柔性改造，一些面向工业的港口可以增加邮轮旅游等业态。天津自古便以漕运兴起，作为北方最大的港口城市和工商业城市，天津的自然岸线较多被工业岸线所挤占，对包含天津在内的渤海湾岸线功能的调整、增加自然生态岸线是优化环渤海地区海岸线功能的重要任务。同时，以秦皇岛正在打造的总面积达 2000 平方千米的滨海康养旅游度假区为核心建设区域，增强环渤海区域滨海度假气氛。充分利用环渤海区域面向首都的政治、经济优势，完善商务基础设施的建设，承接来自首都北京和国际上的国家领导人和商务人群等，建设集商务功能、度假休闲功能、康养功能为一体的环渤海国家级滨海康养度假区，使环渤海区域成为未来

高端商务滨海度假的代表典范。

五、未来展望

本章从健康视角切入，了解了环渤海区域的范围界定和社会经济概况、大健康环境、医疗卫生及健康产业发展现状，从健康政策、健康设施、环境和空间、健康运营、健康产品、业态与项目、健康文化、形象与品牌塑造等旅游目的地供给体系方面入手，为环渤海区域发展海洋旅游提供了一些可供参考的建议，以期提升目的地的海洋旅游健康价值和游客的健康水平。环渤海区域拥有雄厚的经济实力和海洋健康旅游发展基础，在健康中国建设的背景下，相信通过充分挖掘海洋旅游的健康功能，在海洋旅游健康价值提升上持续发力，未来环渤海区域的海洋生态环境、海洋旅游产品、海洋健康文化、岸线规划利用等方面都会进一步优化，海洋旅游将会实现健康持续的发展，环渤海区域将会成为国家级健康度假胜地。与此同时，本章也存在一定的局限性，在数据搜集方面未能面面俱到，未来的研究可以进一步获取更为广泛的一手和二手数据进行分析。

参考文献

［1］孙悦.环渤海旅游资源评价及合理配置研究［J］.商业经济，2017（10）：63-64+67.

［2］李保磊，赵玉慧，杨琨等.渤海海洋环境状况及保护建议［J］.海洋开发与管理，2016，33（10）：59-62.

［3］李天生，陈琳琳.环渤海区域海洋生态环境特点及保护制度改革［J］.山东大学学报（哲学社会科学版），2019（1）：127-135.

［4］李秋，仲桂清.环渤海地区旅游气候资源评价［J］.干旱区资源与环境，2005（2）：149-153.

［5］党云晓，余建辉，张文忠等.环渤海地区城市居住环境满意度评价及影响因素分析［J］.地理科学进展，2016，35（2）：184-194.

［6］火石创造.创新激发新活力，环渤海生物医药产业形成协同发展新格局［EB/OL］.https：//mp.weixin.qq.com/s/Zl3rYTQ-AnjrP 千 米 yalVpAA，2019-07-03.

［7］高洁.健康产业发展与健康城规划探析——以北戴河新区国际健康城为例［J］.现代商业，2017（33）：184-186.

［8］王欣，王超，刘菲菲.天津市健康产业发展现状［J］.职业与健康，2019，35（23）：3302-3305+3312.

［9］中商产业研究院.中国大健康产业园建设如火如荼［EB/OL］.https：//www.askci.com/news/chanye/20200220/1023091157040.shtml，2020-02-20.

［10］国家发展改革委.国家发展改革委国家海洋局关于印发全国海洋经济发展"十三五"规划的通知［EB/OL］.http：//www.mofcom.gov.cn/article/b/g/201709/20170902640261.shtml，2017-09-08.

［11］陈航，王跃伟.基于旅游者情感的目的地品牌评价研究——以互联网旅游日记为例［J］.人文地理，2018，33（2）：154-160.

［12］孙悦.旅客视角下辽宁沿海经济带旅游资源可持续发展对策探讨［J］.商业经济研究，2017（20）：157-158.

［13］张佑印.中国潜在海洋旅游者决策行为与预期偏好［J］.资源科学，2016，38（4）：588-598.

［14］韩炜，严家高，杭成强.基于 AHP-SWOT 的山东滨海体育旅游发展战略研究［J］.山东体育学院学报，2019，35（2）：48-54.

［15］薛康.居民对滨海旅游社会文化影响感知及态度的实证研究［D］.复旦大学，2012.

［16］李志伟.创新驱动环渤海地区海洋经济发展［J］.人民论坛，2019（16）：88-89.

［17］郭新彪.环境健康学与可持续发展、生活质量［J］.环境教育，2007（8）：57-58.

［18］金炳镐，李自然.中国的食疗药膳文化［J］.黑龙江民族丛刊，2001（4）：86-93.

［19］孙晓生.孙思邈食养食疗理论与实践集要［J］.新中医，2011，43（4）：120-122.

［20］王江涛.海洋功能区划若干理论研究［D］.中国海洋大学，2011.

［21］谢娟，罗红彬，朱红等.天津市城镇居民亚健康现状及影响因素分

析［J］.中国公共卫生，2016，32（1）：76-80.

［22］赵梓瑶，陈长香，张敏等.唐山市高龄空巢老年人生活方式与健康状况的相关性［J］.中国老年学杂志，2019，39（12）：3056-3059.

［23］张惠，刘堃，郭蕾蕾等.锦州市老年人的健康状况和社区护理需求［J］.中国老年学杂志，2012，32（6）：1229-1231.

［24］王丽，战美，林洁丽等.大连市居民健康素养水平现况调查及分析［J］.中国卫生统计，2018，35（1）：132-134.

［25］旅游论坛.疫情结束后，游客何时来？［EB/OL］.https：//mp.weixin.qq.com/s？__biz=MzU3Mzc5NzkxMg==&mid=2247484021&idx=1&sn=3e760791131e55fe237083dc9f76d163&chksm=fd3d6102ca4ae814db560d2ced371d2c06950ec092c40bf02aea7066f67478908a64320c08ac&mpshare=1&scene=23&srcid=042983XuyMRgeuupMLQraCx7&sharer_sharetime=1590723829348&sharer_shareid=9b19f42f6f27a97376199e53f9f0261e#rd，2020-04-07.

［26］李华，高强，吴梵.环渤海地区海洋经济发展进程中的生态环境响应及其影响因素［J］.中国人口·资源与环境，2017，27（8）：36-43.

［27］王淑英，马爱国.沿海地区长寿老人营养状况调查分析［J］.营养学报，2017，39（2）：116-120.

第五章　长三角地区

在海洋强国和健康中国的背景下，长三角地区海洋旅游发展将为世界级城市群迈向新阶段提供新动能。长三角地区跨江滨海的地理优势以及优越的经济条件，孕育了一大批极具竞争力的旅游资源，包括丰富的海洋文化资源和自然资源，以此为依托的长三角海洋旅游业在长三角整体旅游业高速发展的背景下，已经有了较大的产业规模和较高的发展速度。如今，随着人口老龄化、亚健康、环境污染等问题的日益严峻以及人们生活水平的大幅提高，各年龄层的人们都对依托于海洋旅游资源的健康产品有着蓬勃的需求。对长三角地区的沿海城市来说，如何基于自身丰富的海洋旅游资源和优越的产业基础，响应国家政策方向以及市场对海洋旅游和健康服务的综合需求，建立一个海洋旅游健康服务体系，为自身的海洋旅游业提供更强大的发展动力，应当是一个极具现实意义的问题。

一、长三角地区健康环境及海洋旅游发展

1.1 范围界定与社会经济环境

长江三角洲城市群（简称：长三角城市群）已跻身六大世界级城市群，以上海为中心，位于长江入海之前的冲积平原，根据 2019 年长江三角洲区域一体化发展规划纲要，规划范围正式定为苏浙皖沪三省一市全部区域。长三角城市群的区域面积占全国的 2.2%，GDP 总量占全国的 21.7%，城市人口比重达68%。长三角城市群是中国经济最发达、城镇集聚程度最高的城市化地区，也是中国经济发展最活跃的地区之一，被视为中国经济发展的重要引擎。长三角也是中国对外开放的最大地区，该地区工业基础雄厚、商品经济发达，水陆

交通方便，是中国最大的外贸出口基地。长三角地区位于沿海且拥有海岸线的地级市和直辖市有上海市、嘉兴市、舟山市、杭州市、绍兴市、宁波市、台州市、温州市、连云港市、盐城市、南通市，这11个地级市及直辖市将是本章的主要研究对象。

整体来看，长三角城市群2018年的产业结构为4.2∶41.6∶53.8，与全国的8.6∶39.8∶51.6相比，其第一产业占比低于全国平均水平，第二产业与第三产业均高于全国水平。长三角地区的现代服务业发展和国际化程度较高，对外贸易、金融、物流、旅游、电子商务、研发设计、科技信息等方面有着极强的竞争优势，这为海洋大健康产业发展提供了良好的基础。

从长三角地区11个沿海城市的人口及部分健康指标可以看出健康水平基本高于全国平均标准，居民生活健康水平整体良好。

1.2 长三角沿海地区的大健康基础条件

2018年，《中国城市健康生活报告》蓝皮书发布，其中提到长三角城市健康生活水平领先全国。作为中国经济最发达、城镇集聚程度最高的城市化地区，长三角地区在发展中持续关注健康发展，致力于提高医疗卫生服务水平和居民健康水平，并从经济保障、公共服务、健康文化、健康环境、医疗卫生等多指标上在全国多个省市中取得较好的排名[1]。从表5-1中长三角地区11个沿海城市的人口及部分健康指标可以看出，总体健康水平高于全国平均标准，居民生活健康水平整体比较良好。

表5-1 2018年长三角地区沿海城市人口及部分健康指标

地区	户籍人口（万）	死亡率（‰）	出生率（‰）	期望寿命（岁）
上海市	1447.57	5.40	7.20	83.63
杭州市	774.10	5.10	11.30	82.55
温州市	811.21	5.00	11.50	81.19
舟山市	96.90	6.40	9.10	79.98
台州市	605.40	6.10	11.90	79.91
南通市	762.52	8.98	8.10	82.61

[1] 中国新闻网.蓝皮书：长三角经济圈城市健康生活环境评价最突出.（2019.11.30）[2020.06.20].https://news.dayoo.com/society/201911/30/140000_52947831.htm.

地区	户籍人口（万）	死亡率（‰）	出生率（‰）	期望寿命（岁）
绍兴市	477.21	6.50	9.00	81.43
宁波市	603.00	4.70	9.50	81.61
盐城市	824.70	6.46	9.89	——
连云港市	534.34	7.35	10.40	——
嘉兴市	360.44	5.80	11.60	82.43
全国	139538.00	7.13	10.90	77.00

滨海自然资源丰富，水网生态系统优越。长三角地区沿海城市地形主要是平原，少数地区分布着丘陵，各城市周边遍布多个岛屿，如上海市有着我国第三大岛屿崇明岛，还有长沙岛和横沙岛等岛屿；浙江的沿海岛屿有 3000 余个，占全国岛屿总数的 40%，较大岛屿上有较高山峰、丘岗，分层次构成高丘、低丘、平原、滩涂及海域地貌结构。此外，长三角地区的河湖众多，水网密布，主要有江苏的太湖、洪泽湖、高邮湖、骆马湖、邵伯湖和浙江的杭州西湖、绍兴东湖、嘉兴南湖、鄞州区东钱湖等著名湖泊，除了淮河、长江、钱塘江、京杭大运河等重要河流以外，还有江苏的秦淮河、苏北灌溉总渠、新沭河、通扬运河，浙江的瓯江、灵江、苕溪、南江、飞云江、鳌江、曹娥江等水系。基于此，该地区的水产资源尤其丰富，如江苏作为"鱼米之乡"，有著名的吕四、海州湾等渔场，鱼类养殖业发达，内陆水面有 2600 多万亩，养殖面积 1200 万亩。长江三角洲主要为亚热带季风气候，植被资源种类和数量丰富，树种资源丰富，素有"东南植物宝库"之称。此外，动物资源也极其丰富，许多珍稀品种也出现在该区域，如世界特有的野生动物扬子鳄和白鳍豚就在安徽中部的长江流域；江苏沿海有丹顶鹤、白鹤、天鹅等珍稀飞禽。

生态环境状况持续改善，绿色发展氛围优良。长三角地区是我国经济贡献较大的地区之一，但也是我国单位国土面积资源能源消耗和污染物排放强度较高的地区之一。近年来，随着大气、水、土壤污染防治行动计划的积极实施，长三角地区生态环境质量得到了明显的改善。以上海市为例，《上海市生态环境质量公报（2019）》指出，2019 年，上海市环境空气质量指数（AQI）优良天数为 309 天，优良率为 84.7%。2019 年，上海市的空气质量水平大大提升，据《公报》显示，上海市的海域无机氮浓度从 2015 年到 2019 年减小的趋势较为明显。除了水质和空气质量之外，长三角地区绿色自然环境得到显著提升。截至 2018 年，长三角三省一市的森林覆盖率分布在 16.2%~61.17%[①]，长三角地区绿化系统正在以区域"大花园"建设为导向，推动高品质园林绿化示范样板建设，进一步夯实了大健康产业的发展基础[②]。

健康及医疗卫生服务水平位居我国前列。长三角三省一市的常住人口超过 2.2 亿，人均收入水平已迈入休闲度假旅游消费阶段[③]。随着经济收入水平的提升，对空气质量、食品安全质量、医疗卫生服务水平、生活水平等的要求也在不断提升，人们在医疗保险、休闲娱乐、康体康复等方面的投入也显著增加。从 2018 年人均期望寿命、婴儿死亡率、孕产妇死亡率、出生率以及死亡率等数据上看，长三角地区的居民整体健康发展水平高于全国平均水平，其中上海市、浙江省和江苏省在全国处于领先水平，这也说明地区的健康发展状况与经济发展情况相关。此外，长三角地区卫生医疗服务水平位居我国前列。从表 5-2 的数据以及其他资料来看，长三角地区的医疗卫生服务设施及人员的现有数量及质量均居全国前列，医疗卫生服务水平的提高离不开经济发展，作为中国经济发展的高地，长三角的医疗卫生服务具有较大优势。

表 5-2　2018 年长三角地区 11 城市医疗卫生主要指标情况[④]

地区	各类医疗机构数量（个）	卫技人员数量（人）	床位数（张）	千人床位数（张）	千人医师数（人）	千人护士数（人）
上海市	5298	20.65 万	14.5 万	10.10	5.17	6.46
杭州市	5377	11.74 万	8.12 万	10.50	5.80	6.45
温州市	5676	66743	42363	5.23	3.50	3.38
舟山市	713	9984	6407	6.61	4.24	3.95
台州市	3691	44797	29892	4.94	2.99	3.05
南通市	1733	4.8 万	4.41 万	6.04	2.72	2.79

---

① 数据来源于长三角三省一市各政府网站。

② 中国青年报中青在线.长三角"大花园"怎么建？三省一市绿化部门有大动作.（2019.12.27）[2020.06.20].https://xw.qq.com/cmsid/20191227A0N97V00.

③ 新浪财经.长三角人均收入水平迈入休闲度假旅游的消费阶段.（2019.09.24）[2020.06.20].https://finance.sina.com.cn/china/dfjj/2019-09-24/doc-iicezzrq8005912.shtml.

④ 数据来源于《长三角 11 个沿海城市 2018 年国民经济与社会发展统计公报》。

续表

地区	各类医疗机构数量（个）	卫技人员数量（人）	床位数（张）	千人床位数（张）	千人医师数（人）	千人护士数（人）
绍兴市	2559	——	21651	4.54	3.50	3.29
宁波市	4252	8 万	3.8 万	6.40	4.30	4.50
盐城市	3211	4.28 万	3.99 万	4.84	2.28	2.02
连云港市	2700	37171	26197	5.80	2.68	2.79
嘉兴市	1554	35209	27969	7.76	3.42	4.18

　　健康一体化发展有良好的政策支持，健康产业呈现出快速增长的趋势。国务院 2019 年发布的《长江三角洲区域一体化发展规划纲要》指出，应进一步打造健康长三角，优化配置医疗卫生资源，大力发展健康产业，持续提升人民健康水平。长三角地区健康产业及市场皆呈显著增长之势。从产业结构来看，健康产业可以分为传统的医药工业、医疗卫生产业、保健业以及近几年异军突起的健康服务产业。在医药工业方面，2019 年，浙江、江苏、上海分别占其工业总产值的 1.5%、2.1% 和 3.8%。在医疗卫生业方面，2018 年年末长三角三省一市拥有医疗、预防、监督等各级各类医疗卫生机构 96232 个，占全国总数的 9.6%，各类医疗机构床位数达到 256.15 万张[1]。保健行业方面，2018 年长三角地区共有保健品生产企业 10837 家，占全国总数的 38.9%（2.7 万家）[2]。健康服务业方面，主要包括医疗服务、健康管理与促进、健康保险以及相关服务，涉及药品、医疗器械、保健用品、保健食品、健身产品等支撑产业。以上海市为例，从产业定位来看主要以高端医疗服务、精准医疗以及健康旅游为主。

　　健康市场供需两旺盛，产业发展前景持续看好。从供给角度看，长三角区域健康产业保持了较快的发展速度。以浙江省为例，在 2017 年，浙江省全省健康产业总产出达到 6483 亿元，占全省生产总值的 12.5%，占国内健康产业总产值的 10% 以上（约 6 万亿元）。从需求角度看，由于长三角经济发展迅速，人们的生活水平进一步提高，人们对健康的关注度也越来越高，使其消费结构产生变化，从而导致对健康产业的需求大幅增加，成为中国健康产品消费排名第一位的市场区域，占中国健康产业消费市场份额的 1/3 左右。以浙江省

---

① 数据来源于长三角三省一市各政府门户网站。

② 数据来源于中华产业网。

为例，从 2012 年到 2018 年，浙江省城镇居民的医疗保健支出从 1228 元上升到 2287 元，增长了 86.24%，相对于其他消费来说，增长得相当快。

1.3 长三角沿海地区海洋旅游发展现状

长三角整体旅游发展的全国领先优势明显。长三角地区拥有极其丰富的旅游资源，其旅游发展位于国内领先之地，其旅游收入在全国旅游收入的占比连续几年超过 50%，素有中国旅游"金三角"之称。截至 2019 年 1 月，该区域拥有国家 5A 级旅游景区 55 家，占全国总数的比重超过 1/5；拥有国家 4A 级旅游景区 595 家，国家 3A 级旅游景区 670 家[①]。其资源类型丰富多样，涵盖了地文景观、水域风光、生物景观、天象与气候景观、遗址遗迹、建筑与设施、旅游商品、人文活动八个主类，31 个亚类，155 个基本类型。同时，长三角地区拥有 7889.66 千米海岸线和 126.09 万平方千米海域面积，海洋旅游资源优势十分显著。2015—2019 年大三角地区旅游人次与中国旅游收入情况如表 5-3 所示。

表 5-3　2015—2019 年长三角地区旅游人次与中国旅游收入情况[②]

年度（年）	长三角旅游人次（亿人次）	中国旅游人次（亿人次）	长三角旅游人次占比（%）
2015	18.9	41.34	45.72
2016	20.97	45.38	46.21
2017	23.45	51.39	45.63
2018	25.84	56.81	45.48
2019	28.1	61.55	45.65

海洋旅游自然与人文资源丰富。作为跨长江，临东海、黄海的城市群，长三角基于其优越的地理条件、雄厚的经济基础以及开放的发展模式，催生了该区域海洋产业的高速发展，其主要原因也是拥有着非常丰富的海洋旅游资源。根据《旅游资源分类、调查与评价》（GB/T 18972-2017）国家标准。据不完全统计，长三角地区的海岸线总长度（大陆海岸线和海岛岸线总和）长达八千多千米，截至 2019 年，11 个沿海地级市或直辖市的国家级海洋公园有 10 个，海岸线 10 千米内的国家 4A 级景点共 59 个、5A 级景点共 3 个，海岸线 10 千米外

---

① 数据来源于长三角三省一市各城市政府门户网站。
② 数据来源于 2015—2019 年长三角三省一市国民经济与社会发展统计公报。

4A 级景点 155 个、5A 级景点 15 个，著名景点有上海市东方明珠广播电视塔、杭州西湖风景名胜区、普陀山风景名胜区、浙江渔山列岛国家级海洋公园、洞头国家级海洋公园、玉林国家级海洋公园、嵊泗国家级海洋公园等（见表 5-4）。

表 5-4　长三角地区 11 沿海城市部分旅游资源统计情况 [1]

地区	海岸线长度（千米）	国家级海洋公园（个）	海岸线 10 千米内国家 4A、5A 级景点（个）	海岸线 10 千米外国家 4A、5A 级景点（个）
杭州市	20	1	4A: 1　5A: 0	4A: 37　5A: 3
宁波市	1562	1	4A: 17　5A: 0	4A: 13　5A: 2
温州市	1293	1	4A: 3　5A: 0	4A: 16　5A: 0
嘉兴市	121	无	4A: 1　5A: 0	4A: 9　5A: 3
绍兴市	40	无	4A: 0　5A: 0	4A: 15　5A: 1
舟山市	2444	2	4A: 3　5A: 1	4A: 0　5A: 0
台州市	1681	1	4A: 5　5A: 0	4A: 6　5A: 2
连云港市	211	1	4A: 3　5A: 0	4A: 7　5A: 0
盐城市	582	无	4A: 3　5A: 1	4A: 7　5A: 0
南通市	206	2	4A: 1　5A: 1	4A: 8　5A: 0
上海市	788	1	4A: 22　5A: 0	4A: 37　5A: 3

自然和人文海洋资源丰富，开发质量较高。浙江省沿海地级市有 7 个，海岸线长度共计 7161 千米，有六个国家级海洋公园。目前为止，全省已开发利用的岸线长度约为 1900 千米，约占总长的近 30%；著名港湾有杭州湾、象山港、三门湾、台州湾、乐清湾、温州湾等；舟山群岛是最大的一个海岛，舟山现有面积 500 平方米以上的岛屿 1390 个，明礁 3350 多个，较大岛屿上有较高山峰、丘岗、分层次构成高丘、低丘、平原、滩涂及海域地貌结构 [2]；江苏省沿海地级市 3 个，有 3 个国家级海洋公园，全省共有 26 个海岛，包括陆地国土和海岛（礁），其中陆地面积为 103229.17 平方千米，海岛礁 63 平方千米，其中 22 个为无人岛。连岛面积 7.6 平方千米，是江苏省最大的海岛，集青山、碧海、茂林、海蚀奇石、天然沙滩、海岛渔村人文景观于一体，是江苏唯一

---

①　数据来源于 12 个沿海城市的政府门户网站。
②　资料来源于浙江省海洋与渔业局。

的国家 4A 级海滨旅游景区，还以盛产海鲜著称；上海市海岸线长度为 788 千米，著名海滩有上海金山的城市沙滩、奉贤的碧海金沙。500 平方米以上的岛屿有 22 个。其中崇明岛是中国第三大岛屿，全岛面积 1269.1 平方千米，人口约 82.15 万，岛上地势平坦、土地肥沃、自然环境优美，适合修身养性。人文海洋旅游资源丰富，价值潜力巨大。江浙沪三地的人文海洋旅游资源类型多样、数量繁多，各地区有着较大差异，整体价值潜力巨大。浙江省地处长三角南段，气候温和，物产丰富，在沿海居民与海洋共处的漫长历史中积淀了丰富灿烂的海洋文化资源；江苏省拥有丰富的水文化资源，包括沿江文化和沿海文化；上海市是一个临海国际大都市，拥有海滩湿地、海塘堤坝、渔港村落、海港码头、海防要塞等多元海洋文化资源类型。[①]

海洋旅游发展的政策支撑条件有力。长三角地区的江浙沪具有丰富的海洋资源，作为国内旅游业发展的龙头，各级政府对该区域的海洋旅游发展极为重视，先后颁布了多条政策规定，大力支持长三角地区的海洋旅游业发展。如上海市《上海市海洋"十三五"规划》中指出，积极推进旅游与医疗卫生、教育科研等的融合创新，进一步丰富都市旅游业态，挖掘上海发展历史文脉，打造海派文化旅游品牌。浙江省《浙江省旅游业"十三五"规划》中指出，"十三五"期间将大力实施"旅游+"工程，如加快发展海洋旅游。坚持高端引领、休闲主导、创造新品、培育精品，重点发展邮轮、游艇、人造海滩、特色度假岛四大高端产品，开发慢生活休闲体验、滨海运动休闲、养生疗养、海上低空游览、海洋主题公园等新型产品，积极建设独具浙江特色的海洋旅游产品体系。长三角地区海洋旅游发展注重多个产业的融合，注重对旅游新业态的关注，注重打造长三角地区的海洋休闲旅游产品、挖掘海洋旅游资源的潜在价值，且对于长三角地区海洋旅游发展来有很好的政策支持和引导。

二、长三角地区海洋旅游健康价值提升的理论基础

2.1 长三角地区海洋旅游的现有研究概述

目前，江苏沿海旅游研究多集中在海洋生态旅游、区域旅游、滨海旅游等方面，主要贡献是提出了以生态旅游为主的发展方向和研究目标。其中，南京

---

① 资料来源于各地区政府门户网站。

师范大学黄震方（2011）研究团队做了大量的基础研究。考虑到江苏沿海特殊的滩涂湿地自然环境，生态旅游开发的提出，顺应了当代旅游发展的方向。王芳（2011）以江苏为目的地做滨海旅游实地研究，得到以下结论：海滨旅游自然环境要素是最具有吸引力的滨海旅游目的地吸引物，其次是娱乐活动和特色餐饮，海滨文化在吸引旅游者方面的作用最弱；江苏滨海旅游可持续发展具有旅游者和社区基础；生态旅游是当今旅游业可持续发展的主要模式；江苏滨海旅游优先发展具有一定旅游基础的区域，这些区域斑状分布于海岸带，是旅游发展的核心区域；江苏滨海旅游开发不仅依靠海岸海洋资源，还要整合其他旅游资源进行开发，多项吸引点发展滨海旅游。

陈飞飞（2016）指出近几年来浙江省滨海旅游国内市场客源主要在华东地区，国外市场客源量较大的是一些经济条件较好且与中国距离比较近的国家，如韩国、日本等。同时也指出了浙江滨海休闲旅游资源利用率低且缺乏本土特色、知名度不高、休闲旅游项目质量较低等。他认为浙江滨海休闲旅游在注重产品多样化的同时更应该注意国内外游客的需求；针对浙江滨海体育休闲产业发展，刘海洋（2015）认为浙江滨海体育休闲产业的发展已有良好基础。但因浙江滨海旅游季节性特点明显，受气候限制，对滨海旅游的投资和产出效益有很大影响，他认为自然环境是影响浙江发展该产业的首要制约因素。

寿建敏，周玲（2015）在对上海滨海旅游业发展对策的研究过程中提到，上海市的滨海旅游资源集中在沿海的五个区县，由于不同的区位和资源禀赋，应该着力打造不同的区域旅游品牌。如金山区内的"大金山、小金山、浮山"三岛是非常有开发潜力的旅游资源，保存有原始植被和珍稀动植物，可在保护生态环境基础上开发三岛资源，使岸上游、岛上游和海上游景点串成一体。在对上海市海洋产业竞争力评估过程中，丁攀（2015）利用波士顿矩阵等方法说明了上海市海洋产业结构及其竞争力情况，发现在海洋渔业、海洋油气业、海洋矿业、海洋盐业、海洋船舶工业、海洋化工业、海洋旅游业等众多海洋产业中，滨海旅游业是上海市唯一一个产值增长较低、专业化程度较高的产业，属于金牛产业，虽然产业增长率不高，管理体制有待完善，但未来的发展前景依然巨大。

2.2 长三角地区海洋旅游健康价值提升的理论视角

基于长三角地区现代服务业发达、科技创新力强、文化艺术繁荣、国际化程度高等特点，结合"建成最具经济活力的资源配置中心、具有全球影响力的科技创新高地、全球重要的现代服务业和先进制造业中心、亚太地区重要国际门户、全国新一轮改革开放排头兵、美丽中国建设示范区"的目标定位要求，在海洋健康价值挖掘和提升方面需要坚持从以下几个方面的理论视角入手。

海洋人文科技与健康。海洋科技对人类生活健康有着重大的意义，此处以海洋生物科技、海洋文化科技、海洋医疗康复科技等为例进行阐述。第一，海洋生物科技与健康。海洋是地球上潜力最大的资源库，其中的生物种类繁多，数量庞大，它们不仅能够提供人类需要的蛋白质，还含有丰富的生物活性物质，是解决人类所面临的生物、资源和环境三大难题的最佳出处。海洋生物科技能够将许多海洋生物资源转化成具有市场前景的海洋生化制品和海洋药物，为各种疾病提供解决方案。例如，壳聚糖具有抗动脉硬化的作用，且能作为生物骨架，运用在骨科、口腔科等学科，对心血管疾病等作用突出，而其上游产品——甲壳素，广泛存在于海洋生物中，每年地球上甲壳素的海洋生物合成量为十亿吨以上，拥有极大的潜能。第二，海洋文化科技创新与健康。海洋文化是我们生活中不可缺失的一块拼图，是海洋产业发展的基础。而海洋文化科技的创新有利于让人们更便捷、更深入地体验丰富的、多元化的海洋文化，去沉浸于带有强大的包容性、开放性、创造性、进取性等特征的海洋文化中，获得身心上的优质体验，进而促进身心健康水平的提升。例如，海洋数字海洋旅游数字化产品如 AR、VR 技术以及 4D、5D 电影等，能够让游客置身于"闪电、烟雾、雪花……"中，在海浪扑身时会"湿"了衣服，将听觉、视觉、嗅觉、触觉和动感完美地融合在一起，让游客在观看时可以与电影产生剧情式互动，收获惊心动魄、妙趣横生的观影体验，让游客能够全身心投入、突破惯常环境，通过外部刺激与内部的激素分泌得以释放自己的压力，获得身心的愉悦，促进身心的健康。第三，海洋医疗康复科技与健康。在许多知名的医疗旅游业国家中，主要内容包括滨海医疗保健旅游、温泉医疗保健旅游、海洋运动康复旅游以及创新特色海洋保健旅游等项目，多采取将本国的尖端医疗技术、特色健康服务技术等与海洋旅游资源相结合，进而打造独具特色的滨海健康旅游品牌。如在创新特色海洋保健旅游中，许多医疗旅游发达的亚洲国家能够将本国的特色资源与优势相结合，创新发展特色海洋保健旅游项目。如泰国很多企业将本国的特色医疗项目，如器官移植整形、牙科治疗、心脏治疗及骨科治疗等，与本国丰富的海洋旅游资源相结合，实施"特色医疗＋海洋保健"发展模式；再如印度正在将传统的瑜伽、阿育吠陀医学和悉达医学等特色优势与海洋旅游相结合发展骨髓移植、心脏搭桥手术、眼科、矫形等闻名世界的海洋康复保健类国际医疗旅游；韩国将自身的"健康体检""美容整形""皮肤美容""牙科"等医疗旅游代表品牌与济州岛等地的滨海旅游资源结合起来，使得游客可以在接受医疗服务的同时能够欣赏优美的海洋环境、体验浓郁的海洋风情。

健康管理与服务。对于健康管理的概念，学界普遍认同的一种是"健康管理是以不同健康状况人群的健康需求为导向，在对个人或群体进行健康分析或评估、健康危险因素监测和预测的基础上，向人们提供专业健康咨询和指导、健康危险因素干预、健康教育和促进，以及必要的转诊与康复期治疗等一系列长期、连续、动态与循环往复服务的活动过程"。而健康管理服务即以现代健康概念和中医"治未病"思想为指导，运用医学、管理学等相关学科的理论、技术和方法，对个体或群体健康状况及影响健康的危险因素进行全面连续的监测、评估和干预，实现以促进人人健康为目标的新型医学服务过程。在刘嘉龙等人的文章《重大疫情背景下健康管理模式研究——以三亚养老公寓与健康管理中心为例》中指出，健康管理有三种主要类型，一是"候鸟式"健康管理，二是"医养型"健康管理，三是"养生类"亚健康管理，并在多元分析之后，提出要大力发展"医养一体"健康管理模式，建立起居家养老、社会养老、机构养老三结合的健康管理机制。"候鸟式"健康管理主要针对身体健康、生活能够基本自理、以养老为目的的老人群体，这一类群体多为纯粹的旅居养老；"医养型"健康管理主要针对失能半失能老人的健康养老，由有着社会医疗背景的健康管理（养老）中心来承担，以保障其生活质量；"养生类"亚健康管理除了不适合失能半失能老人之外，社会各类亚健康人群都适合该模式，注重修身养性，属于高端养老模式。

健康管理与服务的高端化发展。在全球环境污染问题加剧、各类危重高发疾病出现、亚健康人群数量持续增加，人们越来越关注健康的背景下，高收入水平人群对高端的健康管理与服务需求日益增加，为应对这一需求，国内外诞生了许多高端化的健康管理服务中心，旨在为高端人士提供高品质、高端品牌的健康管理与服务。其中不乏许多做得很优秀、知名度较高的组织。瑞士梅塞尔是在中国驻瑞士领馆、瑞士琉森州政府、瑞士琉森州保监局和瑞士琉森旅游局的大力支持下打造的健康管理中心，它与十多家瑞士知名医院通力合作，是为国际高端客户量身打造的集医疗保健、文化经贸交流及旅游观光一体的权威机构。经过多年发展，该中心在美国、瑞士、泰国、日本、中国等国家建立了常驻中心，为更多的国际高端客户预约全球健康资源，打造权威、先进、高端、奢华的健康管理中心。爱康君安与美国哈佛医学院建立战略合作，整合全球医疗资源，配置国际先进设备，引进美国和台湾医疗管理模式，构建全球医疗绿色通道，打造"尊贵、高效、私属"的客户体验，为高端人士提供尊享的健康管理和医疗服务。其致力于打造成亚洲首屈一指的健康管理中心，为高端人士提供深度体检、防癌筛查、国际门诊、齿科等健康管理与医疗服务，现已落地北京、上海、广州、杭州、南京五大城市。其产品与服务主要分为五大类套餐，即深度体检、翻盖筛查、特色检查项目、爱康齿科、国际门诊等，此外它也建立了至尊会员俱乐部，提供尊享 VIP 套餐服务，如个性化深度检查、会员健康指导方案提供、专属私人医生（一年）、哈佛专家会诊服务等。瑞士梅塞尔与爱康君安两个优秀的健康管理服务中心打造的服务管理模式有一个共同特点，即通过专业的服务管理团队，从食、住、行、游、购、娱等各方面全方位打造高端化、个性化的高质量健康服务项目，让游客能够享受尊贵感，收获高品质的体验感，这一模式值得应用到长三角海洋旅游健康价值提升建设中来。

长三角区域协作理念。中共中央、国务院于 2019 年 12 月印发的《长江三角洲区域一体化发展规划纲要》中指出，基本原则是坚持创新共建、坚持协调共进、坚持绿色共保、坚持开放共赢、坚持民生共享；发展目标是到2025 年，跨界区域、城市乡村等区域板块一体化发展达到较高水平，在科创产业、基础设施、生态环境、公共服务等领域基本实现一体化发展，全面建立一体化发展的体制机制。基于国家对长三角一体化发展的政策，许多学者对长三角区域一体化发展做出了逻辑分析和设计，如刘志彪、孔令池（2020）在《长三角区域一体化发展特征、问题及基本策略》一文中认为推动长三角地区更高质量一体化发展，就是要发挥该区域联合体的发展功能，发挥它的"累积效应"和"扩散效应"，构建经济联系紧密、区域市场统一、产业分工合理、创新协同、交通完备、信息共享、贸易开放、公共服务便利、生态环境优质、制度协调的发展体系。郁鸿胜（2020）认为国家对长三角一体化的要求，是重点解决三个方面的问题，一是布局合作的一体化，二是要素合作的一体化，三是制度合作的一体化，具体反映在现实中需要解决的重点问题上。总之，按照《规划纲要》的要求，上海要发挥龙头带动作用，苏浙皖各扬所长，加强跨区域协调互动，提升都市圈一体化水平，推动城乡融合发展，从而构建区域联动协作、城乡融合发展、优势充分发挥的协调发展新格局。

3.2 长三角地区海洋旅游的健康市场需求分析

国内游客群体健康消费趋向显著。首先是人口老龄化背景。从 2017 年的中国老龄化发展分析来看，我国 2017 年年末大陆总人口为 139008 万人，其中 16~59 周岁的劳动人口年龄为 90199 万人，占总人口的比重为 64.9%；60 周岁及以上人口 24090 万人，占总人口的 17.3%，其中 65 周岁及以上人口 15831 万人，占总人口的 11.4%。[①]从中健联盟产业研究中心公布的数据可以看到，我国老年人口的数量持续上升，且增速逐年加大，说明我国老龄化现象越来越严重。而作为健康市场最主要的消费群体，老年群体数量的增加为我国健康产业带来了更好的发展前景。其次是中青年群体的健康需求。随着亚健康、环境污染、城市病等现象在中国大城市愈发明显，不仅是老年人，一些中国大城市中青年群体也越来越关注自身的身心健康，对生活质量与心理健康的要求正在逐渐提高。因此，我国的老龄化社会现象和一些亚健康社会问题催生了巨大的康养产业市场。可以预见，伴随着这些社会现象的日益凸显，康养产业发展前景无限。根据调查样本的年龄分组，18~25 岁占 15.5%；25~30 岁占 14.3%；30~35 岁占 16.6%；35~40 岁占 21.3%；40~45 岁占 11.5%；45~65 岁占 7.7%。[②]在 18 岁至 45 岁这一年中青年年龄段有着大批的亚健康群体，随着全民追求健康的热潮逐渐上升，这为健康市场带来了更大的消费者群体。最后是医疗

---

① 数据来源于中健联盟产业研究中心 . http://www.jkyl.org.cn/index.php?m=content&c=index&a=show&catid=9&id=8788.

② 相关数据来源于搜狐网 . https://www.sohu.com/a/361498097_120141375.

保健消费市场需求。通过数据收集与分析发现，我国目前的居民消费结构中居民食品、衣着、居住、家庭设备用品及服务、医疗卫生保健、交通通信、教育文娱活动等每一类居民生活消费品在整个消费结构中的占比随着近年来我国经济的发展也发生了巨大的变化。其中医疗保健这一消费领域在我国居民中呈上升趋势。如图5-1所示，我国居民人均医疗保健的消费在我国居民消费结构中的比重由2015年的7.4%上升到了2019年的8.8%，其比重是逐年上升的，表明人们越来越关注健康，并且愿意在健康保健中投入更多的成本。

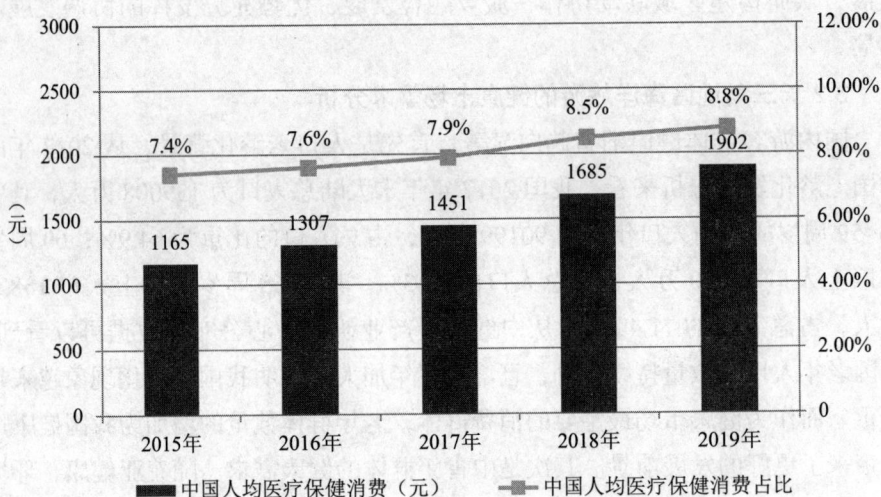

图5-1　2015—2019年我国人均医疗保健消费量及占比[①]

　　长三角地区旅游消费者对高品质产品与服务的偏好强烈。易居（中国）企业集团发布的《2016—2017中国旅游地产发展报告》对长三角地区2016年的旅游消费进行了调查，得到了相关消费特征。从旅游度假消费偏好来看，长三角地区旅游消费者的主要特征是："海岛或者滨海度假区""文化古镇类""滨湖或者滨江度假区"三大旅游休闲区域更受到大家的喜爱；换个环境体验不同生活、释放压力、老友聚会等偏好；愿意尝试当地特色菜肴时也注重就餐环境氛围。从旅游度假消费情况来看，长三角地区旅游消费者的主要

---

① 数据来源于国家医疗保障局。

特征是：旅游消费支出相当乐观，平均旅游度假总消费水平集中在 3000 元至 1 万元这一区间；景区开销不大，对高品质、内容丰富的景区服务和商品的需求较大；人均餐饮消费与全国平均水平相似，开销不大；购物开销水平与收入水平不相符合，高价格的产品和服务接受度不高，对旅游产品的品质要求较强。

三、长三角地区海洋旅游健康价值提升的困境与挑战

长三角地区作为我国旅游发展的龙头地区，其在旅游资源的种类、数量和质量上都位于前列，对国内外游客的吸引力非常大。在现代人们旅游需求多样化的背景下，其跨江滨海的地理优势结合其他诸多优势催生了该区域海洋旅游的蓬勃发展，使之一举成为我国海洋旅游发展先锋地，让一大批海洋旅游产业如雨后春笋般萌芽、壮大，让海洋旅游成了该地区旅游业的新星。但在大好前景下，现如今长三角地区的海洋旅游发展仍面临许多困境和挑战，它们对长三角地区的海洋旅游健康转型也产生了不可忽视的阻力，这既是对江浙沪三个地区的考验，也是对我国海洋旅游健康化转型发展的挑战。

3.1 海岸海域生态环境健康化程度不高且亟待改善

经济的快速发展常常伴随着环境问题的日益恶化，长三角地区也是如此，海洋产业经济效益与海洋生态保护之间的矛盾较为突出。《中国环境统计年鉴2014》显示，东海海水水质是我国四大内海中水质最差的，未达到一类海水水质标准的海域面积约占全海域的 36.8%，其中劣于四类水质的海域面积占全海域的 56%，远高于其他海洋的污染水平。国家海洋局发布的《2015 年中国海洋环境状况公报》显示，2015 年，长江口及近海区域是全国海洋污染最为严重的地区，主要污染元素为无机氮、活性磷酸盐和石油类。据了解，长江口及其邻近海域之前一度是我国污染最严重的水域之一，而且长江口水域的许多工程较大程度地改变了河口海岸形态以及陆海相互作用过程，进一步加剧了对海洋生态系统的破坏。因此，依托于海洋生态环境的长三角海洋旅游面临着巨大挑战。2018 夏季长三角地区海域水质情况如图 5-2 所示。

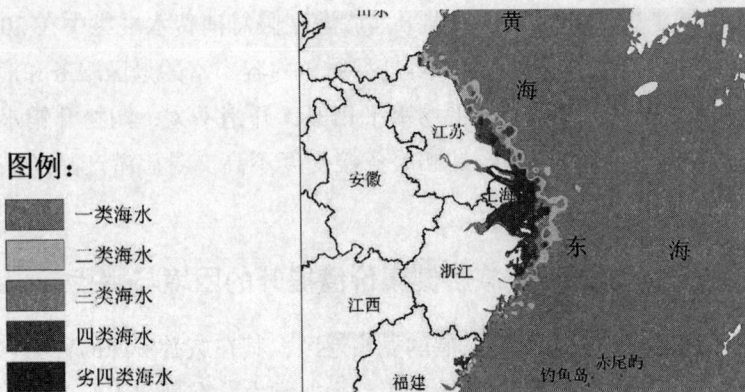

图5-2　2018年夏季长三角地区海域水质情况 [①]

3.2 沿海城市海洋旅游发展缺乏区域联动且一体化程度弱

由于长三角地区沿海城市多、涉海部门多、保护和利用海的水平有差异，所以多年来存在着综合协调和联动发展不强的问题，另外海洋资源信息不够全面且缺乏共享，难以满足快速发展的海洋开发和管理需求。过去很长一段时间内江浙沪三地区的海洋产业发展缺乏长期的总体宏观指导、海陆统筹协调和规划，区域海洋资源开发管理体制也不够完善。这使得长三角海洋产业优势的整体发挥受到影响。长三角地区海洋旅游经济发展在体制和机制方面还存在较大问题，缺乏全局性的宏观调控和统筹协调，涉海法律法规尚不够完善。各省市涉海部门各自为政，部门间沟通合作机制尚未形成。整体来看，中共中央国务院在《长江三角洲区域一体化发展规划纲要》指出，长三角地区要联合推动跨界生态文化旅游发展，共建世界知名旅游目的地。在长三角区域一体化理念的推动之下，长三角地区各路产业有了更多的接触和融合，其海洋旅游发展也响应了号召，有了更多的联动。但就目前来看，这种联动与融合还不够成熟，各地的旅游资源仍依赖于各地自身的特色，属于长三角独有的知名海洋健康旅游品牌仍没有被广泛建立。在长期以来各自为营的旅游发展背景下，要实现区域品牌的打造面临着较大困难。

3.3 海洋旅游开发水平有待提升且高质量产品和服务不足

从长三角地区江浙沪三地的沿海情况来看，各地区对沿海旅游资源的开发

---

① 图片数据来源于《2018中国生态环境状况公报》。

和利用尚不成熟，滨海、海岛、近海、深海等空间范围内的知名旅游景点较少，其旅游发展仍偏重于内陆地区的一些知名景区景点。同时，长三角地区居民的收入水平与消费水平不相符合，旅游消费需求未能充分释放，高端化、高品质的旅游产品或服务较为缺乏。浙江省的七个沿海地级市在海岸线10千米范围内的国家4A级旅游景区共有30个、5A级旅游景区只有1个，而海岸线10千米范围外的区域内有国家4A级旅游景区96个、5A级旅游景区11个，而且有的地方如绍兴市等，在海岸线10千米内没有国家4A、5A级旅游景区。上海市与江苏省的情况与浙江省大致相同，在海岸线10千米内知名景区的数量极少。此外，高端健康管理中心数量较少，目前国内高端健康服务中心主要分布在北京、上海、广州、杭州、南京五大城市，长三角中的上海市较为知名的高端健康服务中心主要有爱康君安健疗国际上海旗舰中心、博奥生物集团及其高端健康管理品牌等。由此可见，长三角地区的海洋旅游以及健康旅游发展尚不够成熟，对资源的开发利用程度不够，在其优越的地理优势和其他条件的基础上，海洋旅游发展仍有着较大的发展潜力和空间。

3.4 海洋大健康旅游度假的国际化品牌形象不鲜明

长三角地区有着丰富的海洋旅游资源，海洋自然景观、海洋人文景观、海洋体育活动、海洋节庆活动等内容非常丰富且有着丰富的康养资源和优越的医疗卫生服务条件。就江浙沪三地沿海地区的海洋旅游发展情况来看，各地区的海洋旅游资源较为零散化，缺乏统筹分类，缺乏地区海洋旅游品牌性资源，康养产业之间的互动不足，这就使得各地区的海洋旅游资源及其健康旅游资源的开发、利用以及保护等方面有了很大的困难，对游客来讲，这些旅游目的地的形象较为模糊，无法建立独特的印象，也未形成国际化健康旅游知名度，与其现代服务业发展的总体阶段不相协调。如舟山海岛旅游资源丰富，有1390个大小岛屿和不计其数的岛礁，但这些小岛各自为政、打造小品牌，整个舟山缺乏对海岛旅游资源的统一包装。长三角地区的海洋旅游业发展有三个明显特点。一是重视中高端旅游业；二是重视观光旅游业，忽视休闲、探险、养老等其他旅游业的培育；三是倾向就旅游发展旅游，忽视文化、体育等与旅游业的有机融合及一体化发展。这种高中低端旅游开发结构的不均衡、多种类旅游业受重视程度的不均衡、旅游业与其他产业的融合度不高等情况，导致了长三角地区的海洋旅游发展存在业态结构单一、缺乏多样化吸引的旅游产品。未来应该采取高端与低端并举、休闲与观光并举、文化和旅游融合发展的思路综合开发建设长三角的海洋旅游业。

四、长三角地区海洋旅游健康价值提升对策与建议

4.1 加强区域多方协同，共创海洋旅游健康国际品牌形象

长三角城市群的海洋健康旅游国际品牌和形象的建立，需要长三角地区各城市在多个方面加强协同合作。第一，长三角城市群各政府部门应当做好权责的分配，对共有区域建立更为完善清晰的管理体系。形成具有高效率的、能够统筹协调规划江浙沪三地海洋资源的部门，形成对长三角海洋产业区域合作的引导部门，形成健全完善的管理系统和法律体系，促进长三角江浙沪三个地区的海洋旅游发展一体化。第二，由于海洋健康环境很大程度依赖于海洋生态环境，因此建设健康美丽长三角海洋旅游目的地，首先需要做好生态环境联防联控。在生态保护方面，长三角地区时空一体、山水相连，治水、治气等工作休戚相关，应当形成大健康环境治理机制，面向"天空""土壤""水域""海域"开展联合治理。第三，作为我国经济发达、城镇聚集和国际化程度高的城市化地区，应依托现代服务业、海洋科技创新、医疗卫生服务、国际化大都市魅力、全球资源配置能力等功能，强化海洋旅游健康的国际化品牌形象，建成全球海洋健康旅游度假旅游目的地。因此，要想打造长三角海洋健康旅游目的地国际化品牌，需要三省一市在经济、产业、政策、资源等方面做更多的统筹协调和品牌形象共创，给予海洋旅游发展建设更多的资金保障与支持。

4.2 整合地区海洋人文资源，挖掘海洋健康文化

长三角地区的海洋旅游有良好的资源基础、良好的产业依托和政策依托，相比于其他海岸带经济区来讲优势显著。但从目的地管理相关理论来看，这些优势仅是比较优势，还未最大化转化为竞争优势。健康品牌的打造是充分结合当地资源特色、区位情况、产业结构、经济水平、文化内蕴、社会状况等多方面的条件，使一个地方区别于其他旅游目的地、获得强大竞争力的最有效方式，而长三角丰富的海洋文化和人文景观便是长三角地区海洋旅游最独特的资源要素，在全民健康背景下，结合当地的健康产业，打造独具特色的长三角海洋旅游健康文化品牌，将是长三角海洋旅游发展与海洋旅游健康价值提升体系建设最强有力的促进。具体来看，长三角海洋文化包括物质文化和非物质文化

两大类别，有着丰富的海洋渔业文化、海洋节庆文化、海洋历史文化、海洋旅游文化、海洋商业文化、海洋军事文化、海洋民俗文化、海洋饮食文化、海洋宗教信仰文化、海洋文学艺术等，从这些海洋文化和海洋生活方式中提炼出健康特质，形成健康文化和海洋文化的融合，促进海洋健康或养生文化的繁荣，从而开发形成特色鲜明的海洋健康文化旅游产品，对于长三角地区来讲则有重要的意义。

4.3 巩固优化大健康环境，夯实海洋旅游健康化发展基础

健康环境涉及自然环境、人工环境以及社会环境等人类赖以生存的环境，这些环境的健康程度会影响到人们的健康。良好的环境益于人类健康，不良的环境将有害于人类健康。由于经济发展速度快，开发密度大，长三角地区的自然环境几乎失去了原始生态的特点，同时工业、养殖业、旅游业等的发展也对该地区的生态带来了一定的破坏，虽在治理之下已形成良好走势，但仍在发展与保护的平衡上面临着严峻的考验。为了打造长三角海洋旅游健康大环境体系，长三角地区应当继续坚持生态优先发展和可持续发展理念，加大力度，将长三角地区的自然环境打造成风景优美、空气清新、水质优良、天空碧蓝、大海深蓝的宜居环境。在健康设施配套环境方面，长三角经济的高速发展极大地促使了该地区基础设施的完善与提升，居民在食、住、行、游、购、娱等方面的需求已经得到较高水平的满足；医疗、卫生服务、社会保障等方面的整体水平也位居全国前列。但由于地区经济水平的差异，一体化、共享化的区域性健康设施环境却不完善，长三角地区应当针对滨海、海岛 11 市不同的发展水平，集中力量加大经济投入力度，提升这些海洋城市的基础设施发展整体水平，为长三角海洋旅游健康目的地品牌建设打下基础。

4.4 依托海洋人文科技，开发高端化海洋医疗服务产品

21 世纪以来，科技对人类生活质量水平的提高有着极为重要的促进作用，长三角地区作为我国经济最发达的城市群之一，有着完善的产业结构、先进的科技水平和蓬勃的创造力。因此，在提升长三角城市群海洋旅游健康价值、建立长三角海洋健康旅游体系的过程中，应当多利用长三角先进丰富的海洋人文科技。具体来看，可利用先进的海洋生物科技，在可持续发展理念下，充分挖掘丰富的海洋生物资源潜在的医药价值，为患有心血管疾病等疑慢性病的游客提供医疗服务；利用先进的海洋文化科技，如利用海洋数字海洋旅游数字化产

品如 AR、VR 技术以及 4D、5D 电影等，给游客带来生动丰富的听觉、视觉、嗅觉、触觉和动感，让游客能够全身心投入、突破惯常环境，使之通过外部刺激与内部激素分泌得以释放自己的压力，获得身心的愉悦，促进身心健康；利用先进的海洋医疗康复科技，采取尖端医疗技术、特色健康服务技术等与海洋旅游资源相结合，开展如滨海医疗保健旅游、温泉医疗保健旅游、海洋运动康复旅游以及创新特色海洋保健旅游等项目，使得游客在享受高端化医疗保健服务的同时，也能够享受海洋旅游所带来的乐趣。可以说，长三角地区通过人文科技、互联网、智慧化、创新力的优势，有机会打造出高质量的海洋健康旅游特色产品，塑造高端化品牌。

4.5 依托现代服务业，打造新型海洋旅游健康管理服务模式

面对市场环境中对健康服务、养生养老、保健产品等的爆发式需求，国家和地方政府都做出了相关政策支持，要加强地方健康化建设，积极响应健康中国行动安排。长三角地区的海洋健康价值提升也迎合了这一需求和政策引导，具有较好的市场需求环境和政策支持环境。因此，对于长三角沿海海洋城市来讲，在自身良好的经济、区位、产业基础上，应当积极做好自身健康服务与管理水平的提升，学习现代化、高端化、高水平的健康管理服务理念，引进优秀健康管理服务人才，建设专业化水平较高的健康管理团队，打造国际一流的海洋旅游健康管理服务模式。具体来看，应当向国内外优秀、先进的健康服务团队学习，如学习瑞士梅塞尔、爱康君安等优秀健康服务管理中心在食住行游购娱等各方面的全方位、高端化、专业化、个性化的健康服务理念；应当引进和培养海洋旅游业的各层级人才，从高端设计、营销推广、管理运营等到直面游客提供服务等各方面，培育高质量人才。同时，要注意跨领域、跨产业人才的培养，如"海洋旅游＋医疗服务""海洋旅游＋养老保健""海洋旅游＋生态""海洋旅游＋互联网"等，引进和培养综合能力强、能够做好产业融合创新工作的人才，以此增强长三角海洋旅游健康价值提升体系建设的可执行性与可落地性。

4.6 加强健康意识和行为引导，营建良好的消费氛围

长三角海洋旅游健康价值提升体系的建立和实际运用，是以促进游客健康水平提升为中心的。因此，在开展政策的积极引导与支持、健康设施与环境空间的打造、健康管理与服务水平的提升、健康产品、业态和项目的开发创新、

健康的文化及品牌塑造等目的地海洋健康旅游健康价值提升工作的同时，需要做好对游客的健康管理和行为引导工作，从观念意识、生活方式、健康行为等方面入手，营造良好的消费氛围，让海洋旅游健康化发展中的产品和项目能够拥有更好的开展环境。在疾病管理上，要对常见性心理疾病和生理疾病进行研究，并根据海洋健康旅游的医学原理与服务理念，做出专业性的疗养服务设计；在人群管理上，要明确相关疾病的重点人群、高危潜在人群等，把握其基本的人口学特征，如年龄分布、收入分布、工作种类等，以根据不同特点施以不同的服务设计、宣传设计等；在健康理念的推广上，要在长三角区域以及国内外更大范围内，通过媒体宣传、讲座教育、广告宣传等途径，做好海洋旅游健康观念的推广，改善人们传统健康理念上的缺陷和不足，推动人们的海洋健康旅游消费；在健康行为的引导上，除了在网络媒体上的宣传引导、线下讲座课堂的教育宣传之外，还可以对旅行社、饭店、景区等相关机构设计配套的健康行为引导服务，如在景区内安置行为引导牌，滚动播放健康行为引导相关内容等。

参考文献

［1］中商产业研究院.《关于推进健康上海行动实施意见》印发 2019 年上海健康服务产业布局分析.（2019.09.05）［2020.06.20］. https：//www.askci.com/news/chanye/20190905/1031221152350.shtml.

［2］何军，叶芳.浙江海洋旅游资源类型及空间分布特征［J］.海洋开发与管理，2017，34（8）：22-26.

［3］王媛，黄震方.湿地生态旅游地居民旅游感知差异及影响因素分析——以盐城海滨湿地保护区为例［J］.南京师大学报（自然科学版），2011，34（2）：113-118.

［4］王芳.滨海旅游可持续发展研究［D］.南京大学，2011.

［5］陈飞飞.长三角滨海休闲旅游市场研究——基于浙江省的个案研究［J］.宁波大学学报（人文科学版），2016，29（5）：99-104.

［6］刘海洋.海洋经济背景下浙江滨海体育休闲产业环境分析与结构整合研究［J］.宁波工程学院学报，2015，27（2）：75-81.

［7］寿建敏，周玲.上海滨海旅游业发展对策研究——基于生态型产业转

型视角［J］.哈尔滨商业大学学报（社会科学版），2015（4）：114-122.

［8］丁攀.上海市海洋产业竞争力评估［D］.上海海洋大学，2015.

［9］刘志学.立足科技发展，向蔚蓝色的海洋要健康——访青岛大学医学院附属心血管病医院常务院长安毅教授［J］.中国医药导报，2014，11（12）：1-3.

［10］孙晓玮.海洋旅游中的文化与科技融合［D］.浙江大学，2014.

［11］周义龙.亚洲国家海洋医疗旅游发展的经验及对海南的启示［J］.对外经贸实务，2015（10）：86-89.

［12］杨金侠.健康管理：从概念到实践［J］.中国卫生，2018（7）：59-60.

［13］刘嘉龙，侯萍，陈嬿伊.重大疫情背景下健康管理模式研究——以三亚养老公寓与健康管理中心为例［J］.湖北理工学院学报（人文社会科学版），2020，37（3）：41-47.

［14］瑞士·梅塞尔健康管理中心.http：//www.medcellswiss.cn/rb/rb-fw.html.

［15］刘志彪，孔令池.长三角区域一体化发展特征、问题及基本策略［J］.安徽大学学报（哲学社会科学版），2019，43（3）：137-147.

［16］郁鸿胜.提升国家战略 推动长江三角洲一体化［J］.上海企业，2020（5）：38-40.

［17］汪汇源.我国康养产业现状及海南康养产业对策研究［J］.农业科研经济管理，2020（1）：45-48.

［18］林兰.长三角地区水污染现状评价及治理思路［J］.环境保护，2016，44（17）：41-45.

［19］朱凌，王晓惠.推进趋于海洋经济协调发展的管理方式初探［J］海洋开发与管理.2010（1）：89-91.

第六章　闽台地区

2016 年，国务院发布了《"健康中国 2030"规划纲要》，提出"共建共享、全民健康"的战略主题，健康领域的产业发展备受关注，旅游业作为关联性强的产业，与健康产业的产业融合值得期待。新时期人类对于健康的定义已经不仅仅局限于传统的身体健康，而是更加关注大健康理念，大健康理念是人类文明进入 21 世纪而逐渐延伸的健康新理念，是身心、生态、社会、经济和文化多视角下的健康追求。基于社会经济发展的新阶段，人类更加关注精神文明的建设，健康生活是精神文明建设最基础且重要的一部分。大健康理念更加强调整个人类社会的健康管理。个体的健康，不仅包含个体对自身精神、心理、生理健康的自我调节，还受社会环境、自然环境、道德氛围的影响。个体的健康组成了环境的整体健康，环境健康造就了个体健康，二者相辅相成，因此大健康理念下的海洋旅游探索对人类社会文明发展有很大的意义。

闽台地区自创建以来，因其在"一带一路"的重要地位备受关注，海洋旅游资源优势明显，但发展缓慢。本章通过对闽台地区的健康环境、产业状况、海洋旅游现状进行归纳分析，以闽台地区得天独厚的海洋文化底蕴和悠久的康养文化为基础，对目前闽台地区海洋健康旅游发展面临的诸多现实困境和挑战进行分析，并依据文旅融合的理念、健康商品开发和健康旅游产品线路的设计开发的理论基础，提出符合闽台地区地域特色的海洋健康旅游发展建议。

一、闽台地区区域概况

1.1 范围界定与社会经济状况

闽台地区是指福建省和中国台湾地区，位于中国东南沿海，是国家重点发展的九大经济区之一。截至 2019 年，福建省常住人口 3973 万人，地区生产总值达 42395.00 亿元，较上年增长 7.6%。人均地区生产总值 107139 元，较上年增长 6.7%。同时期台湾地区的 GDP 约 42100 亿元，人口约 2360 万人，人均生产总值 178389 元。由于本章主要围绕海洋旅游展开研究，所以主要研究沿海拥有海岸线的城市，即宁德市、福州市、莆田市、厦门市、漳州市、泉州市以及台湾部分地区（新北市、桃园市、新竹市、台中市、台南市、高雄市等）。如表 6-1 所示，从 2019 年度各市常住人口及 GDP 数量可以看出，福州作为其政治、经济、文化中心，社会经济位列第二，厦门凭借其经济特区的优势居于首位，泉州、漳州紧随其后。主要支柱产业为第三产业，即制造业、服务业以及零售业。台湾的主要支柱产业为电子信息产业，服务业和高新技术产业是主导性产业。在整体社会经济发展中看，两岸的资源属于互补型，不仅体现在科技发展，也体现在产业融合发展方面。

表 6-1　2019 年度福建省各市常住人口及 GDP[①]

城市	常住人口数（万人）	GDP（亿元）
泉州	874	9946.66
福州	780	9392.3
厦门	429	5595.04
漳州	516	4741.83
莆田	291	2595.39
宁德	291	2451.7
台湾	2359.744	42180.68（同口径折算）

1.2 闽台地区大健康环境优越

闽台地区气候条件优越，城市生态文明指数高。闽台地区整体气候属亚热带海洋性季风气候，温暖湿润，雨量充沛，光照充足，年平均气温 17~21℃，平均降雨量 1400~2000 毫米，是中国雨量最丰富的省份之一，气候条件优越，适宜人类聚居、旅游以及多种作物生长。台湾地区四面环海，降雨量充沛。福建省环境监测站从环境质量、污染负荷和生态建设三个方面反映其城市生态环境现状，测算出全省的城市生态环境状况为优良状态，各生态系统协调性良好，生态建设程度较好。除了泉州市和漳州市以外，其他城市环境质量近年保持平稳，泉州市

---

① 来源：各市级人民政府网。

和漳州市由于污染物排放增多导致了海域水质变差的问题。2019年，中国工程院发布的《生态文明发展水平评估报告》显示，福建生态文明指数全国第一。其中，在水环境质量方面，全省水环境质量总体保持良好水平。在大气环境质量方面，全省城市环境空气质量以优良为主。在生态环境方面，全省生态环境质量继续保持在优良水平。这为大健康产业发展奠定了较好的条件基础。

　　闽台地区森林覆盖率高，生物多样性丰富。福建省的森林覆盖率为66.8%，居全国首位，全省分布有高等植物4703种，约占全国高等植物总品种的14.3%。国家重点保护的野生植物有52种；列入福建省第一批地方重点保护珍贵树木的有25种。全省可供开发利用的野生植物达3000多种。台湾的森林覆盖率达到58.5%，种类主要受海拔高度影响。台湾岛栖息着丰富多样的野生动植物，11%的动物和27%的植物为地区特有品种，如山区水域栖息的樱花钩吻鲑等。岛上生长着3000多种被子植物和640多种真蕨植物，同时也有3000多种鱼类及500多种鸟类生活在岛上。

　　福建省海洋生物医药产业发展强劲，两岸中医药交流密切。闽台地区海洋生物资源丰富，目前福建省拥有科技含量较高、自主创新能力较强的海洋医药和生物制品龙头企业30多家。其中，高纯度"硫酸氨基葡萄糖"、鲎试剂、胶原蛋白肽、微藻DHA、海洋抗菌肽和海洋生物酶等一批具有自主知识产权的原创性成果在全国具有较强的影响力，初步形成以厦门海沧生物医药港、诏安金都海洋生物产业园和石狮海洋生物科技园等为代表的产业聚集区。福建省的海洋生物医药产业产学研结合密切，海洋生物医药产业发展势态良好。在中医药传承发展中，两岸合作密切，不仅在教育科研上进行互助合作，而且在企业层面合理利用两岸优势，平潭综合实验区进一步突出区位优势，重点推进海峡两岸中药材集散中心建设，打造闽台地区最大的中药材交易中心。

1.3 闽台地区海洋旅游发展概况

　　海洋旅游资源丰富，海洋文化底蕴深厚。福建省海域面积13.6万平方千米，岸线资源丰富，其中福建省陆地海岸线长达3734千米，居全国第二，岸线曲折，港湾众多，自北向南有沙埕港、三都澳、罗源湾、湄洲湾、厦门港和东山湾六大深水港湾。海岸带区域内旅游景点丰富且质量较高，类型丰富，另外海岸带周边旅游资源文化性强，海洋文化底蕴深厚，在中国海洋文化中影响深远。泉州市作为古代海上丝绸之路的起点、湄洲岛的妈祖文化、福建长乐太平港的郑和下西洋文化，漳州的关帝信仰文化以及福州的船政文化深深影响了两岸民众，闽台两岸同根同祖，文化相近，每逢海洋文化节事，两岸交流同庆。台湾海峡是中国台湾岛与福建海岸之间的海峡，被称为"海上走廊"；这里寒暖洋流交汇，海水交换畅通，鱼虾种类多，是我国重要渔场之一。海峡西岸区域内海岛资源丰富，共有岛屿1500多个。沿海大于500平方米的岛屿1321个（其中有居民岛屿98个），居全国第二位，占全国岛屿总数的1/5。

福建省各市海岸线及旅游资源的情况统计如表6-2所示。

表6-2　福建省各市海岸线及旅游资源[①]

城市	海岸线长度	国家级海洋公园	距海岸线10千米内的国家4A、5A级景区	距海岸线10千米外的国家4A、5A级景区
宁德	陆海岸1046千米，岛海岸101千米	1个：瑶列岛国家级海洋公园	5A级1个：福鼎太姥山风景区	5A级1个：屏南白水洋·鸳鸯溪旅游区；4A级2个：周宁鲤鱼溪·九龙漈旅游区、福安白云山
福州	陆海岸902千米，岛海岸390千米	2个：长乐国家级海洋公园、福建平潭综合实验区海坛湾国家级海洋公园	4A级2个：福清天生农庄、罗源湾海洋世界	5A级1个：三坊七巷景区 4A级12个：福州国家森林公园、于山风景区、鼓山风景区、中国船政文化景区、青云山风景区、永泰天门山风景区、石竹山风景区、永泰云顶景区、旗山森林人家旅游区、贵安新天地休闲旅游度假区、连江溪山休闲旅游度假村、百漈沟景区
莆田	陆海岸336千米，岛海岸107千米	1个：湄洲岛国家级海洋公园	4A级2个：湄洲岛风景名胜区、莆田工艺美术城	4A级3个：九鲤湖旅游区、九龙谷生态旅游景区、中国古典工艺博览城
厦门	陆海岸194千米，岛海岸32千米	1个：厦门国家级海洋公园	5A级1个：鼓浪屿风景名胜区；4A级11个：集美嘉庚公园、方特旅游区、日月谷温泉主题公园、园林植物园、天竺山森林公园、胡里山炮台、同安影视城、厦门市园博苑、海沧青礁慈济祖宫景区、诚毅科技探索中心、老院子民俗文化风情园	4A级2个：翠丰温泉旅游区、北辰山旅游景区

---

① 来源：各市人民政府网。

续表

城市	海岸线长度	国家级海洋公园	距海岸线 10 千米内的国家 4A、5A 级景区	距海岸线 10 千米外的国家 4A、5A 级景区
漳州	陆海岸 715 千米，岛海岸 60 千米	1 个：城洲岛国家级海洋公园	4A 级 5 个：漳州滨海火山自然生态风景区、东山风动石景区、漳州市金汤湾旅游区、漳州市东山马銮湾景区、漳州漳浦翡翠湾滨海度假区	5A 级 1 个：福建土楼（永定·南靖）旅游景区；4A 级 7 个：天福茶博物院景区、东南花都花博园景区、平和三平风景区、龙文云洞岩风景区、福建土楼（华安）旅游区、漳浦天福"唐山过台湾"石雕园、长泰县十里蓝山景区
泉州	陆海岸 541 千米，岛海岸 117 千米	1 个：崇武国家级海洋公园	5A 级 1 个：清源山风景名胜区；4A 级 6 个：崇武古城、中国闽台缘博物馆、泉州市博物馆、源和1916 创意产业园、五店市、安平桥	4A 级 5 个：开元寺、安溪清水岩、永春牛姆林、德化石牛山、德化九仙山

海峡两岸海上旅游成特色，自贸区带动海洋商品研发。闽台地区的海洋资源连接海峡两岸，充分利用"海丝文化"，以海上运动为主要的体育交流。海上运动赛事有：海峡两岸龙舟赛、厦金横渡活动、海峡两岸帆船赛、海峡两岸冬泳活动、全国公开水域和海峡两岸风筝帆板邀请赛等。距离台湾最近的平潭岛建设海上运动旅游区，在自行车赛、风筝冲浪、沙滩排球、帆船游艇、海钓游泳等体育项目上均发展良好。另外，平潭岛凭借区位优势以及自贸区的政策优势，致力于打造两岸合作经济体下的国际旅游岛；开通至台中、台北的海上直航客运航线，打造两岸海上旅游观光路线，加强两岸的旅游流动以及邮轮合作。福建省自贸区的建立带动了海洋生物医药的研发制造，同时由产学研一体化发展的海洋食品与营养健康的创新研发也提上日程，科技兴海与海洋旅游健康的结合体现在海洋特色食品中。

海洋旅游发展的政策利好，两岸合作趋势明显。国家"一带一路"重大发展倡议，强调加大对邮轮旅游政策扶持，开辟 21 世纪海上丝绸之路沿线区域邮轮旅游线路，推动培育海峡邮轮圈大发展，福建省大力开发邮轮旅游产品，组建福建邮轮旅游联盟。2018 年，福建省海洋与渔业厅和福建省旅游发展委员会提出关于推进海洋渔业和旅游业的融合发展意见，主要发展方向在于依托本省丰富的海洋旅游资源，完善海味与休闲体验于一体的渔家乐产业链；大力进行游艇帆船旅游的规模化、正规化发展；积极推进无居民海岛串岛游，以厦门为试点，建设海岛公园，致力于养殖业＋海洋旅游、工业＋海洋旅游的体验式服务精化。东山岛发挥其滨海景观、海洋生物和关帝文化等资源优势，打造旅游产业集聚区；湄洲岛利用妈祖海洋文化资源，打造生态环境优美的国家旅游度假区和世界妈祖文化中心；琅岐岛依托福州滨江滨海城市发展格局，建设成为以生态旅游度假、健康养生、智慧创意、休闲宜居等综合服务为主体的国际生态旅游岛；南日岛致力于海洋渔业和旅游业的融合，打造国家级海洋牧场、省级海洋经济综合开发试验区、海峡西岸滨海旅游名镇。

二、闽台地区海洋旅游健康价值提升的理论构建

2.1 现有研究概述

关于闽台地区的海洋旅游健康价值提升，以关键词"闽台""旅游""健康"在 CNKI 进行文献交叉检索，梳理 2015—2020 年对于闽台地区的研究主要集中在两岸农业、渔业、人才培养、康养保健、文化创意以及旅游业等产业的合作，其中旅游业的合作主要在乡村生态旅游、海洋旅游、宗教文化旅游的协同发展上。基于本研究聚焦，以"福建""台湾""海洋旅游""健康"进行交叉检索，近十年对于闽台地区海洋旅游的合作研究相对较少，赵莹、李宝轩在 2019 年福建自贸区闽台海洋旅游深度合作创新路径研究中分析两岸政治关系特殊复杂，沟通又缺乏中间桥梁，双赢的合作机制难以真正建立，导致自贸区对台海洋旅游合作层次不深、规模较小、效率低下。对福建省海洋旅游的研究主要聚焦海岛开发、滨海旅游、海洋船政文化的挖掘、海洋节事活动等的研究上。吴燕霞针对闽台地区海洋旅游的单一性、滞后性，通过《五缘文化与"海峡旅游"的耦合》这篇论述，详细阐述了闽台地区特有的五缘文化，提出将文化深入挖掘融合到当地的海洋旅游发展中，实现两岸经济、社会的繁荣发展。闽台地区健康价值视角下的海洋旅游研究文献很少，基本聚焦对康养类旅游资源的研究分析，张希、林立、杨昕以福建平潭岛健康示范基地为案例，进行健康中国背景下健康旅游示范基地的形象感知研究，赴平潭的旅游者对健康旅游的认知比较粗浅，对健康旅游内涵的理解依然停留在以运动休闲为主体的产品概念，对平潭所有在建或者未来规划的健康旅游场所与设施不甚了解，对

平潭健康旅游示范基地的形象感知模糊。

2.2 闽台地区海洋旅游健康化提升的理论视角

健康文化与旅游融合理论。文化是旅游的灵魂，旅游是文化的重要载体。习近平总书记指出："旅游是不同国家、不同文化交流互鉴的重要渠道，是发展经济、增加就业的有效手段，也是提高人民生活水平的重要产业。"文化和旅游各有内涵，各具特色，各有自身的发展规律。两者融合发展不是简单相加，而是有机融合，不是单纯的物理叠加，而应是复合的化学反应。而中医药文化是闽台文化交流的重要部分，泉州又是"一带一路"的文化发源地，福建的茶文化和养生文化历史悠久，历代传承，影响深远。中国传统健康文化的核心理念是采取相应措施，维护健康，防止疾病的产生和发展，即"治未病"。在当代，健康文化更多强调综合考虑各方面的致病因素，如社会、环境、遗传等，以贯彻预防为主，提高行为决定健康的意识，是传统医学"治未病"的大境界。这一时期，形成了既强调重视西方医学心理健康、预防精神疾病，也要贯彻中医药"治未病"理念的健康文化观。

健康旅游商品开发理论理念。旅游商品开发是指以市场需求为导向，将物产资源转化为商品的经济技术过程，主要包括商业开发与旅游开发。旅游开发也是商业开发的一部分。健康旅游商品一般有以下几个方向：健康日用品、健康食品、健康类旅游纪念品、健康旅游体验项目、健康文化环境。旅游商品开发模式一般有三个模式：市场导向型、科技推动型、满足游客心理型。旅游商品的开发程序包括八个步骤：旅游商品构思的形成、旅游商品构思的筛选、旅游商品概念的形成和评估、制定旅游商品的营销策略、商业分析、研究试制、市场试销、大批投产以及正式上市。而健康旅游商品需要将健康的理念及内涵融入商品开发的过程中，以健康需求为市场导向，研究并满足游客追求健康的心理，利用新兴科学技术来辅助开发旅游商品。旅游发达国家都非常重视旅游商品的设计开发，并逐步培育成品牌商品，非常注重品牌战略，注重与当地特色、资源以及文化的结合，做到质量标准化合格和对商品创新的个性化开发。比如，海洋水产品富含生物活性多肽、功能性油脂、多糖、维生素与矿物质等健康营养功能因子，是人类良好的食物来源和健康资源保障。经科学家们证实，海洋药物在抗菌、抗病毒、抗癌、降血压、麻醉和镇痛等方面比陆地药物还要技高一筹。据统计，海洋中蕴藏着近20万种（包括微生物）药物，药学工作者用现代科学方法筛选的有药理活性的生物就有 700 多种，而开发利用的药物种类与其总量相比确实少得可怜。因此，海洋资源丰富的旅游目的地，对于健康旅游食品的开发有天然的资源优势。

健康旅游产品和线路开发理念。旅游产品开发是根据市场需求，对旅游资源、旅游设施、旅游人力资源及旅游景点等进行规划、设计、开发和组合的活动。由于旅游产品的生命周期客观存在，为保持旅游企业的可持续发展，应该有处于成熟期的一代旅游产品，也有处于成长阶段的一代产品，同时还有正在开发当中的一代产品，只有这样才能保持旅游企业的可持续发展。旅游新产品的开发，主要包括两个方面的内容：一是对旅游地的规划和开发；二是对旅游路线的设计和组合。三是旅游产品开发需树立产品形象，以市场为导向，追求经济、社会和生态效益的同步增进。福建省拥有多类型多数量的海洋旅游资源，随着社会经济的不断发展，游客需求也渐渐由传统的观光游览向深层次的文化康养需求转变，海洋旅游与健康旅游融合的趋势意义非凡。海洋可以向空气中释放大量负氧离子，对人体抑制癌细胞、杀菌、预防疾病有着积极作用，是滨海健康旅游地开发的重要资源。福建省是中国海洋文化重要的发源地和聚集地，以文化为内涵，健康为市场导向来设计旅游线路，树立健康形象，赋予文化灵魂，是闽台地区海洋健康旅游产品的重要理念。

2.3 闽台地区海洋旅游健康需求的市场研判

闽台地区海洋健康旅游的市场需求主要有三大群体：远距离医疗养老旅居市场、近距离康养休闲度假市场、海洋文化体验旅游市场。闽台地区拥有温泉、森林、海洋等多重优质健康资源，是众多患有呼吸系统疾病、皮肤病、心血管疾病等各类患者向往的目的地，而中国这一代子女少带来的养老压力也使健康类旅游目的地需求增大，打造舒缓的海洋健康旅游目的地有利于各类疾病患者的康复，并拓宽国人养老的健康生活状态。另外，2000 年以后国内出境游的势头发展迅猛，其中不容忽视的一个重要原因是部分境外目的地营销卖点在于空气优质质量、食品纯天然以及逃离大都市拥堵人群。可见人们对缓解心理压力与身体亚健康负荷的渴求强烈。闽台就中医药发展一直持续进行合作与研究，拥有全国排名首位的森林覆盖率、排名前三的海洋资源，但在健康产业与旅游产业的合作方面却比较薄弱。提升海洋旅游与健康的融合价值，将吸引地区内近距离拥有生物健康、海洋运动健康、海洋温泉理疗、海洋度假休闲需求的游客。海峡西岸作为海上丝绸之路的核心区域，海洋文化底蕴深厚，不同文化交融，使得海峡西岸有着独特的文化韵味，对于那些对文化有着深厚的兴趣爱好，求知探索欲强烈的人群而言，海洋文化旅游体验的吸引力巨大。

三、闽台地区海洋健康旅游发展的困境和现实挑战

3.1 海洋生态亟待修复，渔业与传统旅游业亟待转型升级

根据近几年福建省海洋与渔业厅发布的海洋生态环境报告，全省 13 个海湾水质质量按一类、二类、三类、四类、劣四类依次降低的等级呈现，整体水质不容乐观，罗源湾、湄洲湾、福清湾水质状况良好，其他海湾水质质量有待改善，主要受污染原因在于工业排污口排放污染物超标，经调查，有一半的排污口超标，主要超标物是无机氮、活性磷酸盐和类大肠菌群等。因此，闽台地区的海洋生态环境已经遭到不同程度的破坏，主要原因在于工业排污口污染、过度依赖的渔业养殖业经济和在项目开发中的保护意识不强。对于海岸线原生态保护地区，粗放式、单一的滨海旅游业高速发展，当地居民为了经济效益而忽视生态效益，由此影响了闽台地区海洋生态环境的可持续性。海洋旅游的经济转型迫在眉睫，渔业与旅游业的产业融合需进行可持续发展的升级转型，这样有利于经济效益、生态效益和社会效益的共同可持续发展。

3.2 两岸海洋文化旅游合作交流不深，资源价值挖掘不足

闽台地区海洋旅游两岸协同性不高，多产业融合发展的海洋旅游经济体系未形成。闽台地区由于特殊的地域差异，台湾地区和大陆的制度以及行业标准不同，导致两岸海洋合作整体规划和管理制度制订方面有所限制。另外，福建省的休闲渔业、游艇制造业与海洋旅游业的产业联动效应仍然有待提升。因此，闽台地区的海洋旅游多产业融合体系松散，海洋旅游品牌塑造较弱，海洋资源利用率不高。闽台地区海洋资源居全国第三，口碑良好，城市名片深入人心的只有厦门市，其他地区的资源未得到很好的开发利用及营销推广，发展不均衡，海洋旅游的发展质量不高，海洋文化、海洋健康、海洋生态、海洋岸线、海洋生活等所蕴含的多种价值未得到深度挖掘。

3.3 21 世纪海上丝绸之路的文旅引领作用有待加强

闽台海峡西岸作为古代海上丝绸的重要区域，海洋文化底蕴深厚，但海洋文化影响力却未得到较好发挥。主要在于海洋旅游产品开发时间短，品牌性海

洋线路开发不足，仍处于初级发展阶段，存在数量多、类型少，影响力小、同质化、空间局限性、文化内涵不足和缺乏区域联动等问题。海洋旅游企业以海洋旅游的开发规划、旅游服务、文化创意等类目为主，且集聚在厦门，同时聚集在厦门的邮轮业务与台湾邮轮业务接洽。因此，由于闽台地区以传统的滨海旅游为主，海洋旅游协同性弱，且存在企业分布不均衡等问题，使得海峡两岸共同的文化传承以及卓越的历史文化特性还未通过旅游这一有效途径形成巨大的影响力。加强两岸海洋文化旅游交流，加强面向 21 世纪海上丝绸之路的国家海洋旅游品牌线路建设，促进海上健康丝绸之路的塑造，则是当前的重要任务。

四、健康视角下闽台海洋旅游高质量发展的对策建议

4.1 突出海洋文化的重要性，构建两岸健康旅游文化圈

文旅融合理念是将旅游的内核良好呈现的途径。而闽台地区的海洋历史文化悠久，底蕴深厚，成为中国海洋文化的代表，而以"海丝文化"、妈祖文化、船政文化、郑成功文化、郑和航海文化为代表的海湾、海峡、海岛文化是两岸共同的历史渊源。比如，宁德海洋文化以其独特的海洋景观为标志，具有资源的不可复制性；马尾船政文化是中国近代史的重要组成部分；泉州海上丝绸文化有世界闻名的历史意义；莆田妈祖文化、惠安海洋文化、漳州东山关帝信仰文化蕴含丰富的宗教文化；鼓浪屿文化是全国海岛文化的代表。目前，对于海洋文化的传承主要以节事活动、博物馆、民间艺术形式呈现，对于海洋文化中蕴藏的康养价值发掘还不足，两岸海洋健康文化的旅游化合作与开发还处于初级阶段。充分利用独特的海洋文化，突出闽台地区海洋旅游的健康文化特色，挖掘泉州这一海上丝绸之路起点的海洋健康内涵，整合各类海洋文化资源，科技助力闽台全域海洋旅游的发展，积极构建两岸海峡文化健康旅游区，将是未来发展的必然趋势。

4.2 扩大海洋旅游开放格局，打造海上健康丝绸之路核心区

2014 年 12 月 12 日，国务院决定设立中国（福建）自由贸易试验区，中国（福建）自由贸易试验区包括福州片区、厦门和平潭片区，福建自贸区着重进一步深化两岸经济合作。基于政策扶持，在培育福建海洋旅游产品过程中，抓住多元化和海陆联动的优势，重视海洋旅游产品的体验性、创新性和文化

性，侧重探索类、运动类、康养类、度假型、互动型的健康旅游产品和项目，将更加有效满足市场需求。另外，赋予海洋旅游产品的大健康价值，与海洋健康和生物医药产业融合。比如，自贸区可推出相应的特色海洋医疗保健旅游产品体系，推出特色海洋医疗保健旅游基地，引入台湾康复养生、观光医疗、医学美容等高端健康服务产业，组合形成具有健康价值的海洋医疗保健精品旅游线路，从而可以建成国际知名健康医疗旅游目的地，以此打造海上健康之路核心区。

4.3 倡导健康生活方式，塑造海峡海上健康体育中心

健康生活方式是指人们在身体、心理、精神与社会适应等维度上处于良好状态的生活方式，它不仅是保持身心良好的生活方式，还是社会适应良好的生活方式。在全民健身上升为国家战略的背景下，健康生活方式不仅可以保持身心健康，还有益于提高国民幸福指数。因此，倡导健康生活方式，普及健康生活习惯，在海洋健康旅游的发展中很有必要。闽台地区拥有良好的区位优势和资源基础，可以开展海上体育运动项目、海上邮轮游艇观光项目、海上海岛康体休闲项目。平潭综合试验区已经在海上运动方面与台湾合作打造海上运动旅游区，不仅可以服务于养老居住人群，也可以服务于旅居的康体爱好者。前期规划开发中，将海上体育运动设施和项目列入规划方案，后期运营中，举办各类体育赛事，将海上体育运动塑造成特色产业链，打造海上健康体育中心并实施品牌战略，提高海洋健康旅游的品质与知名度。

4.4 加强海洋生物医药的研发，拓展闽台健康旅游产业链

福建省凭借众多的海洋生物资源、良好的海洋医药产业政策以及两岸卓越的科研力量，在海洋生物医药的产品研发领域发展势头强劲，并取得一定成果，尤其是海洋功能性食品领域优势逐渐显现，目前福建省拥有众多科技含量较高、自主创新能力较强的海洋医药和生物制品龙头企业形成的产业聚集区。充分发挥产业聚集区的联动优势，利用海洋生物医药产业的研发成果，以产学研三方协同发展为途径，加强海洋功能性食品药品的研发，利用自贸区的制度优势，面向国内外的健康市场，形成从研发、生产制造到销售于一体的闽台健康食品药品全产业链，实现健康旅游的有效创收，培育海洋健康医药保健品牌，助力闽台地区海洋健康旅游的高质量发展。

4.5 凸显"海洋＋森林＋温泉"特色，建设新型康养综合体

闽台的优势资源在于生态资源，城市生态文明指数较高，拥有全国排名第一的森林覆盖率和丰富的温泉资源，森林是空气的净化物，温泉是身体的净化汤，这两种都属于优质的健康旅游资源，加之辽阔的海域、丰富的海岸线使得空气中负氧离子增多，使呼吸舒畅，因此从 2013 年开始，福建省根据自己的资源特点，酝酿出"清新福建"的品牌战略。福建的温泉开发历史悠久，台湾的温泉产品产开发成熟，产业链丰富，闽台地区海洋旅游的健康价值提升，应结合健康资源的优势，突出"海洋＋森林＋温泉"的资源特色，结合优质的医疗资源，面向医疗康养市场和养老市场，推出短期康养旅游产品，主攻国内休闲康体群体的舒缓体验，并建设长期、新型的康养综合体，如建设综合的养老社区、特定疾病康养中心、海洋休息度假中心等，将清新福建的品牌战略持续，久而久之升华为健康福建，使游客印象和体验更加深刻。

参考文献

［1］陈琪.福建城市社会经济发展状况的数量分析［J］.黎明职业大学学报，2006（3）：47-51.

［2］张玉冰，李非.闽台社会经济发展趋势比较研究［J］.亚太经济，2005（5）：63-65.

［3］林云杉.福建省城市生态环境状况评价及变化分析［J］.海峡科学，2018（2）：3-5.

［4］福建省生态环保厅.2019 年福建省生态环境状况公报［R］.http：//sthjt.fujian.gov.cn/zwgk/kjjc/hjzl/qshjzkgb/202006/t20200603_5290293.htm

［5］李黄庭，易瑞灶.福建省海洋生物医药产业发展研究［J］.海洋开发与管理，2017，34（10）：55-59.

［6］赵莹，李宝轩.福建自贸区闽台海洋旅游深度合作创新性路径研究［J］.湖北经济学院学报（人文社会科学版），2020，17（4）：29-31.

［7］吴燕霞.五缘文化与"海峡旅游"的耦合［J］.学术评论，2012（Z1）：68-73.

［8］张希，林立，杨昕.健康中国背景下健康旅游示范基地的形象感知研究——以福建平潭为例［J］.湖州师范学院学报，2018，40（10）：62-68.

［9］陈育和.海洋：人类健康之源——开启海洋药物宝库的大门［J］.海洋世界，2002（2）：39.

［10］福建省海洋与渔业厅.福建省海洋生态环境质量通报［R］.（2017-01）.http：//hyyyj.fujian.gov.cn/xxgk/tzgg/201708/t20170818_1897552.htm

［11］曾志兰.试论福建海洋旅游产品的培育与创新［J］.亚太经济，2013（6）：121-124.

［12］张光英，沈德福."清新福建"旅游品牌视野下的旅游资源总体评价体系研究［J］.经济研究导刊，2014（31）：238-241.

第七章　粤港澳大湾区

————✦————

粤港澳大湾区（以下简称"大湾区"）在我国发展大局中具有重要战略地位，2019 年 2 月 18 日，中共中央、国务院印发《粤港澳大湾区发展规划纲要》，指出了大湾区不仅要建成充满活力的世界级城市群、国际科技创新中心、"一带一路"建设的重要支撑、内地与港澳深度合作示范区，还要打造成宜居宜业宜游的优质生活圈，成为高质量发展的典范。改革开放至今，随着我国的社会经济发展水平的快速提高，人们在物质追求得到改善的同时更加关注自身健康问题。突如其来的新冠肺炎疫情，更是将健康问题推向全民关注的焦点，后疫情时代对健康旅游的需求将达到新高度。旅游不但是增强人民幸福感和提升身心健康的产业，也是增强城市或城市群竞争力和魅力的途径。本章在分析粤港澳大湾区丰富的海洋旅游资源和健康产业发展状况基础上，以健康学、地理学、旅游学的学科融合理念，系统分析了粤港澳大湾区海洋旅游发展的困境和挑战，从而在旅游目的地的健康供给提升的框架下，提出发展区域内海洋健康旅游的对策建议，以促进大湾区海洋旅游业可持续发展和城市群竞争力提升。

一、粤港澳大湾区区域概况

1.1 范围界定与社会经济状况

粤港澳大湾区是国家区域发展战略尤为重要的组成部分，其区域范围包含广州、深圳、佛山、东莞、中山、珠海、江门、肇庆、惠州九个珠三角城市以及香港、澳门特别行政区。本章研究对象为海洋旅游，主要聚焦其中这些拥有海岸线的城市，所以上述佛山市、肇庆市在研究范围和对象上不涉及。大湾区土地面积 5.6 平方千米，截至 2019 年，粤港澳大湾区常住人口达到 5872.68 万人，GDP 超 10 万亿元，经济总量与纽约湾区持平（见表 7-1）。大湾区中心城市逐渐完成产业转移，向第三产业过渡。深圳、广州主要以高新技术产业为主；东莞和惠州以各类制造业为主，承接广州和深圳科技研发成果后的产品代加工；珠海以家电电器、电子信息、医药健康为优势产业；中山以先进制造业为主；江门发展相对滞后，以食品、化工产业和金属制品的制造加工业为主。港澳以现代服务业为主，香港是全球服务业主导程度最高的经济体，金融贸易业已成为支柱产业；澳门以出口加工业和旅游博彩业为主。

表 7-1　2019 年度粤港澳大湾区各市常住人口及 GDP

城市	常住人口数（万人）	GDP（亿元）
深圳	1302.66	26972.09
香港	750.07	25250.73
广州	1449.84	23628.6
东莞	839.22	9482.5
惠州	483.00	4177.41
澳门	67.96	3715.54
珠海	189.11	3435.89
江门	459.82	3146.64
中山	331.00	3101.1

来源：各市人民政府官网。

1.2 粤港澳大湾区大健康环境概况

粤港澳大湾区自然气候舒适宜人，生态系统多样性状况良好。粤港澳大湾区属亚热带海洋季风气候，年平均降雨量约 1800 毫米，雨量充沛；年日照时间约 2000 小时，太阳辐射总量高，阳光充足；地势平坦，雨量集中在夏季，夏秋多台风雨，因四周有山丘保护，在大湾区破坏不大。年平均气温均在 22℃以上，在热带地区的温度范围内，其海洋性季风气候特点不同于世界热带环境，夏季吹南风，冬季吹北风，温度适宜。大湾区的生长植被为热带季风雨林植被，原生性植被遭到人类活动的破坏，已经接近消失，目前大部分保存的植被为马尾松、湿地松、杉树和桉树等人工林，次生植被生长良好，植被覆盖率为 49.9%。大湾区区域内河网众多，形成众多的沼泽、洼地和平地林野，因此孕育了多种典型的热带动物。根据广东省环保厅公示的广东省地区生态环境质量指数，粤港澳大湾区生态环境状况基本处于良好状态，植被覆盖率高，生物多样性丰富，适合人类居住。生态生物多样性形成的人居健康环境，也为健康旅游的发展提供了基础条件。

大湾区城镇化进程提质升级，海洋生态系统面临巨大压力。改革开放 40 年来，大湾区的常住人口城镇化率达到了 85%，基本达到世界发达国家平均水平，完成了城镇化进程。但是户籍人口城镇化率仅有 53.3%，相当于全国常住人口城镇化率的平均水平，从户籍人口城镇化率来看，粤港澳大湾区城市群发展还有较大的提升空间。城镇化进程中，大湾区生态系统发生了很大变化，大量农田变为建设用地，城镇化加剧也导致了原始生态环境的退化和破坏。区域内近岸海域生态环境受损，珠江口海域污染严重，局部海域富营养化状况不容乐观，自然岸线不断减少，岸线开发利用方式粗放低效和破碎化，低效占有、无序圈占、浪费岸线资源等现象仍较为严重。珠江口、大亚湾生态监控区长期处于亚健康状态，红树林、珊瑚礁、海草床等南海典型生态系统受损明显。

大湾区医疗信息化水平较高，大健康企业广深两地集聚明显。粤港澳大湾区战略上升为国家战略后，也将致力于打造"世界第一健康湾区"。2018 年 1 月，三地卫生行政部门签署《粤港澳大湾区卫生健康合作框架协议》并签约 26 个合作项目。2019 年，三地签署《粤港澳大湾区卫生健康合作共识》并就医疗技术、人才培养等多领域的 62 个健康合作项目交换文本。主要包含各地优质医疗资源的合作、公共卫生应急领域的合作、中医药领域的创新合作、科研服务以及人才培养这几个方面。当前，大湾区的健康产业处于加速发展阶段且有着多重优势。首先，香港的居民综合健康指数居亚洲首位，主要在于香港医疗管理体制科学合理，医疗卫生服务注重整体性，包含预防、治疗、康复、保健等，这与当前倡导的大健康理念相适应。其次，大湾区各地政府对健康产业发展重视，据亿欧网调研，粤港澳大湾区 353 家医疗健康企业中，有 282 家大健康企业聚集在广州和深圳。健康产业合作项目大都致力于将信息技术和生物技术与健康产业结合，重视对蛋白类生物医药、高端医学诊疗设备、基因检测、现代中药等领域的产业培育。

大湾区经济竞争力优势突出，城市宜居指数日益提高。粤港澳大湾区未来的建设方向是打造充满活力的世界级城市群，上海社会科学研究院对城市宜居性的研究，从经济活力与竞争力、环保与可持续性、国内安全与稳定、社会文化状况和城市治理等方面，综合考量了国内 100 个城市，发现大湾区城市中澳门的综合宜居性位列第 1；深圳排名第 6；惠州排名第 42；江门排名第 45；东莞、中山分别排名第 58、59 位；广州排名第 68 位；香港排名第 94 位，香港虽经济活力竞争力强，但安全与稳定和社会治理方面欠佳。申明浩、张维维等从经济发展水平、教育、文化、环保水平、医疗条件、公共交通便利度六个方面对粤港澳大湾区进行了宜居水平的测度和分析，发现大湾区各城市间宜居程度有一定的差距，湾区内宜居水平最好的是澳门特别行政区和深圳市，其次是香港特别行政区、广州市、珠海市、东莞市、中山市，宜居水平排名靠后的是江门市和惠州市，整体上宜居水平测量的六个维度高于京津冀区域和长三角区域。

1.3 粤港澳大湾区海洋旅游发展概况

海洋旅游资源丰富，旅游发展总体水平高。大湾区各城市凭借自身的区位优势，经济飞速增长，旅游业也处于快速发展阶段。从旅游市场来看，大湾区各市在旅游业发展上交往密切，近年来，广东省的旅游收入连续五年位居全国榜首，尤其是在旅游外汇收入上有很大贡献。内地也一直是香港、澳门最大的境外客源市场，广东入境香港的游客数占三分之二，广东入境澳门的游客数占二分之一以上，广东省的旅游接待人次也位居全国前列，各市都在相互竞争中共同发展（见表 7-2 和表 7-3）。

表 7-2　大湾区各市旅游收入及接待人数

城市	旅游收入（亿）	旅游接待人次	入境旅游接待人次
广州	4008.19	6532.55 万人次	900.63 万人次
东莞	529.37	−4433.47 万人次	401.91 万人次
惠州	501.63	5892.77 万人次	252.69 万人次
江门	587.48	2722.72 万人次	238.14 万人次
深圳	1609.1	13932.38 万人次	1302.66 万人次
中山	294.1	1412.18 万人次	78.29 万人次
珠海	466.16	−4311.31 万人次	513.73 万人次

来源：各市文化与旅游官网。

表 7-3　港澳 2019 年度旅游接待人次

城市	旅游接待人次	接待内地旅游人次
香港	5591.26 万人次	4377.47 万人次
澳门	3940.62 万人次	2792.32 万人次

来源：港澳旅游观光数据网。

　　大湾区拥有一处世界文化遗产，位于江门市的开平碉堡与古村落；截至 2019 年年末，全国 A 级景区数量 11924 个，珠三角 7 市 A 级景区数量 187 个，占全国总量的 1.5%。香港主要以人文资源为主，香港的现代化都市风光是主要的旅游吸引力，如维多利亚港和太平山顶；香港建立了许多公园、游乐场以及文化设施，如海洋公园、迪士尼乐园、香港太空馆等都成为吸引游客的旅游资源。澳门拥有 1 家世界文化遗产澳门历史城区，包括 22 座建筑和 8 个广场，博彩业是澳门独特的旅游资源。总体上，大湾区自然旅游资源丰富，人文类旅游资源荟萃，尤其是海洋旅游资源十分丰富，区域内海域面积 20000 平方千米，岸线资源丰富，大陆海岸线 2636.66 千米，加上岛屿海岸线共有海岸线长度 3320 千米（见表 7-4）。

表 7-4　大湾区各市相关海洋旅游资源

城市	海岸线长度 （大陆＋海岛）	代表性旅游景区景点
广州	大陆 157.1 千米 海岛 136.22 千米	广州市百万葵园主题公园、广州市长隆旅游度假区
东莞	112.2 千米	鸦片战争博物馆、东莞市龙凤山庄影视旅游区
惠州	大陆 281.4 千米 海岛 148 千米	惠州市海滨温泉旅游度假区、惠州市龙门铁泉旅游度假区
江门	大陆 414.8 千米 海岛 400 千米	江门市川岛旅游度假区、江门市山泉湾温泉旅游度假区
深圳	229.96 千米	深圳市东部华侨城旅游度假区、深圳市光明农场大观园旅游区
中山	27.5 千米	孙中山故里旅游区、中山市詹园
珠海	604 千米	珠海市汤臣倍健透明工厂景区、珠海市御温泉度假村景区
香港	733 千米	香港海洋公园
澳门	76.7 千米	大三巴牌坊、渔人码头、旅游塔、东望洋灯塔

数据来源：各市人民政府网。

　　海洋旅游产品丰富，海岛可开发性强。大湾区海岛资源众多，纳入《中国海域海岛标准名录》的海岛共 850 个（含 1 个省直属海岛），其中有居民海岛 31 个，无居民海岛 819 个。海岛资源是海洋旅游资源开发利用价值的核心内容之一，粤港澳大湾区海岛以沿岸岛为主，即海岛总数量的 56% 近陆距离在 10 千米以内，而沿岸岛是发展海洋旅游经济的重要支撑，用于开发的可行性较强。另外，大湾区海洋旅游产品相对丰富，涵盖了食、住、行、游、购、娱各个方面，具体包含海味餐饮、海洋主题度假酒店、帆船度假村、游艇俱乐部、邮轮母港、海上生态园、海产品加工基地、海洋主题公园、海岛度假区等。近年来，大湾区在游艇及相关产业、国际旅游岛的创建、度假休闲和商务会展等方面投入相对较多，旅游产品正朝着综合化、优质化、创新化发展，且市场定位普遍为高端消费群体（见表 7-5）。

表 7-5　粤港澳大湾区部分海洋旅游项目及产品

市	项目名称	主要海洋旅游产品
广州	南沙游艇俱乐部	游艇码头以及相关商业
	广州南部滨海生态旅游休闲区	滨海休闲绿道
	南沙湿地	滨海湿地旅游休闲
	南沙邮轮母港	国际豪华邮轮、大型购物中心、高端旅游休闲
深圳	蛇口太子港国际邮轮母港	邮轮码头及相关商业
	下沙滨海旅游度假区	综合性滨海度假酒店群、商业街区等
珠海	珠海长隆国际海洋度假区	综合性海洋度假旅游区
	珠海海泉湾度假区	体育公园、白金五星级酒店、温泉博物馆
	格力东澳岛	高端酒店
惠州	巽寮滨海旅游度假区	酒店、会展、游艇
	惠东檀悦旅游度假酒店	娱乐、餐饮、会议和商务的综合性商业服务
	惠州市海上生态园	红树林生态修复、海洋生物馆、购物中心、酒店、游艇码头会所、海洋游乐运动休闲中心
	红海湾白沙半岛旅游度假村	邮轮码头、游艇俱乐部、五星级酒店
中山	十里堤岸游艇产业旅游区	游艇生产厂、游艇码头、游艇酒店、游艇展销
	翠亨新区海上温泉旅游度假区	红树林湿地景观、海上温泉、酒店、商务休闲

续表

市	项目名称	主要海洋旅游产品
江门	台山市海龙湾旅游度假区	游艇泊位及相关商业服务
	银湖湾游艇休闲度假区	度假酒店、游艇俱乐部、游艇会展商务中心
	东方阳光帆船港度假村	酒店、小船艇研发中心、小船艇培训学校、帆船展览销售中心、帆船度假村
	东平珍珠湾旅游综合开发	高级酒店、运动休闲区、沙滩浴场等
	保利海陵岛银滩项目	度假酒店、大型生态体育文化公园
	海陵岛东岛国际休闲旅游	滨海山地运动公园、农业体验园、度假酒店群、国际会议中心、海洋文化庆典大街、商业 MALL、海上运动公园、海洋主题俱乐部、海洋巨蛋演艺剧场、太傅文化纪念馆、渔人码头
	东湖星岛国际生态旅游项目	五星级酒店群、国际会议中心、滨湖欢乐世界、山地体育公园、大型演艺广场、国际动漫体验基地、高端休闲度假场所、中医保健养生中心、国际旅游管理培训基地

来源：各市人民政府网。

　　海洋旅游产业持续发展壮大，融合发展趋势明显。据国家企业信用信息公示系统可查，粤港澳大湾区中，正常经营且无信用风险的龙头海洋旅游企业共15家，经营类目涵盖海洋旅游规划开发、海洋食品研发、海洋旅游运营管理、海洋旅游人员培训、邮轮游艇、景区设施等方面。关于广东省邮轮游艇的企业，经营状态正常的有58家，集中在深圳地区，少部分分布在广东、惠州和珠海，经营范围广泛，除了邮轮游艇港口管理之外，还涉及餐饮、免税品、电子商务等。以"滨海旅游"为关键词搜索企业，存续状态的企业共27家，基本集中在特色小镇、康养度假、国际度假区、海岛度假区等的规划开发和经营管理方面。区域内海洋旅游产业持续增多，产业综合性和关联性日益彰显，集文化体验、运动休闲、商务会展、游乐演艺、教育培训、健康养生、度假购物等于一体的旅游综合体的供给增多，各产业融合发展的趋势愈加明显，以满足日益增长的不同消费需求。

二、大湾区海洋旅游健康价值提升的理论构建

2.1 现有相关研究概述

通过对 CNKI 中关于粤港澳大湾区的文献搜索，发现作为国家区域重点发展战略的大湾区备受关注，其研究主要集中在世界级城市群的规划发展研究。以"粤港澳大湾区""海洋旅游""健康旅游"进行交叉检索，可参考的文献数量十分有限，基本聚焦海洋经济、海洋科技以及产业融合的研究探讨。对于海洋旅游而言，以"广东省""珠三角"为关键词代替"粤港澳大湾区"，同时进行检索，同样具有参考价值，研究文献主要有海岛旅游的探索研究、邮轮母港的建设、邮轮游艇的产业发展、滨海旅游的发展现状、海洋旅游资源的开发研究以及海岸线利用价值的评估等。对于海洋健康旅游而言，大湾区的研究文献还不多，仅在康养旅游和养老旅游方面有所涉及。

直接研究粤港澳大湾区海洋健康旅游的文献较少。李文静、黎东生指出，大湾区中医药健康养老与其他产业融合发展已具备一定的条件，产业之间的高度关联性、市场需求、科技进步以及政策引导较强。高悦在对海岛开发研究中指出，建设国际休闲旅游岛要提供更多海洋生态产品，如今人民群众普遍富裕起来了，可是清澈的海水、清洁的空气却成了奢侈品；从求生存到求生态，从盼温饱到盼环保，群众对干净海水、洁净沙滩等优质海洋生态产品的需求愈加迫切。陈南江、庄伟光在健康中国战略中创新发展广东优质旅游的研究中指出，目前大多以海滨、沙滩、浴场和海滨度假为主体的开发形式，冬季受到气温和水温的影响难以经营，唯有学习地中海沿岸的海洋康养发展经验，以海风、海水、海盐、海泥、海藻为依托，结合专业医疗机构，发展人均消费更高、停留时间更长、回头率更高、全年可以经营的海洋康养，才能打破目前的经营困局。

2.2 大湾区海洋旅游健康化提升的理论视角

健康人居环境理论和相关理念。人居环境是国际学术研究的前沿，人居环境理论是复杂性科学理论，是以包括乡村、城镇、城市等在内的所有人类聚居为研究对象的科学。该理论主要以建筑、园林、城市规划为核心学科，强调把人类聚居作为一个整体，将生态、经济、技术、社会、人文作为人居环境的基本要求，以自然、人、社会、居住、支撑网络为系统，面向实际问题，有目

的、有重点地运用相关学科成果进行融贯的综合研究，探讨可能的目标并选择适合区域内实际情况的目标制订解决方案。大湾区主要有几大城市组成，未来建设的方向是都市健康人居环境的典范，而健康人居环境主要依赖目的地的物质环境和非物质环境，物质环境包括生态环境、城市与建城环境以及建筑与居住环境，通过环境变化、精神活动和体力活动来影响人体健康，从而反馈指导物质环境的建设；而非物质环境包括经济环境、政策环境和文化环境，通过教育、医疗、住房、安全、信任等方面影响人体健康。因此，大湾区在健康中国战略下，要建设世界级海洋健康度假旅游目的地，则需要维护健康的滨海人居生态环境。

健康生活方式与优质生活圈建设相关理论。"生活圈"是指居民为满足生产、生活和游憩需求，出行所形成的时空范围，实质是从人活动的时空角度，如通勤流、购物流等行为流来解析城乡内部和城乡之间的地域空间联系以及社会联系。相对于单纯的地域、交通、经济、行政联系，生活圈理论从居民生活空间和行为出发，以出行的目的、出行时空距离等元素来描述不同地域空间的资源供需关系，反映居民居住单元与其他生活单元的互动关系，折射生活方式与生活质量、空间公平与社会排斥等内涵，并与城乡规划相结合，在公平与效益原则上，有效调整资源配置，组织地方生活的重要工具。优质生活圈是基于大健康的背景下服务于人居要求的，具有全新内涵的地理空间，追求生产、社会民生与环境生态之间的协调与平衡，是强调生态环境保护的"生态城市"和提高生活质量的"宜居城市"概念的综合体现。个人的健康除了受到核心层的自身年龄、性别和遗传因素影响以外，还受到四个外部"圈层"因素的影响，包括个人生活方式、社会与社区影响、生活与工作条件以及社会经济、文化和环境条件，而生活方式是直接影响个人健康的因素。

现代科技、文化艺术与海洋健康融合创新理念。产业融合是20世纪70年代以来，在高新技术推动下产生的产业经济现象，作为一种全新的产业发展模式，产业融合对社会生产力进步与产业结构转型产生了深远影响。现代科技、文化艺术、海洋健康产业兼具社会功能和经济功能，在产品特性、价值取向和受众对象上有着相似性。融合发展的本质是在技术进步、市场需求等因素的驱动下，各产业相互促进、协同共生、向高附加值推升的动态过程。融合的核心是通过产业链的交叉、渗透、重组，获取资源重新配置效率，形成"文化艺术＋科技""文化艺术＋海洋健康""科技＋海洋健康"两业融合和"文化艺术＋科技＋海洋健康"三业融合的新型价值链。其作用机制在于资源共享、要素渗透、业态耦合和市场叠加。

海洋健康旅游的产业链理论基础。旅游产业链是为了获得经济、社会、生态效益，旅游产业内部的不同企业承担不同的价值创造职能，共同向消费者提供产品和服务时形成的分工合作关系。旅游产业链是以旅游产品为纽带实现链接的。旅游产业链包括纵向产业链延伸和横向产业链整合。纵向产业链由上游核心企业即旅游运营商和下游节点企业旅游服务供应商组成；横向产业链整合主要表现为横向"对接"，即实现旅游产业链中六部门（吃、住、行、游、购、娱）的连接以及旅游产业链中企业之间的联合和重组，还包括同一类旅游资源的对接。旅游产业链不仅包括旅行社、交通部门、餐饮、酒店、景区景点、旅游商店、旅游车船以及休闲娱乐设施等旅游核心企业，还关联到农业、园林、建筑、金融、保险、通信、广告媒体以及政府和协会组织等辅助产业和部门。前者构成了产业链的链上要素，后者为产业链的动态链接与正常运营提供必要的保障和支持。而海洋健康旅游产业链主要针对具有健康价值的海洋旅游产业链的延伸与整合，如旅行社、旅游电商等上游企业，通过海洋交通、海洋餐饮、海岛住宿、健康企业、海洋旅游活动等向下游企业的整合，形成完整的海洋健康产业链投入市场。

2.3 粤港澳大湾区海洋旅游健康需求的市场研判

粤港澳大湾区海洋旅游健康需求主要依赖三大市场：内地医疗康复市场、国际商务康养市场、大都市区亚健康度假市场。第一，我国内地医疗康复市场是全球最大的医疗市场，改革开放以来，我国进入经济高速发展阶段，而空气污染、水污染、生态环境恶化以及食品安全等威胁人类健康的负面因素日益凸显，21世纪以来，慢性疾病的增多、癌症年轻化的问题也引起社会的关注，大众的注意力也从满足浅层次的物质追求上升到对健康的永恒追求。第二，国际商务康养市场，粤港澳大湾区未来建设方向是比肩世界湾区的世界级城市群，走全球化产业路线，因此，大湾区的商旅人士尤其是国际商旅群体会逐渐增多，对于健康和休闲舒适的要求也将越来越高。最后，以大湾区自身现实状况看，大湾区城市化明显高于全国其他地区，未来将会形成服务业成熟的优质生活圈和健康人居区，城市居民生活压力大，住房压力、子女教育压力以及我国医疗制度的局限性带来很多医疗难题，都将使城市大众形成生理和心理的双重亚健康状态；广东省 30 岁到 40 岁的人 70% 都出现了类似高血压、高血脂、高嘌呤的慢性疾病，甚至病变为慢性胃炎、脂肪肝等慢性病，这对消费者的生活质量和社会的医疗保障无疑是个重负，因此，都市亚健康度假市场的规模会越来越大。从大湾区的产业政策来看，国家提出"健康中国"后，粤港澳大湾区积极联合港澳地区，吸收港澳的投资、优质的医疗资源以及自身的政策优势，在健康服务业方面投入很大，立足于打造区域内的优质产业，并与海洋旅游的融合发展。

三、大湾区海洋健康旅游发展的现实困境与挑战

3.1 海洋健康人居环境及生活方式亟待提升

海洋健康人居环境包括依托海洋形成的生态环境、城市环境、建筑居住环境以及经济、政策和文化环境。大湾区属于国家重点发展的世界级城市群，政策和经济环境占优势，而文化环境和软实力方面还有待加强。由于大湾区城市化进程加快以及制造业大幅度扩张，而城市排污口大多在出海口，因此海洋生态环境遭到一定程度的人为破坏。通过广东省生态环境厅发布的 2017 海洋生态环境现状，可以发现，粤港澳大湾区近岸整体海域水质保持优良，年均水质优良比例占 81.5%。海洋生物多样性、海洋保护区和海洋公园生态状况基本保持稳定，海水浴场水质状况以及滨海旅游度假区环境状况均呈现优良状态。另外，大湾区的城市建城环境呈现发展不均的问题，广州、深圳、香港、澳门等经济基础好的城市环境和设施完备性高，而其余以制造业为主的城市仍需统筹规划，加大对海洋生态环境的保护力度，进一步加强健康人居海滨城市环境的塑造。

3.2 海洋旅游发展缺乏全面统筹和全球影响

随着滨海旅游的快速发展，大湾区各级政府都将发展海洋旅游作为其旅游业发展的重点部分。大湾区各滨海城市海洋旅游资源丰富且服务产业发展基础好，但城市间滨海旅游竞争也比较激烈，区域海洋旅游线路和重大项目布局上也呈现出了合作欠佳的局面。尤其是在全面统筹城镇化、工业化、生态化、健康化发展的新发展格局上与世界级城市群还有一定差距。广深珠地区城镇化基本完成，海洋生态相对脆弱，健康产业发展迅猛，海洋旅游以高端度假区、邮轮产业等为主。中江惠地区城镇化在区域内相对落后，海洋生态良好，滨海旅

游侧重于度假区内的帆船、游艇等滨海休闲运动产业。粤港澳大湾区虽是联合发展，但在海洋旅游发展规划协同和区域合作上深度不足，面向全球的海洋旅游品牌和精品线路开发滞后，在建设优质健康海洋生活圈这一发展目标上有待进一步加强。

3.3 海洋健康旅游的产业链有待进一步优化提升

从目前大湾区的海洋旅游产业发展状况来看，上游企业主要是传统旅行社和旅游电商，且出境业务持续向好。而旅游供应企业集中在滨海旅游休闲度假区、邮轮游艇、海上生态园、海岛旅游开发、帆船度假村、海洋文化博物馆等产品方面。从游客心理需求来讲，仅仅满足了大众的休闲、观光、放松等基础需求，内部海洋旅游产品仍然单一且系统化程度不高。大湾区有得天独厚的海洋资源、良好的生态环境、政策支持以及投资环境，海洋健康类旅游企业的产品供应力与市场需求还不匹配，健康产业供应企业与旅游供应企业未得到良好的横向整合，类比国内的海南和国外的马尔代夫，大湾区海洋旅游产品缺乏对游客健康需求的深度挖掘，对海洋健康旅游产品缺乏进一步创新开发，未形成深入人心和世界知名的海洋旅游品牌。

3.4 海洋文化、科技、艺术与旅游融合度不高

粤港澳大湾区在改革开放以后，随着经济的腾飞，原有的农业、渔业大幅减少，文化产业、健康产业、制造业、信息产业、科技产业飞速发展的同时，跨界融合和一二三产业融合的水平还有待加强。九市两区各自有其产业特色与文化资源，深圳、广州的高新产业和健康产业突出，香港、澳门、珠海拥有悠久的文化历史联结和区位优势，值得挖掘、延伸和融合的旅游关联性产业丰富。与其他产业的脱离也会带来旅游产业的品牌化薄弱、旅游吸引力降低、旅游产品生命周期短等问题。较多旅游开发项目都做出好的愿景，投入了大量的前期工作，后期真正投入实践却缺乏产业间的优势互补和良好的运营团队，长远来看，这些前期投入的优质资源如果没有融合创新，深度激发出应有的自身价值，那么很容易造成资源浪费。

四、健康视角下大湾区海洋旅游高质量发展的对策建议

4.1 提高区域协同和产业融合发展能力，打造海洋健康优质旅游示范区

健康视角下，粤港澳大湾区拥有优质的海洋健康旅游基础资源，如滨海旅

游资源（沙滩，海水，海洋生物等）、基础设施完备的海岛资源以及海洋体育类资源。另外，大湾区区域内产业体系完备，各产业融合基础条件好，如果能够各司其职、分工明确、协同发展，那么将释放出巨大的新增长空间。广深珠主要负责各技术产业的前端开发服务，电子科技、汽车家电、医药健康等产业突出，中江惠承担广深珠各产业的产业转移，各类制造业占主导，加之港澳优良的投资环境和高度发达的金融服务业，将促进该区域在海洋健康旅游方面实现新跨越。将科技产业、文化产业、健康产业等融入海洋旅游的规划和开发中，可摆脱海洋旅游的同质化和单一性，形成目的地海洋健康旅游的差异化品牌。由于人类对健康需求的持续性特点，以健康为主导的海洋旅游品牌，会增加游客到访次数，培养游客忠诚度，从而实现建成全球性海洋健康优质旅游示范区的目标。

4.2 全力塑造国际海洋健康旅居中心，助推世界级城市群可持续发展

国家战略发展规划中，粤港澳大湾区旨在建设成为世界级湾区，目前大湾区经济实力已经赶超世界三大湾区，而在软实力增强和健康生活提升维度却仍然需要追赶。大湾区的国家战略定位也瞄准了创建宜居、宜业、宜游的优质生活圈这一目标，宜居主要强调区域的健康生态，建设有助于城市居民健康生活的环境，倡导居民健康生活方式的普及；宜业主要是强劲的产业发展，对就业、创业均有良好的企业环境和投资环境；对于宜游而言，主要是对游客健康需求的满足。大健康理念的背景下，粤港澳大湾区整体海洋生态环境、自然景观条件、人文科技基础等在全国都居于较高水平，区域内的生态监测时效性强，值得关注的是大湾区是由各个城市组成的城市群，人口数量庞大，自然环境和社会环境也有着一定的脆弱和敏感之处。应依托海洋健康体系等理论，重视城市生态环境的保护和投入，完善人居环境，为发展海洋健康旅游而努力，塑造海洋健康旅居中心，吸引高端旅游群体的到访，提高游客的重游率和停留期，实现城市群的可持续发展。

4.3 突出海洋文化科技与医疗康复的驱动力，引领海洋健康旅游高质量发展

粤港澳大湾区发展海洋高质量的健康旅游支撑力比较强劲。深圳以其雄厚的经济实力和富有创新力的海洋科技产业为基础，将组建国家深海科考队，将其建设成为全球海洋中心城市，珠海、广州拥有良好的医疗产业基础，知名医

药企业汇集于此，如丽珠集团、联邦制药、汤臣倍健和康德莱医疗等，形成了以生物制药、中医药试剂、医疗器械、保健品开发、生产、物流为一体的完整医疗产业链。另外，大湾区综合了粤港澳三地的海洋文化特色、岭南文化以及港澳文化碰撞形成的独特广府文化。多方文化资源共享共荣，科技文化和艺术融合，所形成的海洋健康旅游市场规模会进一步扩大。在前期的海洋旅游整体规划中，侧重对游客健康需求的深层次挖掘，提升大湾区海洋旅游的健康价值和文化价值，形成海洋科技＋广府文化＋文创艺术＋康复理疗的全新价值链，全方位夯实湾区海洋健康旅游高质量发展的基础。

4.4 培育海洋健康旅游产业链和产业群，增强海洋旅游核心竞争力

培育粤港澳大湾区全新的海洋健康旅游产业链，上游企业推出海洋健康旅游的板块，如旅行网站开设海洋健康旅游产品的专题通道，针对各潜在市场旅行社推出相应的有关海洋健康旅游的产品线路，旅游服务供应商推出海洋健康食品、海洋健康类度假酒店、海洋健康运动和海洋健康购物等。上游下游相互协同发展，各司其职，延长产业链，形成产业群。比如美国、新加坡等很早就开始将海洋生物的健康价值进行深入挖掘，海产品已经不局限于海味食品，而是上升到保健美容的高度，与旅游业结合研发深海三文鱼油、鳕鱼油、鳄鱼油等各类高价值海产品。粤港澳大湾区可发挥自身医疗研发的产业优势，在海洋产品创新方面布局海洋健康食品研发、加工、制造、物流等供应链。目前成型的各滨海度假区应与健康相关产业结合，如医疗美容业、康养基地、中医药产业生态园等健康旅游供应群落，上游企业将各类供应链形成整合，做成成型的旅游产品线路或专题单项产品，从而增强区域海洋健康旅游核心竞争力。

参考文献

［1］王文静，韩宝龙，郑华，欧阳志云．粤港澳大湾区生态系统格局变化与模拟［J/OL］．生态学报，2020（10）：1-11［2020-06-05］．http：//kns.cnki.net/kcms/detail/11.2031.Q.20200402.1632.065.html.

［2］郭铭梓．聚焦粤港澳｜353家医疗健康企业！帮你了解粤港澳大湾区健康产业情况．https：//www.iyiou.com/p/93065.html.

［3］陈企业，沈开艳，王红霞，张续垚．城市宜居性研究：基于中国内地及港澳台100座城市宜居指数的排名与模拟分析［J/OL］．上海经济研究：

1-13［2020-06-05］.https：//doi.org/10.19626/j.cnki.cn31-1163/f.20200427.001.

［4］申明浩，张维维，杨永聪.粤港澳大湾区宜居水平的测度与分析［J］.城市观察，2020（2）：47-54.

［5］唐玲，杨木壮，王银霞，高杨，田松，董迪.粤港澳大湾区海岛空间分布特征探析［J/OL］.海洋学研究：1-7［2020-06-05］.http：//kns.cnki.net/kcms/detail/33.1330.P.20200409.1954.004.html.

［6］李文静，黎东生.粤港澳大湾区中医药健康养老产业融合发展探讨［J］.卫生经济研究，2020，37（1）：22-24.

［7］高悦.休闲旅游岛建设应提供更多优质海洋生态产品［N］.中国海洋报，2019-04-04（002）.

［8］陈南江，庄伟光.健康中国战略下创新发展广东康养优质旅游研究［J］.广东经济，2018（3）：32-37.

［9］肖作鹏，柴彦威，张艳.国内外生活圈规划研究与规划实践进展述评［J］.规划师，2014，30（10）：89-95.

［10］董晶晶.基于行为改变理论的城市健康生活单元构建［D］.哈尔滨工业大学，2010.

［11］刘勇平.广州健康管理服务行业消费需求调研［D］.广东商学院，2013.

［12］陈怡霓.加快粤港澳大湾区卫生健康与养老服务合作［J］.中国政协，2020（6）：19.

［13］2017年中国海洋生态环境状况公报.国家海洋局.00014189/2018-02631

［14］刘小倩.粤港澳大湾区滨海旅游发展现状研究［J］.中国地名，2020（1）：41.

［15］刘智标，何志均.粤港澳大湾区城市发展、制度壁垒与人文价值链认同机制的构建［J］.当代经济，2018（17）：56-58.

［16］李苑君，吴旗韬，陈聪，张玉玲，张争胜，张虹鸥.珠江三角洲海岸线旅游价值评估［J］.热带地理，2020，40（1）：164-174.

［17］朱蓓薇.聚焦营养与健康，创新发展海洋食品产业［J］.轻工学报，2017，32（1）：1-6.

［18］张佑印.中国潜在海洋旅游者决策行为与预期偏好［J］.资源科学，2016，38（4）：588-598.

［19］杨明，曾节，黄致群，梁静波，陈宏亮，刘琳，钱林霞.粤港澳帆船游艇产业发展纵横谈［J］.新经济，2019（6）：6-17.

［20］利逸，周厚诚.广东海岛资源特征与开发对策［J］.海岸工程，2010，29（1）：75-82.

［21］黄凯，俞双燕，孙汉，尚菲菲.我国中医药健康旅游发展研究综述［J］.世界中医药，2018，13（2）：508-512.

［22］王唯山.将"湾区"作为滨海城市人居环境发展新载体——以厦门为例［J］.规划师，2006（8）：11-13.

［23］中国政府网.中共中央 国务院印发《粤港澳大湾区发展规划纲要》［R］.（2019-02-18）.http：//www.gov.cn/zhengce/2019-02/18/content_5366593.htm#1

［24］徐维军，张晓晴，张卫国.政策视角下粤港澳大湾区城市群产业结构问题研究［J］.城市观察，2020（2）：7-19.

［25］吴开军.粤港澳大湾区旅游业发展状况及竞争优势提升路径［J］.广西社会科学，2019（4）：74-80.

［26］张广海，董志文.可持续发展理念下的海洋旅游开发研究［J］.中国人口·资源与环境，2004（3）：41-44.

［27］陈耀.海洋旅游：概念、资源与开发规划［J］.旅游规划与设计，2013（4）：28-37.

第八章　广西北部湾

随着我国全面建成小康社会的目标实现，人们对人口老龄化、亚健康、环境污染等问题越来越关注，对"健康"相关的产品与服务爆发了井喷式的需求。而海洋旅游以其资源独特、医养作用明显、放松身心显著等特点，正好迎合了这一需求，成为健康市场的一大重要主题。在海洋强国战略和"一带一路"背景下，我国南端地区的广西北部湾具有举足轻重的战略地位和国际合作机遇，因地处亚热带和热带沿海地带，该地区也孕育了宜人宜居、宜游宜业、质量优良的自然环境。同时，作为京族、壮族、瑶族、苗族等十多个少数民族的聚居地，这里有特色鲜明、内容丰富、多彩绚丽的人文资源。在优美的自然环境、丰富的人文风情以及粗具规模的海洋旅游业和健康产业等基础上，开展广西北部湾地区海洋旅游健康价值提升，具有良好的现实支撑和重要意义。本章将讨论在"健康中国"背景下，北部湾地区的海洋旅游发展趋势，分析其大健康环境、海洋旅游资源基础、政策环境、市场需求等条件，从而提出北部湾地区海洋旅游健康价值挖掘的路径和策略。

一、广西北部湾健康环境及海洋旅游发展

1.1 范围界定与社会经济状况

广西北部湾由南宁、北海、钦州、防城港、玉林、崇左六市所辖行政区域组成。陆地占地面积 4.25 万平方千米，海岸线长度约 1600 多千米。2019 年年末总人口达 2456 万。北部湾海域总面积约 12.8 万平方千米，是南海西北部的一个美丽富饶的海湾，比渤海面积略大。2008 年，国家批准实施《广西北部湾经济区发展规划》，明确提出要建设成中国—东盟开放合作的物流基地、商贸基

地、加工制造基地和信息交流中心，成为带动、支撑西部大开发的战略高地和开放度高、辐射力强、经济繁荣、社会和谐、生态良好的重要国际区域经济合作。六个地级市中防城港市、钦州市、北海市为沿海拥有海岸线的地级市，是本章研究的重点对象。广西北部湾的第一产业（除防城港和玉林外）、第二产业占比均高于全国水平，第三产业均低于全国平均水平。总体而言，广西北部湾目前的资本密集型产业、技术密集型产业、高新技术产业的规模成长较快，工业化水平得以提高，分层次、多样化的产业体系正逐渐形成。在第三产业方面，北部湾各地区的占比均低于国家平均水平，但南宁、钦州、玉林、崇左以及广西北部湾的整体服务业规模较大，在传统服务业基本成熟的基础上，现代服务业和生产性服务业有较好的发展势头，加之其海岸线、淡水、海洋、农林、旅游等资源丰富，环境容量较大，生态系统优良，人口承载能力高，开发密度较低，海洋旅游作为现代服务业的组成部分，有着巨大的发展潜力（见表 8-1）。

表 8-1　2018 年全国、广西及广西北部湾城市群三大产业产值及比重 [①]

地区	第一产业		第二产业		第三产业	
	产值（亿元）	占 GDP 比重（%）	产值（亿元）	占 GDP 比重（%）	产值（亿元）	占 GDP 比重（%）
南宁市	400.67	10.82	1427.16	38.54	1875.57	50.64
北海市	175.09	17.40	516.14	51.20	316.05	31.40
钦州市	221.12	9.60	481.89	51.00	399.04	39.40
防城港市	80.88	5.30	386.26	72.20	208.98	22.40
玉林市	73.03377	4.70	818.91057	52.70	663.51957	42.70
崇左市	167.7978	21.90	310.311	40.50	288.0912	37.60
广西北部湾	1118.5916	12.70	3940.6716	44.73	3751.2508	42.58
广西	3012.1715	14.80	8079.9465	39.70	9260.3921	45.50
全国	63670.7	8.60	296236	39.80	384220.5	51.60

1.2 广西北部湾地区的大健康基础条件优越

北部湾开发密度低，生态环境优越。作为中国唯一的热带—亚热带滨海区域，北部湾拥有中国其他滨海旅游目的地无法比拟的气候优势。北部湾地

[①]　数据来源于中国及各城市 2018 年国民经济与社会发展统计公报。

区属于新生代的大型沉积盆地，沉积层厚达数千米，蕴藏丰富的石油和天然气资源。由于北部湾位于中国沿海西南段和拥有环绕型的特殊地理区位，其水文景观类旅游资源极其丰富，海洋生态系统保护完整。北部湾具有自然原生态特征，区域内洁净的海水、清新的空气、以北海银滩为代表的优质海滩、形态各异的海岛、海底火山和珊瑚礁群等，构成了一个庞大的高品位、多样性的海洋旅游资源体系。该地区海洋环境质量较高，是中国红树林分布较集中的地区，拥有红树林面积近10000万亩，位居中国首位；其海洋生物资源极其丰富，浮游动植物种类均达到上百种，海洋鱼类的种类十分齐全，甚至还有白色海豚。该地区水质和空气质量非常好，以北海市空气质量为例，北海市每立方厘米空气中的负氧离子含量高达2500~5000个，是内陆城市的50~100倍，被誉为中国最大的城市"氧吧"。可以说，在人类不断占据和开发沿海地区的形势下，北部湾是剩下来的少有的一块净土。这是一个海碧、天蓝、空气清新的洁净海域，有气候、生态组合而成的环境优势，有很大的潜力发展成为国际一流的海洋旅游度假区。

医疗卫生建设较为完善，健康北部湾政策支持有力。从广西北部湾地区各城市2018年医疗卫生机构、设施及医疗人员的统计情况来看，北部湾地区的医疗服务整体水平较好（见表8-2）。从其数量分布来看，南宁、钦州、玉林几个市区的整体卫生服务水平较为突出，相关设施及服务水平较高，但广西北部湾各地区整体水平差异明显，有着较大的提升空间。《北部湾城市发展规划》（2017—2020）指出，要加强城市群各级各类医疗卫生机构建设，提升整体服务能力和水平，打造"健康北部湾"。在《"健康北海2030"规划》《关于推进健康北海建设的决定》文件中提出，要促进北海市发展健康养老和健康旅游业，建设一批区内一流水平的养生养老项目，努力打造北部湾国际滨海健康养生养老产业基地。广西北部湾环境优美、随着近几年旅游业的不断发展，该地区各级政府重资打造"候鸟经济"，建设养老服务体系，完善各种配套设施，提升医疗条件，极大地推动了大健康产业的发展。

表8-2 2018年广西北部湾地区医疗卫生服务水平主要指标情况①

地区	医疗卫生机构数（个）	床位数（张）	卫技人员（人）	千人床位（张）	千人执业、助理医师（人）	千人注册护士（人）
南宁市	3478	36692	40620	5	1.86	2.49
北海市	1034	8819	10742	4.95		2.06
钦州市	2312	16996	19147	4.09	1.36	2.06
防城港市	684	4033	5976	4	2.2	2.6
玉林市	3052	2.82	2.88	3.85	1.32	1.66
崇左市	1306	8598	11509	3.42	1.37	2.03

广西重点聚焦六大要素，健康产业发展态势良好。广西北部湾地处亚热带或热带地区，兼具丰富的海洋、陆地、气候资源，在养老、卫生、保健、康体旅游等发展上有很好的条件，其大健康产业正稳步发展。近年来，广西在发展大健康产业方面把握市场机会，突出"特"和"融"，聚焦"医、养、管、食、游、动"重点方向，打造了具有广西特色的大健康全产业链。在健康养老产业领域，广西发展基础较全国领先。全国81个"中国长寿之乡"，广西占了29个，位居全国第一。闻名遐迩的巴马，近年来每年吸引游客达500万人次以上，长期驻留的异地"候鸟老人"超过10万人次。2015年起，广西率先创建了省级养老服务业综合改革试验区，以桂西、桂北、北部湾和西江养生养老产业示范区为重点，培育壮大健康养老产业市场主体，创新健康养老产业发展模式，积极推动生态健康养生养老千亿元产业发展。在健康旅游方面，广西正朝着高端化、品质化、国际化方向发展。根据"抓点、串线、扩面"的总体思路，正着力建设一批高品质健康旅游项目，抓好景点景区健康文化旅游产品的开发，形成不同主题的精品健康旅游线路，打造特色鲜明的长寿养生片区和以滨海度假、边关风情为特色的健康旅游片区。另外，在健康医疗医药产业方面，广西也有着独特的优势基础。近年来，广西以中医药壮瑶医药、化学药和医疗器械为重点，同时大力发展现代医药产业，重点发展抗肿瘤、心脑血管疾病、糖尿病等创新药物，加快罕见病药物、儿童用药、老年病用药等临床短缺药物的开发及产业化，着力打造南宁、桂林、梧州、玉林及钦北防沿海城市五

① 数据来源于各城市2018年统计年报。

大产业集聚区。[①]

1.3 广西北部湾地区的海洋旅游发展概况

旅游业整体发展态势良好，资源丰度高。按照国家《旅游资源分类、调查与评价》（GB/T 18972—2003）的标准，通过点差与统计分析，广西北部湾旅游资源主要包括 8 个主类，30 个亚类，109 个基本类型。其中，自然类旅游资源有 351 种，约占北部湾经济区旅游资源种类的 23.7%；人文类旅游资源 1132 种，约占 76.3%。[②] 目前，广西北部湾有国家 3A 级旅游景区 111 家，国家 4A 级旅游景区 94 家，国家 5A 级旅游景区 3 家。广西的南宁市、北海市、钦州市、防城港市、玉林市、崇左市共有国家 3A 级旅游景区 79 家，4A 级旅游景区 76 家，5A 级旅游景区 2 家。此外，广西北部湾的整体发展态势良好。从 2014 年到 2018 年，广西北部湾地区的旅游人次和旅游收入均呈现增长的趋势，且增速较快，表明旅游吸引力正逐年增大，旅游业整体态势良好，未来发展前景广阔（见图 8-1）。

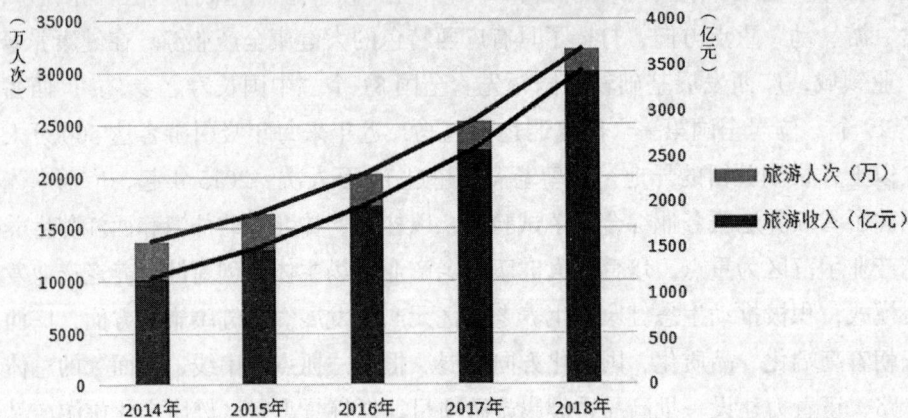

图 8-1　广西北部湾 2014—2018 年旅游收入及接待人数变化情况 [③]

海洋旅游发展资源基础坚实。由于地处热带或亚热带海洋气候区，广西北部湾有着滨海旅游发展必备的阳光、海水、沙滩、植被和清新空气，也有港口、岛屿森林，更有"海之神韵、边之神秘、山之神奇和林之清秀"的总体资源特

---

① 广西政务网. 发展大健康产业打造广西"健康经济".（2019.11.08）［2020.06.20］. http：//www. gxzf.gov.cn/gxyw/20191108-776690.shtml.

② 资料来源于《北部湾旅游发展规划》。

③ 数据来源于各城市 2014—2018 年国民经济与社会发展统计公报。

征，十分便于开展海岛旅游、邮轮旅游等特色产品的开发实践。广西北部湾海洋生态旅游资源主要有红树林资源、珊瑚礁资源和海洋生物；海岸带旅游资源包括岛屿、沙滩滩涂和岸地森林资源等，比较著名的有北海银滩、涠洲斜阳二岛、龙门七十二泾群岛、江山半岛和京族三岛等；海洋人文旅游资源主要有渔家风情、京族民俗和历史古迹遗址等；港口旅游资源有防城港、北海港和钦州港三大海口。广西北部湾是中国红树林分布最为集中的区域之一，占有全国红树林面积的37%。红树林湿地有着很高的生态服务功能，具有保护海堤安全、维持海岸生物多样性、净化水质、调节气候和美化环境等生态功能，同时也具有极高的美学欣赏价值。地处海滨的红树林湿地拥有海陆交汇的优越地理位置，而且具有奇根异花、胎生种子等奇妙特征，还有虾、蟹、候鸟等多种动植物观光资源，使得红树林湿地成为具有广商、娱乐和教育等多重价值且不可替代的海洋生态旅游资源，成为广西北部湾沿海地区的一大特色沿海旅游资源。

人文海洋资源丰富且特色鲜明。北部湾区域历史悠久，文化源远流长。早在2000年前，北海合浦一带就以采珠业闻名，广西北部湾沿海就已经是海上丝绸之路的始发港，为亚欧合作做出了贡献。同时，北部湾地区会聚了中国的壮族、京族、瑶族、苗族、侗族、黎族等多个少数民族，是少数民族聚集的区域之一。由于各民族在地区上聚居的情况不同，形成了汉族与各少数民族在地域上的大杂居和少数民族小聚居的特点，伴随着其海洋相关习俗的积累和发展以及海洋资源的开发，最终融合形成了具有丰富海洋特色的历史人文文化。广西北部湾沿海地区的多元宗教格局也充分展现了当地沿海文化的包容性、多元性特征，也体现了当地社会对和平共处的深刻认同与追求，这也让广西北部湾成了多民族和谐共处的典范。

健康海洋旅游未来发展空间大。旅游消费者对广西北部湾滨海地区的目的地选择偏好逐年增加。随着近年来各种大型项目的建设、资金的引入，越来越多的游客前往广西北部湾开展休闲度假、康养体育、温泉度假、乡村度假等活动，体验当地的民族风情、海洋文化，追求身心的释放。滨海休闲度假受到了国内外游客越来越多的关注，海洋旅游发展具有良好的市场环境。广西北部湾海洋资源禀赋显著，但目前来看，开发密度较低，未来发展空间巨大。如表8-3所示，广西北部湾地区沿海地区在知名景区景点的开发建设上不够成熟，高质量的景点数目少，且钦州、防城港两市的近海区域景点数目极其稀少，并未充分挖掘其沿海特色。该地区的滨海旅游资源丰富，但开发程度低，存在巨大的发展潜力。

表 8-3　2018 年广西北部湾沿海地级市旅游相关统计情况

地区	海岸线长度（千米）	国家级海洋公园名称（数量）	4A5A 景点数（个）	旅游总收入（亿元）	游客总人次（万人次）	入境游客（万人次）
钦州市	562.64	茅尾海国家级海洋公园	4A：9	372.26	3649.31	7.61
北海市	595	涠洲岛珊瑚礁国家级海洋公园	4A：10	504.77	3476.65	16.06
防城港市	580	0	4A：6	240.54	2746.71	18.66
总计	1737.64	2	4A：25 5A：0	1117.57	9872.67	42.33

海洋旅游发展的政策支持力度较强。随着北部湾经济区、大湾区、长三角等一系列经济区的构建，伴随着"一带一路"的发展，广西北部湾地区的旅游业也迎来了全新的发展机会，其海洋旅游发展拥有良好的政策支持。国务院批复的《北部湾城市群发展规划》（2017—2020）中指出，要打造环境友好型现代产业体系，其中要做到共建国际旅游休闲目的地。加快发展休闲度假、生态旅游、边境旅游、民族风情、健康养生、乡村旅游、红色旅游等业态，促进旅游业转型升级，提升城市群国际化旅游服务品质。《广西旅游业发展"十三五"规划》也指出，在休闲度假领域中，将以滨海休闲度假为重点，综合发挥江河、湖泊、山地、森林、乡村等休闲旅游资源优势，推进温泉度假、森林度假、乡村度假等系列产品的开发。统筹北海市、钦州市和防城港市滨海旅游资源，加强城市旅游功能配套和特色旅游城镇建设，构建国际滨海旅游目的地，打造滨海度假旅游品牌。

二、广西北部湾地区海洋旅游健康价值提升的建构

2.1 广西北部湾滨海旅游现有研究概述

对于北部湾海洋旅游资源，庞莲荣、刘坤章（2017）认为应该以"海丝"文化为核心，将北部湾城市群内众多特色的滨海旅游资源整合成一个点，采用分类整合、统一形象的模式从滨海风光、历史遗迹、民俗艺术三个方面开发设计邮轮旅游线路。陈邦瑜、麻名佳（2016）研究指出，北部湾地区作为古"海丝路"始发港北海（合浦）、湛江（徐闻）的所在地，会聚了丰富的自然风光、"海

丝路"文化、滨海旅游资源，在旅游发展过程中可以通过实施海上邮轮旅游和立体交通的便利化实现环北部湾地区滨海度假旅游区之间的有效衔接。通过打造古"海丝路"文化旅游项目，将"海丝路"文化旅游产品与海上邮轮旅游相结合，让游客获得体验完整的"海丝路"特色文化之旅。对于北部湾海洋旅游发展，李燕（2019）研究指出，北部湾有海、有山、有边境，可以突出岭南风情展现海洋魅力，打造东南亚特色，打造如"印尼巴厘岛""越南下龙湾""三亚天涯海角"等经典海洋旅游品牌，着力打造海洋风光旅游、海洋生态旅游、海洋文化旅游等海洋旅游品牌标志，重点发展滨海游、海底游、远洋游、海岛游等海洋旅游活动，加大对北部湾海洋观光休闲度假旅游线、国际海岸线邮轮旅游线、"一带一路"海上丝路历史文化旅游线、跨国邮轮旅游线等国际精品海洋旅游线路的开发。陈邦瑜、麻名佳（2016）在研究中还指出，建设海上旅游立体交通体系是推动泛北部湾九大滨海度假旅游区资源整合与相互连接的有效途径，一是继续加快建设云南、广西、广东、福建和海南五省区的交通互联体系，尤其是海上旅游交通建设；二是推进中国西南地区与中南半岛的公路、铁路的通畅，实现中国与六国的陆路交通无障碍，满足中国自驾游井喷式的出入境旅游需求。

2.2 广西北部湾海洋旅游健康价值提升的理论基础

民族健康文化与旅游业融合发展理念。对长寿和健康的追求是人类永恒的理想，自古以来，我国人民都在探索生命的奥秘和长寿的秘诀，彭祖的四术、华佗的五禽戏都是前人努力探寻的文化成果。中国的养生理论是以道教养生为基本特点的，经过数代人的接力，人类不断丰富发展着养生文化。自宋代以来，养生的方式日益丰富，已涉及药物、食物以及环境等衣、食、住、行的诸多方面，在顺应自然规律的前提下，追求人与自然、人体内外的和谐发展。长寿文化和健康文化在人们对延年益寿、强身健体、修身养性、医疗康复、休闲保健等诉求越来越旺盛的背景下，对一个地区的旅游产业尤其是养生旅游的发展有着重大的推动作用。以广西北部湾钦州市浦北县为例，据浦北县旅游局统计，在其被评为"世界长寿之乡"的 2017 年，浦北县利用本地的中医药长寿文化、饮食长寿文化、体育长寿文化等长寿文化，开发了诸多带着"长寿"和"健康"元素的旅游线路和旅游产品，吸引了大批游客，带动了当地经济的快速增长，在 2017 年累积接待游客的总量为 258.05 万人次，旅游总消费为 29.43 亿元，同比增长分别为 45.35% 和 46.26%。因此，综合评估地方长寿文化资源、结合当地的发展布局，充分发挥地方的康养资源优势对一个地区来讲有着至关重要的意义。

海湾生态环境的开发与保护协调理念。海湾是陆海相互作用最为频繁的区域之一，在这个复杂的生态系统和生物资源系统中，海陆环境、海陆经济等多系统都是处于耦合的关系中，彼此制约、相互影响。正如广西北部湾作为一个环境优良、文化丰富、景观美丽的海湾环境，无论是自然环境的塑造还是人文环境的发展，都离不开海陆两大生态系统长期的共同作用。在当今的发展大潮流下，北部湾这一块开发密度低、环境容量大、产业升级换代强、迁移扩散能力较优的天然海湾也正在受到工业化和现代化的影响。由于人类对海洋生态系统的价值认识相对于对陆地生态系统来讲还不是特别完善，相应区域的检测控制比较不系统，所以对海洋资源的开发容易缺乏科学合理的指导。在开发与保护中寻求一种动态的平衡使得原始陆地生态与海洋生态很好地相融合显得至关重要。彭小家（2018）在以乐清湾为例的海湾生态环境承载力探讨中指出，把握海湾陆地生态与海洋生态在开发与保护上的平衡，做好二者的融合，主要从三个方面入手，一是做好污染物总量的控制及加强城镇污水的处理，二是合理开发利用资源且加强海洋项目的监管，三是保护海陆交界带并防止过度开发海岸滩涂。

长寿文化与海洋健康旅游相融合理念。广西是全国长寿之乡最多的省（区）份，在以巴马为中心的桂西北长寿带、以阳朔为中心的桂东北长寿带、以大新为中心的桂西南长寿带范围内，分布着 26 个长寿之乡，占全国长寿之乡数量的 1/3。广西的长寿文化源远流长，其中壮族先民骆越人留下的骆越龙母文化从饮食、居住、信仰、禁忌、龙母药泉等方面创立了骆越民族最原始的保健养生文明，广西人也崇尚生食养生、酸食养生、祭祀养生、歌乐养生、医药养生等习俗。随着不断的演变与累积，广西的长寿文化内容已经十分丰富，包含如今的长寿养生文化、长寿饮食文化、长寿民俗文化、长寿医药文化等。这一系列长寿文化中蕴含着丰富的康养知识和理念，与有着巨大发展潜力的广西北部湾海洋产业相结合，既可以丰富海洋康养的文化内涵，也能够促进海洋产业的多元化、突出广西滨海康养旅游的特色性，为广西北部湾的海洋旅游发展提供强大的动力。广西北部湾防城港市的东兴市，是全国唯一一个集滨海、边关、京族聚居地于一体的长寿之乡，其中每 10 万人中有百岁老人 16.59 位，是国家长寿之乡标准的 2 倍以上。在李京模等（2012）对打造东兴边海长寿文化品牌的思考以及阳国亮（2011）对滨海长寿文化与东兴旅游的研究中，提到了滨海长寿文化品牌的建设需要注重以下四个方面，一是加强对长寿资源的保护，促进生态和社会可持续；二是科学利用长寿文化资源，发展滨海长寿产业经济；三是重视滨海长寿课题研究，丰富长寿民俗文化内涵，四是突出滨海健康养生特色，加强长寿品牌宣传。

2.3 广西北部湾地区海洋健康旅游的市场研判

国内游客群体的长寿健康消费诉求强烈。随着现代化进程的加快，社会经济发展水平快速提升，人们的生活水平在大幅提高的同时，人口老龄化、亚健康、环境污染等问题越来越严峻，全国各地对"健康"的系列诉求也尤为显著。据国家统计局发布的数据，2019 年我国 60 周岁及以上人口为 25388 万人，占总人口的18.1%，从当前的趋势来看，未来中国老龄化速度会以较高斜率上升，"十四五"期间中国或进入中度老龄化社会。世界卫生组织调查表明，全世界健康的人只占 5%，患病的人占 20%，还有 75% 的人都处在亚健康状态，我国患有高血压的人口有 1.6 亿 ~1.7 亿人、血脂异常的有 1.6 亿人、青少年青春期贫血的发病率达38%。据国家医疗保障局等组织或机构的数据，2015 年到 2019 年，中国人均医疗保健消费占比从 7.4% 增长到了 8.8%。数据显示我国有着一个非常庞大的健康消费群体，他们分布在各个年龄层次，都有着非常强烈的健康诉求（见图 8-2）。

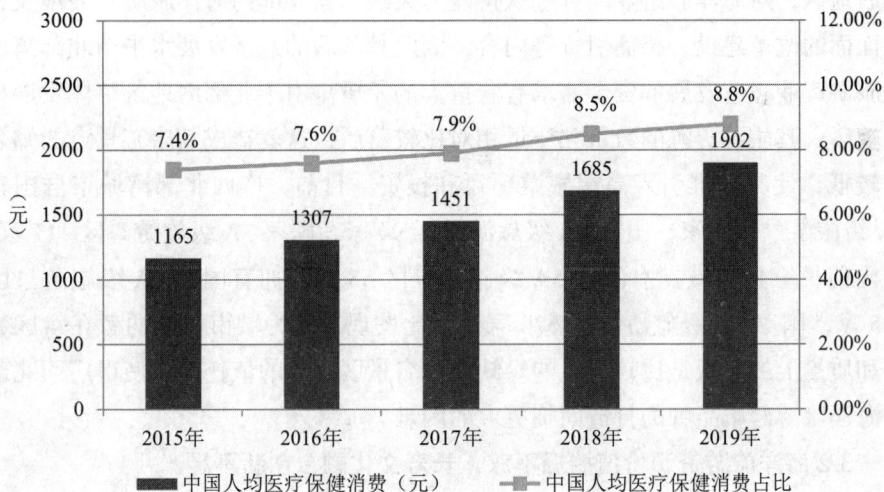

图 8-2　2015—2019 年我国人均医疗保健消费量及占比 [①]

---

① 数据来源于国家医疗保障局。

　　广西北部湾的健康产业和产品供给基础扎实。广西北部湾集陆地、海洋、半岛、岛屿为一体，具有宁静的海湾、优良的港口、丰富的资源、秀美的山水，由于可持续发展理念在广西北部湾地区的积极落实，该地区对海洋、陆地、森林等的生态保护建设工作做得较好，使之成为一个孕育奇山异水、坐拥"天然氧吧"、四处生机勃勃、绿意盎然的天然旅游目的地。此外，广西北部湾在养老、卫生、保健、康体旅游等方面的健康产业发展上有着丰富的生态、区位和传统优势，其健康养老产业、健康旅游产业、健康医疗医药产业、健康运动产业、健康食品产业等大健康产业目前已经形成了较大的发展规模，已经具有了自身的品牌吸引力。另外，广西北部湾各级政府对大健康产业的发展、自然环境的保护、健康项目的建设等均有良好的政策支持。其优质的健康资源环境、庞大的健康产业规模以及良好的大健康发展政策环境为广西北部湾的海洋健康旅游发展提供了充足的可行性保障。

三、广西北部湾海洋旅游健康化转型的困境与挑战

3.1 经济发展水平较落后，知名海洋旅游景点较少

　　北部湾滨海地区城市历年来的 GDP 排名都比较靠后，北部湾尚处于经济落后地区，对海洋旅游业的资金扶持能力欠缺。而北部湾海洋旅游发展涉及方方面面的改革建设、招商引资等内容，因此其落后的经济发展水平与北部湾地区旅游产业飞速发展的资金需求有着重大的矛盾。由于北部湾地区整体发展相对落后，其旅游资源的数量和质量相对比较落后，这就造成其旅游景点的知名度较低，使其很难引入高端旅游项目和投资。目前，广西北部湾城市群国家 5A 级旅游景区 3 家，国家 4A 级旅游景区 94 家，国家 3A 级旅游景区 111 家。而当前长三角区域拥有国家 5A 级旅游景区 55 家，拥有国家 4A 级旅游景区 595 家，国家 3A 级旅游景区 670 家。对比发现，同为城市群的两者在景区数量和质量上的差距是比较明显的。缺乏知名景区景点的依托，会使得广西北部湾海洋旅游健康品牌的打造面临更大的困难。

3.2 海洋旅游资源价值挖掘不深，长寿文化融合创新不足

　　在历史、行政、地域等诸多因素的共同影响下，广西北部湾的海洋旅游仍处在初级发展阶段，其海洋旅游资源有着分布零散、种类繁多、缺乏品牌化与特色化的特点，各个地方的海洋旅游资源各具特色，缺乏整个区域范围的

统筹规划，区域海洋旅游业缺乏特色品牌。此外，广西北部湾有着丰富的长寿文化，如中医药长寿文化、饮食长寿文化、体育长寿文化等，而这些在全国较为出名的健康文化还未被充分融入当地海洋旅游发展的过程中，以至于广西北部湾的海洋旅游发展长时间缺乏区域特色。面对当前人们对健康市场强烈的需求，广西北部湾应该整合本区域的旅游资源，更多关注其文化特色，将其融入海洋旅游发展中，培养属于广西北部湾地区的特色海洋旅游品牌。

3.3 高端化健康旅游产品缺乏，基础设施配套有待加强

广西北部湾地区的海洋旅游资源利用尚处于简单的观光阶段，游览型项目较多，体验型和度假型项目较少，整体来看，该地区的海洋旅游资源开发深度不足，旅游产品和服务的开发设计较为初级，而且相应的旅游配套设施仍不够完善，交通、住宿、饮食等方面的问题制约着当地海洋旅游业的进一步发展。因此，对高端化服务设施、精品化旅游服务项目、个性化旅游服务产品等依赖较高的高端健康旅游产品供给相对滞后，难以满足大批游客对海洋健康旅游产品的旺盛需求。

3.4 海湾生态环境比较脆弱，区域竞争形势严峻

依托优良的自然环境条件，广西北部湾有着较大的环境容纳量，开发密度低，能够满足今后该区域的海陆资源开发的需求。海洋健康旅游对健康的、优良的海湾环境有着强烈的依赖，但在经济社会发展的过程中，工业污染、农业污染、生活污染以及海水养殖业污染等对广西北部湾的海湾环境也造成了一定破坏，红树林湿地面积的减少、海水水质的降低、生物多样性的减少、人类居住环境的恶化等严重的环境问题对广西北部湾健康旅游的可持续发展也有着极为不利的影响。广西北部湾海洋旅游整体发展相对长三角、珠三角等城市群来讲相对落后。国内其他很多滨海城市的基础建设、开发模式、管理体系等都更为成熟，配套的设施与服务都更为完善，水平相对更高，更容易满足游客对高品质、高水平的海洋健康旅游产品的需求。综合来看，目前北部湾海洋健康旅游发展虽然有很好的机遇，但同时也面临着严峻的挑战。

四、广西北部湾地区海洋旅游健康价值提升对策

4.1 加强政策引导与支持，增强内生动力系统

广西北部湾有着良好的海洋健康旅游发展基础，但由于经济发展和设施条

件相对滞后，在未来的资源开发和产品设计上仍需要政府做出积极的引导和支持，增强其内生动力系统。第一，应加强海湾环境保护。海洋健康旅游开展的基础是海洋健康环境，而海洋环境本身具有多样性和脆弱性的特点，且生态环境是海洋健康环境的重要组成部分，因此广西北部湾相关部门在加大海洋健康资源开发力度的同时，也应当加大对生态保护的力度，秉承生态优先理念。第二，应积极促进"健康"与多产业的融合。广西北部湾海洋旅游的健康价值提升是为了使该地区的海洋旅游发展更具有竞争力和活力，但单一产业的发展并不能够保证其可持续发展，唯有多元产业的融合才能够创造出更为丰富的动力。因此，还需要加大力度促进"旅游＋科技""海洋＋体育""海洋＋互联网"以及"海洋＋健康产业"等的发展。社会经济发展的新阶段对各个产业提出了新的要求和考验，唯有促进产业融合与产业创新，才能给各个经济体带来新的发展动力。第三，应充分发挥主观能动性，结合区域资源特色开展相关政策、项目和品牌等的申报，增强自身的竞争力。如北海市基于本市的气候环境、旅游资源、环境空气质量等方面的优势，在 2019 年年末申请并获得专家组的充分认可，成功获得了"中国避寒宜居地"，这不仅提高了北海的影响力，也促进了健康旅游业的发展。

4.2 完善旅游服务配套设施，夯实海洋健康旅游基础

健康环境要求自然环境、人工环境以及社会环境等人类生存环境的健康，它们与人类健康有着紧密联系。良好的环境有益于人类健康，而不良环境则会对人类健康带来威胁。由于开发密度低，广西北部湾的自然环境具有很强的原始性特征，是一块天然的玉石，还需要精心打磨，因此应结合旅游市场需求、当地旅游发展的基础、政策要求等内容，在生态优先理念的前提下，对其进行开发或改造。如广西北部湾地区的红树林湿地，具有较高的生态功能价值和审美价值，且广西北部湾地区的数量为全国第一。但由于多年来北海、钦州以及防城港三市填海造地面积较大，加之周围工业、水产养殖业以及旅游业等的发展，该地的红树林面积每年锐减，长时间来看有着很大的生态危机，将会影响海水水质、空气质量、湿地生物多样性等方面的情况，进而影响到当地的环境健康水平。目前来讲，广西北部湾的人工环境成熟度不高，在食、住、行、游、购、娱等方面的基础配套设施完善水平程度相对同为城市群经济区的珠三角、长三角等地来讲普遍偏低，这与广西北部湾地区经济建设起步晚、发展慢

有较大关系。健康环境的打造要求其人工环境有较高的水平，尤其对于海洋旅游发展来讲，海洋体育旅游、海洋节庆旅游、海洋养生旅游、海洋休闲旅游等主题项目对当地人文和基础设施环境要求很高。所以，要提高广西北部湾地区海洋旅游的品牌价值，需要在坚持相关资源保护的原则下，首先对基础设施和公共服务设施进行完善。如康养旅游需要国家的政策鼓励、旅游新形态的培养、资源的整合创新等多方支持，也需配套的康养资源进行支撑，如医院、保健院、健身场所以及相关娱乐设施等。但目前的北部湾沿海地区的配套设施完善程度低，导致其资源开发缓慢，特色不足，底气不够，品牌不响，未来亟需投以更多的关注。

4.3 引进高端化管理服务理念，提升健康管理服务水平

随着我国人口老龄化问题的严峻，大批老人群体将会加入到滨海休闲、养生保健的行列，而广西北部湾的健康环境和健康产业所具备的优势会使之成为老人群体的重点关注区域之一。从相关数据分析来看，广西北部湾滨海地区（主要为钦州、北海、防城港三市）的旅游人次逐年上升，且在全国旅游人次的占比也逐年上升。这些增长都说明了广西北部湾的海洋旅游在国内外将会拥有越来越庞大的游客市场。因此，面临已有一定规模且未来将日益庞大的客源市场局面，作为海洋健康旅游发展的目的地，应当通过人才培养、企业引进等方式做好相关的管理与服务。在健康管理与服务理念上，要学习国内外先进的企业，如瑞士梅塞尔、爱康君安等优秀健康服务管理中心在食、住、行、游、购、娱等各方面的全方位、高端化、专业化、个性化的健康服务理念。同时，因广西北部湾经济发展水平相对不足，迫切需要高端人才，应当引进和培养海洋旅游业的各层级人才，从高端设计、营销推广、管理运营和为游客提供服务等多方面，培育高质量人才。此外，要注意跨领域、跨产业人才的培养，如"海洋旅游＋医疗服务""海洋旅游＋养老保健""海洋旅游＋生态""海洋旅游＋互联网"等。唯有建设好自身的管理与服务团队，让游客体验到优质的健康服务，广西北部湾海洋旅游的健康价值提升才能得以实现。

4.4 挖掘地方长寿文化，塑造中国东盟海洋健康旅游品牌

广西北部湾地区拥有丰富的资源，同时少数民族数量多，形成了种类繁多、内容丰富的海洋文化资源与海洋自然资源。广西北部湾依托广西整个大环境的健康文化与产业，各地区已经有了许多知名的休闲度假基地、养生保健基

地、康养旅游产品等，逐渐形成了整个区域的健康文化，自身也得到了很多标签，如"养老""保健""休闲"等。但整体来看，广西北部湾地区资源的分散性使得整体的健康品牌不够凝练，不够突出核心，多样化的康养主题和规模不一的康养项目形成的整体实力不够明显。因此，广西北部湾需要对自身的健康品牌项目进行梳理整合，结合自身独有的地方特色，突出核心，对规模小、发展潜力弱的项目应进行统筹整合。如此，塑造出具有广西北部湾特色的健康品牌，其海洋健康旅游价值品牌才能够有更强的品牌依托，才有机会发展壮大。另外，进一步发挥面向东盟开放合作的重点地区优势，践行互利共赢的开放战略，建设中国—东盟海洋健康旅游目的地，争取国家支持，建立泛北部湾区域各个国家和地区之间良好合作的互免签证机制，实行落地签证，逐步消除各个国家和地区之间游客往来的过境障碍，促进海洋旅游国际化。

4.5 加强游客健康管理引导与服务，营建良好消费氛围

广西北部湾的海洋旅游健康价值提升体系的建立和实际运用，是以促进游客健康水平提升为中心的。因此，在开展政策引导与支持，健康设施与环境空间的打造，健康管理与服务水平的提升，健康产品、业态和项目的开发创新，健康的文化及品牌塑造等海洋旅游健康价值提升工作的同时，需要做好对游客的健康管理和行为引导工作，从观念意识、生活方式、健康行为等方面入手，营造良好的消费氛围，让海洋旅游健康化发展中的产品和项目能够拥有更好的开展环境。在疾病管理上，要对常见性心理疾病和生理疾病进行研究，并根据海洋健康旅游的医学原理与服务理念，做出专业性的疗养服务设计；在人群管理上，要对相关疾病的重点人群等明确把握其基本的人口学特征，如年龄分布、收入分布、工作种类等，以根据不同特点施以不同的服务设计、项目设计和宣传设计等；在健康理念的推广上，要在长三角区域以及国内外更大范围内，通过媒体宣传、讲座教育、广告宣传等途径，做好海洋旅游健康观念的推广，改善人们传统健康理念上的缺陷和不足，推动人们的海洋健康旅游消费；在健康行为的引导上，除了在网络媒体上的宣传引导、线下讲座课堂的教育宣传之外，还可以对旅行社、饭店、景区等相关机构设计配套的健康行为引导服务，如在景区内安置行为引导牌、滚动播放健康行为引导相关内容等。

参考文献

[1] 张丽珍，徐淑庆.广西北部湾红树林湿地生态功能的探讨 [J].安徽农学通报，2010，26（23）：134-136.

[2] 陈璐颖.环北部湾城市群旅游发展研究文献综述 [J].广西质量监督导报，2020（3）：162-163.

[3] 覃玲玲.北部湾经济区建设背景下广西红树林湿地保护与发展 [J].安徽农业学，2011，39（23）：14086-14088+14102.

[4] 许珍.海洋文化视域下的广西北部湾城市形象传播模式研究 [J].佳木斯职业学院学报，2019（5）：65-67

[5] 周莹.北部湾地区海洋旅游经济发展研究 [J].合作经济与科技，2020（6）：32-33.

[6] 庞莲荣，刘坤章.邮轮旅游发展下北部湾城市旅游圈资源整合 [J].岭南师范学院学报，2017，38（2）：160-166.

[7] 陈邦瑜，麻名佳.环（泛）北部湾—东盟海上旅游合作开发策略——基于21世纪"海丝路"合作倡议之探索 [J].广西经济管理干部学院学报，2016，28（2）：1-6+36.

[8] 李燕.基于灰色关联度分析的北部湾海洋旅游业发展影响因素及对策研究 [J].西南师范大学学报（自然科学版），2019，44（1）：56-61.

[9] 杨浏.彭祖山养生文化旅游产品开发研究 [D].西南财经大学，2011.

[10] 马烈光.中医养生是中华长寿文化集大成者 [N].中国中医药报，2018-08-01（003）.

[11] 朱浩.长寿之乡康养旅游开发路径研究——以广西钦州浦北县为例 [J].美与时代（城市版），2019（8）：85-87.

[12] 姜峰.兴化湾海湾生态系统健康评价研究 [D].厦门.厦门大学，2012.

[13] 彭小家.基于海洋生态系统服务功能的海湾生态环境承载力探讨 [D].上海海洋大学，2018.

[14] 周志超.广西长寿产业发展的SWOT分析及对策建议 [J].中共南

宁市委党校学报，2016，18（5）：18-23.

[15] 陈新颖，彭杰伟.广西长寿文化与森林康养产业融合发展探讨［J］.企业科技与发展，2019（7）：25-26.

[16] 李京模，邓丽丽.打造东兴边海长寿文化品牌的思考［J］.广西经济，2012（7）：56-58.

[17] 阳国亮.滨海长寿文化与东兴旅游研究［J］.学术论坛，2011，34（4）：107-111.

[18] 周莹.北部湾地区海洋旅游经济发展研究［J］.合作经济与科技，2020（6）：32-33.

第九章　海南

近年来，国家对海南的发展高度重视，先后出台了《国务院关于推进海南国际旅游岛建设发展的若干意见》《中共中央国务院关于支持海南全面深化改革开放的指导意见》和《海南自由贸易港建设总体方案》等文件支持海南的发展，明确了海南"三区一中心"的战略地位。海南的国际旅游岛和自由贸易港建设进行得如火如荼，国家的各项优惠政策也吸引着越来越多的游客和商客。与此同时，在大众愈发重视健康的背景下，海南得天独厚的气候和生态资源也吸引着游客前往进行健康体验，吹海风、听海浪、感受阳光沙滩等使游客健康的海洋度假活动备受青睐。本章旨在认识海南的大健康环境和海洋旅游的发展情况，依托健康管理、海洋生态文明等相关理论和理念，指出健康视角下海南海洋旅游发展目前的困境和现实挑战，从海洋旅游目的地供给体系的角度出发，为海南海洋旅游健康价值提升提出一些可供借鉴的对策，从而提升海南区域游客的健康水平。

一、区域概况

1.1 范围界定与社会经济概况

海南是中国南方的热带岛屿，陆地平面呈雪梨状椭圆形，长轴作东北—西南走向，长 240 千米，宽 210 千米，面积 3.39 万平方千米，是国内仅次于台湾岛的第二大岛。除海南外，海南省的管辖范围还包括西沙群岛、南沙群岛、中沙群岛的岛礁及其海域，是全国面积最大的省，包含海口、三亚等市。全省陆地总面积 3.54 万平方千米，海域面积约 200 万平方千米。在经济实力方面，2019 年海南省地区生产总值 5308.94 亿元，按可比价格计算，比上年增长 5.8%。其中，第三产业增加最多。人均地区生产总值 56507 元，比上年增长 4.7%。2019 年年末全省常住人口 944.72 万人。常住居民人均可支配收入 26679 元，比上年增长 8.5%。交通运输方面，全年货物运输量 1.86 亿吨。货物运输周转量 1668.54 亿吨千米，其中水运周转量 1590.46 亿吨千米。全年主要港口货物吞吐量 1.92 亿吨，其中海口港货物吞吐量最大，为 1.24 亿吨，其次是洋浦港和八所港。[①] 从各市县来看，海口、三亚等市经济发展较为领先，其中，海口市 2018 年地区生产总值高达 1510.5 亿元，三亚市虽然地区生产总值与海口市相差较多，但从居民人均可支配收入来看，三亚市与海口市差距较小（见表 9-1）。

表 9-1　2018 年海南省部分市县基本概况

市县	地区生产总值（万元）	常住人口（万人）	居民人均可支配收入
海口市	15105130	230.23	31205
三亚市	5955057	77.39	30487
儋州市	3229693	99.84	22798
澄迈县	2995512	49.44	23022
琼海市	2640980	51.57	23325
文昌市	2311391	56.89	23773
万宁市	2243268	57.86	22696
琼中县	494949	18.02	17773
保亭县	486325	15.28	18289
五指山市	290509	10.71	20390

1.2 区域大健康环境及基础优势

热带气候特色明显，区域条件优越。海南是我国典型的热带海洋性季风气候，极具热带海洋气候特色，全年暖热，雨量充沛，干湿季节明显，台风活动频繁，气候资源多样，生态环境优良。海南年日照时数为 1750 小时至 2550 小时，年平均气温在 23~26℃，全年无冬。全岛降雨充沛，年平均降雨量在 1600 毫米以上，东多西少。降雨季节分配不均，夏秋多雨。地形地貌方面，海南四

---

① 数据来源于《海南 2019 年国民经济与社会发展公报》，其中 2018 年儋州市和洋浦的常住人口共 99.84 万人。

周低平，中间高耸，呈穹隆山地形，以五指山、鹦哥岭为隆起核心，向外围逐级下降，由山地、丘陵、台地、平原构成环形层状地貌，梯级结构明显。海南的海岸类型属于生物型海岸，拥有独特的红树林海岸和珊瑚礁海岸。在海洋生态环境方面，2018 年全国 61 个沿海城市中，近岸海域水质为优的 25 个城市中海南省就有 14 个，包括海口、三亚、琼海等。从沿海各省（自治区、直辖市）的尺度上看，海南近岸海域水质为优；与上年同期相比级别持平。东海岸海草床生态系统呈健康状态，入海河流断面水质为良好。①

药材资源丰富，康体养生环境基础好。海南省具有丰富的自然资源，包括土地资源、作物资源、动植物资源、药材资源、矿产资源等。其中，动植物药材资源优势明显，有"天然药库"之称，可入药的植物约 2000 种，药典收载的有 500 种，动物药材和海产药材资源有鹿茸、牛黄、穿山甲等近 50 种，南药 30 多种，最著名的四大南药包括槟榔、益智、砂仁、巴戟。海南拥有世界上罕见的珍贵动物黑冠长臂猿和坡鹿。海南的植物资源十分独特，截至 2018 年年末，拥有只在南海才能监测到的海草 7 种，红树植物 11 种，造礁珊瑚 85 种。② 森林覆盖率和空气质量优良天数比例全国领先，环境优势显著，康体养生环境基础好。

避寒"候鸟"人群庞大，健康改善作用明显。由于得天独厚的气候优势，海南省的"候鸟人口"呈现逐渐增多的趋势，2015 年海南省候鸟人口总量达 115 万人，比 2010 年"六普"时增加 56.15 万人，增长 95.4%。截至 2018 年年末，海南省候鸟人口已经达到 132.23 万人。海南省的"候鸟式"人口主要包括"候鸟式"养老、度假、旅游人口，研究表明大多数的候鸟老人因海南空气质量好，环境利于慢性病调养而来到海南养老。有调查显示，2015 年 9 月至 2016 年 12 月，海南省气候温度和空气质量明显优于全国其他 16 个省、自治区和直辖市，高血压病患者在海南疗养 6 个月后，血压和血脂均有不同程度的改善。

大健康产业发展基础良好，健康设施配套较为完善。海南省的健康产业发展已经有一定的基础。2013 年，国务院正式批复设立海南博鳌乐城国际医疗旅游先行区，在九项政策的强大支持下，博鳌乐城目前已有博鳌超级医院、博

① 数据来源于《2018 年中国海洋生态环境状况公报》。
② 数据来源于《2018 年中国海洋生态环境状况公报》。

鳌恒大国际医学中心等 9 家医疗机构运营，已在肿瘤防治、辅助生殖、医美抗衰等领域初步形成产业集聚，引进院士专家团队 51 个，初步实现医疗技术、设备、药品与国际先进水平"三同步"，开创了国际健康旅游和高端医疗服务产业高质量发展的良好局面。博鳌"一带一路"与健康产业发展论坛、国际中医药文化节等节事活动的举办推动着海南健康产业的发展。2015 年，三亚市中医健康旅游协会成立，这是我国第一个健康旅游协会，标志着健康行业走向自律管理的历史阶段。此外，海南医药产业聚集效应目前初显，已形成以海口药谷为核心区，海口保税区、海口高新区等产业聚集区域组成的海口药谷医药产业基地。

基础医疗卫生水平有待提升。2019 年全省共有卫生机构仅 5646 个，其中医院（卫生院）538 个，医疗卫生机构病床位 47274 张。卫生机构人员总数为85087 人，其中各类卫生技术人员 66952 人。执业医师和执业助理医师 23455人，注册护士 31850 人。全年报告甲、乙类传染病发病人数为 37978 人，比上年增长 5.3%；报告传染病发病率为每十万人中有 378.95 人，比上年增长 5.3%。尽管近年来医疗机构数量有所增加，但整体来看医疗水平还有较大的提升空间（见表 9-2）。居民健康情况方面，孙菁通过问卷调查分析发现海南地区调查人群高血压病患病率为 23.2%，其中，年龄、职业是总体生命质量的危险因素，文化程度是保护因素。王伟通过调查发现，海南地区居民健康素养水平较低，尤其是对一些常识性健康知识的知晓率较低。在患有慢性病的居民中，高血压和糖尿病的患病率较高。李文通过调查发现海南地区老年骨质疏松健康行为水平较低，包括饮食行为、运动行为、摄钙行为，此外，患者缺少健康指导。

表 9-2　2016—2019 年海南省医疗机构情况 [①]

医疗机构情况	2016 年	2017 年	2018 年	2019 年
卫生机构总数（个）	5135	5177	5325	5646
医院（卫生院）（个）	509	505	517	538
医疗卫生机构病床位（张）	40501	42002	44712	47274
卫生技术人员（人）	57784	60579	63663	66952

① 数据来源于《2019 年海南省国民经济和社会发展统计公报》及《2019 年海南省统计年鉴》。

二、区域海洋旅游发展概况

2.1 区域海洋旅游资源丰富，国际旅游岛建设成效显著

海洋环境优越，海滨资源丰富。海南四周环海，平均海水温度在18~30℃，海岸线总长 1823 千米，有大小港湾 68 个，拥有极为丰富的海滨及近岸海域旅游资源。2018 年全国沿海城市海水浴场共 36 个，有 4 个在海南，其中 3 个海水浴场全年水质均为优良，以海洋为主题的国家 5A 级旅游景区有4 处分布在海南。海口至三亚东岸线有 60 多处可辟为海滨浴场，在数千米的海岸线上，沙岸约占 50%~60%，具有沙滩宽、向海面坡度小等优良特点。热带特有的海涂森林景观红树林和海岸地貌景观珊瑚礁具有极高的观赏价值，海口东寨港、文昌清澜港等地建有红树林保护区。海洋水产资源丰富，总数在800 种以上，其中鱼类 600 多种，主要的海洋经济鱼类 40 多种，还有大量珍贵的海洋特产，如海龟、龙虾、青蟹等。

国际旅游岛建设成效显著，入境旅游还有待提升。如表 9-3 所示，2019年全年海南省接待游客 8311.20 万人次，比上年增长 9.0%。实现旅游总收入1057.80 亿元，比上年增长 11.3%。从游客构成看，入境游客 143.59 万人次，比上年增长 13.6%。年末全省共有挂牌星级宾馆酒店 126 家，共拥有 6 家国家5A 级旅游景区。从近几年的接待游客数、旅游收入、旅游饭店数等指标来看，海南省的旅游还在不断发展和提升。鄢慧丽通过分析海南省旅游经济网络空间特征，发现国际旅游岛建设成效显著。但从近 4 年的接待人数情况来看，海南省的游客接待总数与入境游客数相差巨大，这说明了海南在入境旅游方面还存在着较大的提升空间。

表 9-3　海南省 2016—2019 年旅游总体情况 [①]

年份 （年）	接待游客总人数 （万人次）	入境游客 （万人次）	旅游收入 （亿元）	旅游景区 （个）	旅游饭店总数 （个）	旅行社总数 （个）
2016	6023.6	74.9	672.1	52	876	365
2017	6745.01	111.94	811.99	54	946	352
2018	7627.39	126.36	950.16	54	966	389
2019	8311.2	143.59	1057.8	75	953	440

———————
① 数据来源于《2019 年海南省统计年鉴》。

海洋旅游产品和项目丰富，中高端消费需求旺盛。海南的海洋旅游开发模式大多为滨海城市驱动型，错位开发城市商务会议、文化交流、主题游乐等多主题产品，与滨海旅游产品共同构筑旅游天堂。其中，海南邮轮旅游已经逐步进入规范发展阶段。海南省先后与越南、新加坡等国家以及多家邮轮公司达成合作关系，多家企业落户海南。当前，海南致力于发展海洋体育旅游，开发了以低碳环保、养生保健、竞技比赛为主题的竞走登山、冲浪漂流、潜水等丰富多彩的海洋体育旅游项目，举办高尔夫球赛、国际自行车赛、帆船赛等系列体育赛事。产业规模不断扩大，但仍存在产品同质化、低端化、文化性人才短缺等问题，中高端海洋旅游产品亟待开发。

2.2 海洋旅游发展的政策环境优势显著，对外开放和国际化进程提速

海洋旅游发展的政策环境和优势显著。自 2009 年发布《国务院关于推进海南国际旅游岛建设发展的若干意见》后，2018 年《中共中央国务院关于支持海南全面深化改革开放的指导意见》明确提出全面深化改革开放试验区、国家生态文明试验区、国际旅游消费中心、国家重大战略服务保障区的海南战略定位。2020 年 6 月 1 日，中共中央、国务院印发的《海南自由贸易港建设总体方案》进一步明确了海南自由贸易港建设的目标和任务，构建了海南自由贸易港政策制度体系。这一系列政策和文件为海南省海洋旅游的发展提供了强有力的保障。

对外开放的区位优势显著，国际化建设机遇与挑战并存。海南地处泛珠三角"9+2"与东盟自由贸易区"10+1"的交汇处，紧密连接泛珠三角经济圈、东盟经济圈、中国—东盟自由贸易区、环北部湾经济圈及太平洋经济圈，区位条件优越，拥有得天独厚的对外开放优势。与此同时，国家现行的政策和制度都十分有利于海南国际化建设，若不考虑基础设施的提升，仅从接待的入境游客情况来衡量，颁布国际旅游岛国家战略之后海南的旅游发展国际化水平其实是停滞不前的。抓住海南的政策和区位优势，进一步加大海南的对外开放程度和国际化水平是海南目前建设自由贸易港的首要任务。

海洋旅游营商环境有待进一步提升。通过国家企业信用信息公示系统发现海南省目前存续的与海洋旅游相关的企业的数量共 15 家。从企业数量来看，海南省的海洋相关企业规模较小。经营业态主要集中在游艇相关服务、海上运动、体育赛事组织等方面。海水养殖、海上休闲渔业、海洋牧场经营管理相关

服务也比较普遍。值得关注的是，15家海洋旅游相关企业中仅有一家企业经营范围中有入境旅游项目，这与海南建设国际岛的战略目标不相符。海南省海洋旅游相关的政策和制度环境较为活跃，但市场规模和多样性还较为薄弱，营商环境有待进一步提升。

2.3 海洋旅游发展的现实困境与挑战大，国际化品牌形象亟待提升

海洋旅游国际化竞争激烈，健康形象还未深入人心。海南的海洋旅游具有十分明显的资源优势和政策优势，然而其在国际化品牌和旅游形象方面却发展的不尽如人意。尽管海南拥有独特的热带气候，海洋资源丰富，但却面临着泰国、新加坡、马来西亚等国家的激烈竞争。相较于海南的海洋旅游目的地，人们更愿意选择去泰国体验海岛风情和医美疗养等活动。与此同时，海南接待的游客大多来自国内，入境游客占比还不高。这也与海南的国际化定位有一定差距，海南的国际旅游岛、国际旅游消费中心的建设有待深入推进。此外，海南的物价偏高，这也使得游客更倾向选择国外的海洋旅游目的地。在国家政策的极力支持下，海南的海洋旅游发展并没有达到相同的效应。

资源价值认识和挖掘不足，游客承载力和环境治理面临挑战。海南的海洋旅游发展明显侧重于对自然资源的依赖，而缺少文化内涵的挖掘。从全省范围看，海南省旅游产品同质化严重、缺乏特色和鲜明的形象。除海口市和三亚市外，其他市县绝大部分景点、景区以观光度假为主，游客在大部分景区内无就餐、娱乐、住宿等消费需求，参观游玩时间很短。有调查发现海南滨海地区生活垃圾的污染问题比较严重，海滩垃圾全部来源于人类海岸娱乐活动，海鲜店濒临的海滩滨海环境质量最差。因此，游客行为的管控和滨海生态环境的保护也是海南面临的重大挑战。

高质量发展趋势明显，医疗卫生和服务的国际化水平有待加强。国家高度重视海南国际化、自由化、开放化发展的战略背景决定了海南海洋旅游势必需要沿着高质量的轨迹发展。而高质量发展海洋旅游也是海南建设自由贸易港的重要手段和途径。然而，在海南基础设施的建设不断完善，走向国际化的同时，旅游产品和服务却未能跟上其发展的步伐。在海南积极发展医疗旅游的同时，海南的基础医疗卫生水平显得较为薄弱。尽管拥有博鳌乐城国际医疗旅游先行区这一龙头企业，但仍未能辐射带动整个海南省的医疗旅游水平，在健康管理、健康项目、健康服务水平国际化方面还亟待提升。此外，有研究表明

游客对海南旅游公共服务的总体满意度不足 70%。张颖超调查了三亚"候鸟"游客对旅游产品的满意程度，发现餐饮种类与数量，公共交通与数量，以及服务人员的友善度的满意度较低。我们可以知道，海南的资源优势是被游客认可的，市场前景较为广阔，但游客满意度、旅游服务质量等方面有待提高，海南海洋旅游亟需完成品质上的转型升级。

三、海南海洋旅游健康价值提升的理论构建

3.1 现有研究概述

在中国知网上，以海南、海洋、旅游、健康等为关键词进行交叉检索，对检索到的文章进行了综述。现有研究大多基于海南省的国际旅游岛、自由贸易港、国际旅游消费中心等战略地位，对海南的旅游发展现状及目前存在的问题进行分析，并针对问题提出一些解决对策。此外，也有学者从海南健康旅游、邮轮旅游、海洋体育旅游、滨海地质旅游、海洋医疗旅游方面进行了探讨。其中，周义龙分析了亚洲国家发展海洋医疗旅游的主要经验，根据海南的独特资源优势为其发展海洋医疗旅游提供了实践启示。尽管学术界关注到了海南的健康元素，并从这一视角进行了一些有益的探索。但将海南的海洋旅游与健康联系在一起的文章仍较为零星，还没有形成一定的体系。学者们大多研究海南老年人的健康情况及慢性病的相关影响因素。其中，谢君君调查了海南中老年人口健康服务需求，发现有超过 70% 的老年人表示需要健康管理。海南省的健康管理还存在服务机构不足、服务水平有待提高等问题。

3.2 海南海洋旅游健康价值提升的理论基础

健康旅游高质量发展的相关理念与经验。近年来，泰国、印度、马来西亚、新加坡、瑞士、韩国等国家旅游高质量发展的成效显著，已经成为世界知名的健康旅游目的地，在国际健康旅游逐步走向高质量发展轨道的同时，形成了系列可供借鉴的世界级的健康旅游目的地建设的经验和理念。其中，高水平的医疗技术和服务能力、高素质的医护人员、私立医院国际化水平高、差异化定位与低价策略等优势和手段是这些国家的医疗旅游走向国际的重要手段。此外，泰国的传统医疗旅游、草药美食之旅、温泉之旅、冥想康复游等健康旅游的种类丰富且划分细致，拥有完善的健康旅游发展环境，也是当地健康旅游高质量发展的重要因素。在海南建设国际旅游岛、自由贸易港的背景之下，借鉴

国际经验可以使我们具备健康旅游的国际化、全球化视野，为海南建设世界级健康旅游目的地和发展高质量旅游提供理论支撑。

健康管理理论。健康管理是运用管理学的思维理念和方法对人类健康相关的信息和资源进行计划、组织、指挥、协调和控制的系统过程，旨在提高大众的健康意识，改善人群健康行为。其服务对象包括健康人群、亚健康人群和疾病人群。一般来说，健康管理的服务流程由体格检查、健康评估、个人健康管理咨询、个人健康管理后续服务、专项健康及疾病管理服务五个部分组成。实施健康管理首先从健康危险度评估开始，其次制定健康管理的计划，再次是健康管理的计划实施，最后是对健康管理计划的评估。不断地修订和改善这一循环以达到维护和促进健康的目的。海南的"健康体检＋医美旅游"已经有一定基础，在规模和品质等方面还有待提升。健康管理的理论和理念可以为海南发展健康旅游提供一定的借鉴。如通过优化体检模式等发现个人健康危险因素，建立健康档案；进行健康危险因素评价，提供维护健康的指导计划，引导自我干预；对"慢病"的高危人群和病人持续进行个性化的诊疗管理等。

海洋生态文明相关理论。海洋生态文明建设是沿海地区在尊重海洋、顺应海洋、保护海洋的前提下，为满足自身发展需要而形成的经济社会全面发展与海洋生态环境良好稳定的动态平衡状态。海洋生态文明建设的基本目标是实现海洋资源利用节约合理，海洋生态环境健康良好，海洋经济发展科学有序，海洋文化建设卓有成效，海洋制度管理健全高效。旅游承载力作为管理海洋旅游的有效工具，是实现海洋生态文明建设、海洋可持续发展的重要理论支撑。旅游承载力又称旅游容量，相关研究以可持续发展思想为指导，探究旅游目的地开发限度，强调旅游目的地自然、经济、社会等要素没有遭到破坏且注重旅游者满意度的提升。海洋生态文明建设旨在实现人海和谐共生，以提升海洋生态文明水平为目标，从海洋生态环境、经济发展、文化和制度等方面建设国际健康美丽海岛，有助于海南打造海洋健康文化品牌、营造健康的环境和氛围。

避寒养生的理论依据。人体处于低温环境时，当失热量增大到超过代谢调节能力的程度，人体便会进入"不可抗拒冷区"，需要构筑与营造人工气候环境来适应生存。在人体无法自身调节的情况下，可诱发多种疾病，且明显使死亡率增高。低温、严寒的季节或寒潮的天气会导致一系列疾病发生，如呼吸道疾病、心血管系统疾病、消化道疾病、皮肤冻伤以及天寒地冻导致的交通事故增多而诱致的伤亡等。因而避寒疗养气候便应运而生。海南全年无冬，得天独厚的热带气候成为人们避寒养生的首选目的地，冬季前往海南避寒有助于防范因天气寒冷而导致的各种疾病风险，提升游客的健康水平。

3.3 海南海洋旅游健康需求的市场研判

避寒养生市场广阔。海南属于典型的热带气候，全年暖热无冬，拥有优越的气候条件和疗养环境，海洋旅游避寒养生市场需求十分广阔。由于海南冬天气候温暖，生态环境优良，森林覆盖率和空气中负氧离子含量高，随着人们经济条件的改善和生活水平的提高，近年来，前往海南省过冬的国内避寒养生人群越来越多，特别是庞大的"候鸟"老人市场和亚健康群体。因此，海南海洋旅游健康价值的提升将会进一步吸引这类人群前往海南养生避寒，体验健康的海洋环境、海洋旅游产品和服务。

国际医疗旅游市场潜力巨大。随着西方国家以及国内的医疗需求日益增加，医疗旅游市场越来越有活力。医疗水平高、价格低、医养环境优美、旅游服务品质高的医疗旅游目的地对人们的吸引力日益增强。而海南具有发展医疗旅游的良好基础和显著政策及资源优势，自由贸易港建设和高度对外开放使海南的制度和市场活跃度进一步提升，国际市场进一步开拓。依托于海南的博鳌乐城国际医疗旅游先行区等医疗美容平台和资源的不断发展，海南的医疗旅游市场将会十分广阔。从以往的入境客源国情况来看，俄罗斯是海南的重要客源国。

国内滨海度假市场和免税购物市场广阔。海南作为国内唯一的热带海岛，拥有许多独特的热带风光，滨海度假氛围浓厚。长久以来，海南因其热带海滨氛围吸引了想要放松身心的海洋度假人群，具有十分广阔的国内滨海度假市场。与此同时，随着《海南自由贸易港建设总体方案》的颁布，海南免税购物额度从原来的每年每人3万元放宽至每年每人10万元等相关政策吸引了众多国内人群前往。2020年8月1日，海南离岛旅客免税购物新政策实施满一个月，海口海关共监管离岛购物旅客超28万人次，免税销售金额达22.19亿元，销售额是去年同期的2.34倍。可以看出，海南的免税购物市场前景十分广阔。

四、健康视角下海南海洋旅游高质量发展的对策建议

4.1 提升医疗卫生水平，建设国际海洋医疗旅游目的地

借鉴泰国、印度、新加坡等国家的成功经验，将海南建设成拥有中国特色的世界级海洋医疗旅游目的地。依托博鳌乐城国际医疗旅游先行区，进一步提升海南医疗卫生水平，研发和申请医疗技术专利，建设高水平的医疗机构，提高私立医院的国际化程度，鼓励岛内医院进行美国医疗机构评审联合委员会国际部（JCI）认证，完善医疗保险制度，培养拥有专业的医学知识和旅游知识的医疗旅游复合型人才，加强医疗机构的国际化合作，引入西方先进的医疗设施设备、人才技术等。充分挖掘海南的中医药资源和文化特色，利用丝绸之路的文化和战略优势，进行差异化定位。建议进一步提高海南的医疗美容水平，如开发目前比较热门的进口 HPV 疫苗注射与医疗美容相结合的服务和中草药美容服务。同时，重点关注产品的价格，通过技术进步、扩大规模等方式尽量降低产品价格，形成价格优势，以重新吸引因价格原因而选择去国外海岛旅游的游客。

4.2 开发中高端海洋健康旅游产品，建设高质量滨海康养度假区

目前海南省已经开发了一些健康海洋产品，但是还需要在质量上加以提高。建议增加深海潜水、海洋运动竞技、海底探险探秘等高难度的赛事来吸引游客参与观赏或学习体验，开发海上康体旅游。依托海南丰富的中医药资源，结合滨海优良的生态环境，开发系列滨海中医药体验活动，设置专家免费问诊、提供药浴药膳、睡眠香囊制作体验等活动。进一步营造滨海度假氛围，依托五星级酒店和高级民宿，建设高端 SPA 海洋度假会所，开展海上瑜伽、海浴、日光浴和沙浴等活动。开发海南荔枝、香蕉、山竹、波罗蜜等热带水果健康吃活动，从采摘到摆盘或者加工再到品尝，游客可以全程参与，增强游客的体验感，在运动的同时还能起到活动筋骨的作用。此外，建立完善的旅游服务质量监控和投诉制度，对游客反馈进行重点回应，提升游客满意度。此外，进一步强化离岛购物政策的宣传和落实监管，加大海南免税购物对年轻女性群体的吸引力，呼应国内滨海度假旅游市场。

4.3 提供健康管理服务，打造海南健康岛和避寒养生岛

海南作为我国的热带海岛，其健康资源丰富的形象并未深入人心，建议在

建设国际旅游岛、自由贸易港的基础上，重点打造海南健康岛的形象。重点开发海南的中医药资源，同时结合黎医、苗医文化，推出中医药健康岛品牌，从而与国外的海岛旅游目的地区别开来，形成差异化的市场定位。增加对品牌形象的营销，结合目前较为火热的旅游直播、抖音短视频等方式，将海南健康中医药品牌宣传出去，形成品牌效应。关注"候鸟"人群，创新海洋酒店和民宿的经营机制，为来岛过冬的老年人提供季度服务，打造避寒养生系列产品。提供健康管理服务，基于体检和健康危险因素评估，为"候鸟"老人建立健康档案，定制健康计划，设计健康的生活方式。此外，建议出台关于海南"候鸟"老人医保异地报销困难等相关问题的政策，方便"候鸟老人"在海南就医。

4.4 强化国际影响力，建设世界级海洋健康旅游目的地

以建设世界级医疗旅游目的地为核心吸引力，完善健康旅游的各种业态，如开发中医药保健旅游、避寒养生游、海上运动健身游、海洋文化游、海滨度假休闲游等多类型健康旅游业态，建设世界级海洋健康旅游目的地。此外，目前海南省海洋旅游相关企业还比较少，经营与健康海洋旅游相关服务的企业则更为缺乏，相关企业在规模和质量方面都有待提升。建议出台政策鼓励企业从事海洋健康旅游，增加对企业的投资，扩大海洋健康旅游企业规模，进一步促进海洋旅游市场活力，改善营商环境。在基础设施不断完善的同时，关注服务水平的提升，增强健康旅游从业人员素质，培养精通多国语言的专业复合型人才。与此同时，加大营销和宣传力度，重点推进入境旅游，强化海南的国际影响力。

4.5 推进海洋生态文明建设，建设海洋健康文化中心

依托海洋生态文明建设理论，关注海南海洋生态的可持续发展与人海和谐关系的构建。改善海南海洋产业结构，积极研发深海科技，提高对海洋资源的利用。加大对人为污染的防控治理，营造健康生态的海洋环境，重点对滨海岸由于人为活动造成的垃圾进行管理。建议从游客这一源头进行引导，从根本上解决因旅游活动而产生的垃圾。如通过对游客进行环境知识、垃圾分类普及、设置标识牌等方式提升游客的生态意识，对恶意破坏生态环境、乱扔垃圾的游客进行教育或罚款，促进游客健康文明行为的产生。此外，在垃圾处理方面也需要采取相应的措施。定时安排清理沙滩、海洋垃圾。进一步研发垃圾生物降解技术，对海洋垃圾进行处理。开展海洋生态文化的教育和宣传活动，在不断

探索海洋、认识海洋的过程中形成和内化海洋健康文化，建设海洋健康文化中心。

4.6 提供海洋旅游救援服务，完善健康运营体系

在健康运营方面，目前海南省致力于发展潜水、垂钓、沙滩排球等海上体育运动，但是在健康保障方面尚有不足。海上运动可以很好地促进游客的健康水平，但是存在一定的安全隐患。游客需要具备一定的专业知识，同时需要配备专门的教练进行指导。除了教练之外，必要的应急处理药品、医护人员都需要配备充分。此外，海南的海洋企业几乎没有提供海上救援这一服务，建议企业可以增加救援服务。由于新冠肺炎疫情的影响，大家对健康的重视程度和旅游目的地的安全要求会更高，目的地应该着重提高自己的公共应急服务，增强疫情防控措施，完善预约和售后服务机制，在保障旅游者的安全的同时提供优质的产品，做到安全高效地接待游客。

五、未来展望

本章从海南概况、区域海洋旅游发展现状、现有研究概述等方面入手，识别了目前海南在健康视角下的海洋旅游发展存在的机遇和挑战，结合相关理论和理念，为海南海洋旅游健康价值提升提供了一定的对策建议。在国家高度重视海南自由贸易港、国际旅游岛建设的背景下，依托海南得天独厚的气候、生态环境等资源优势，海南建设世界级健康旅游和医疗旅游目的地的前景广阔，相信未来海南的海洋旅游发展质量将会不断提升，国际化进程不断加快，将很快成长为世界知名的健康旅游目的地。与此同时，本章还存在一定的研究局限，由于主要是采取二手资料进行分析，缺少实时的一手数据，在游客需求等现状了解方面还存在不足。之后的研究可以采取问卷调研的方式进一步了解市场情况，更为详细地分析和探讨海南海岛旅游健康价值的提升。

参考文献

［1］李雨潼，曾毅．"候鸟式"异地养老人口生活现状研究——以海南省调查为例［J］．人口学刊，2018，40（1）：56-65.

［2］朱连荣，梁冰，彭志晴等．海南气候对候鸟老人慢性病的影响［J］．海南医学，2018，29（3）：434-436.

［3］南海网．博鳌乐城国际医疗旅游先行区：以超常规举措推进乐城建设提供全球领先医疗解决方案［EB/OL］. https：//baijiahao.baidu.com/s？id=16702960368296 25684&wfr=spider&for=pc，2020-06-23.

［4］杨璇，叶贝珠．我国健康旅游产业发展的 PEST 分析及策略选择［J］.中国卫生事业管理，2018，35（12）：942-945.

［5］刘红娟，白晶净．医药健康产业的发展前景和海南的举措［J］.海南广播电视大学学报，2012，13（3）：49-56.

［6］孙菁，曾强，董剩勇等．海南地区高血压病患者健康相关生命质量及影响因素调查［J］.解放军医药杂志，2014，26（5）：27-29.

［7］王伟，吴清霞，陈丹丹．海南地区 15 岁以上居民健康素养及其慢性病现况调查［J］.中国医学前沿杂志（电子版），2019，11（8）：55-59.

［8］李文，王海花．海南地区老年骨质疏松健康行为及影响因素［J］.中国老年学杂志，2017，37（10）：2551-2553.

［9］孙静，杨俊，席建超．中国海洋旅游基地适宜性综合评价研究［J］.资源科学，2016，38（12）：2244-2255.

［10］左萱．海南生态旅游资源总体评价及开发利用研究［J］.中国农学通报，2004（1）：217-220+223.

［11］鄢慧丽，徐帆，熊浩等．社会网络视角下海南省旅游经济网络空间特征及定位研究［J］.华中师范大学学报（自然科学版），2018，52（2）：264-270.

［12］张扬．中国特色自由贸易区（港）建设下的海南邮轮旅游产业发展研究［J］.华东经济管理，2018，32（12）：180-184.

［13］张泽承，韩政．体验经济视域下海洋体育旅游发展策略——以海南省为例［J］.社会科学家，2015（11）：87-91.

［14］新华社．中共中央国务院关于支持海南全面深化改革开放的指导意见［EB/OL］. http：//www.gov.cn/zhengce/2018-04/14/content_5282456.htm，2018-04-14.

［15］新华社．中共中央 国务院印发海南自由贸易港建设总体方案［EB/OL］. http：//www.gov.cn/zhengce/2020-06-01/content_5516608.htm，2020-06-01.

［16］谢彦君，卫银栋，胡迎春等．文旅融合背景下海南国际旅游消费中心的定位问题［J］．旅游学刊，2019，34（1）：12-22.

［17］汪晓春，李江风，张祚．海南省旅游重心演变及空间分异研究［J］．世界地理研究，2018，27（4）：156-166.

［18］唐少霞，侯璇音，赵志忠等．海南东部沿海居民对滨海旅游开发影响的感知差异分析［J］．生态经济，2014，30（9）：129-134.

［19］李朝群，雷石标．游客对海南旅游公共服务满意度分析［J］．现代商业，2016（35）：63-65.

［20］张颖超，巩慧琴．基于游客满意度的三亚候鸟旅游市场营销研究［J］．现代商业，2018（6）：21-23.

［21］周义龙．亚洲国家海洋医疗旅游发展的经验及对海南的启示［J］．对外经贸实务，2015（10）：86-89.

［22］谢君君，谢昀昀，王大红．人口老龄化背景下海南中老年人的健康服务需求［J］．中国老年学杂志，2018，38（18）：4546-4550.

［23］刘德浩，庞夏兰．海南医疗旅游产业发展策略研究——基于泰国、印度经验的分析［J］．中国卫生事业管理，2018，35（12）：956-960.

［24］王秀峰．发展国际医疗旅游的意义、经验及建议［J］．中国卫生政策研究，2015，8（2）：66-70.

［25］李新泰．国外健康旅游发展路径与启示［N］．中国旅游报，2019-02-22（007）.

［26］计惠民．健康管理基本理论概述［J］．白求恩军医学院学报，2010，8（5）：354-356.

［27］傅华，王家骥，李枫等．健康管理的理论与实践［J］．健康教育与健康促进，2007（3）：32-36.

［28］孙剑锋，秦伟山，孙海燕等．中国沿海城市海洋生态文明建设评价体系与水平测度［J］．经济地理，2018，38（8）：19-28.

［29］杨秀平，翁钢民．旅游环境承载力研究综述［J］．旅游学刊，2019，34（4）：96-105.

［30］林锦屏，郭来喜．中国南方十一座旅游名城避寒疗养气候旅游资源评估［J］．人文地理，2003（6）：26-30.

［31］央视网．海南离岛免税购物"满月"销售额超 22 亿元［EB/OL］．http：//news.cctv.com/2020/08/02/ARTIc7udUbabYQr52sbKhoRE200802.shtml？ivk_sa=1023197a，2020-08-02.

第三部分　分类研判篇

第十章　海洋旅游景区

党的十八大做出了建设海洋强国的重大部署，以期在宏观的指导下使我国成为在开发海洋、利用海洋、保护海洋、管控海洋方面拥有强大综合实力的国家。景区作为海洋旅游发展的重要载体，近年来发展势头良好且深受游客青睐，但突如其来的疫情不但对旅游业产生了巨大冲击，也对海洋旅游景区产生了深刻的影响。海洋旅游景区所面临的公共健康和卫生方面的升级问题日益加剧，调整开发建设和经验管理的理念也成为必然选择。后疫情时代，海洋旅游者从旅行中改善身体状况并促进身心健康的需求进入大众视野，这也倒逼海洋旅游景区加快挖掘其健康价值，不断提升其核心竞争力，以满足市场需求的变化。三亚市作为我国唯一的热带滨海旅游城市和海南省重要的旅游城市，海洋旅游景区的数量较多，旅游资源也极为丰富，在景区健康价值挖掘方面也尤为迫切，具有代表性。因此，本章主要以三亚地区的海洋旅游景区为例，剖析其不同类型旅游景区的发展现状并提出未来景区的旅游健康价值提升路径和对策，以期对我国其他地方海洋旅游景区发展有借鉴意义。

一、海洋旅游景区发展概述

1.1 海洋旅游景区界定

旅游景区，是指依托旅游资源而进行开发所形成的旅游活动场所，不但是旅游业发展的重要支撑，也是满足游客观光、休闲、度假、康体等各项消费的地域单元，具有吸引物、设施和服务等基本要素且类型多样。比如，文物古迹类、风景名胜类、自然风光类、都市休闲类等。本章所指的海洋旅游景区，除具备一般旅游景区特征外，主要是依托海洋资源且一般聚集在海岸带区域的景区。其以滨海、近海、远海、深海等范围内的自然和人文资源为基础，具有海陆联动的配套和服务要素，满足游客亲海、亲水和深度体验海洋文化的旅游需求。如大连金石滩景区、厦门鼓浪屿景区、青岛崂山风景区、天津航母主题公园、秦皇岛北戴河景区等。

1.2 海洋旅游景区的特征

因南北海岸线景观差异而类型多样丰富。我国的海岸线曲折绵长，壮丽多姿，复杂多样。在分布上，我国海岸线大体可以以钱塘江口为界，分为南北两段，南段的南方各省区的海岸与北段的北方各省区的海岸有着明显的区别。总体来说，南段海岸大多是由岩石构成的，一般称为岩岸；北段海岸多是由泥沙构成，一般称为沙岸。自然景观差异导致了南北区域海洋旅游景区的形态各异，南方海洋旅游景区从数量和规模上也有更多优势。如我国北方的大连、秦皇岛、青岛和南方的香港、澳门、海口、三亚等，有着地理气候条件决定的不同景观特点。我国的海洋旅游景区数量多，因其受到海洋的独特滋养所以具有许多与陆上旅游景区不同的特点，景观较为独特。与陆地景区相比，海洋旅游景区表现出了对象性、系统性、规律性和功能性等方面的立体差异，也是人类亲水属性的审美和认知差异。

人们对海洋的认知远远落后于对宇宙的探索，导致了海洋旅游景区开发的深度不足且不重视安全感的获得。海洋旅游景区是海洋旅游的重要组成部分，由于靠近海洋，人们对海洋的了解甚少，所以对旅游安全需要格外重视，也需要更加完善的科学管理。大多数游客是通过在海洋旅游景区的游览，感受大海的滋养和海洋文化的魅力，借助成熟景区的健全管理环境，以规避对海洋不了解的安全感缺乏状况。

1.3 海洋旅游景区的健康作用

独特的海洋气候及其环境有益健康。海洋旅游景区的海洋景观会对人体健康产生影响。海洋景观是海滨地区独特而重要的自然疗养因子之一。旅游者在接受海洋景观疗养时，海洋景观那美不胜收的景色使人精神振奋。研究表明，景观通过人们的感官，对大脑皮质和心理状态起到良好的调节作用；美丽的景观可以陶冶人的性情，使激动的心情趋于平静、愉快和乐观，有利于增强体质和病体康复；海滨空气中富含负离子，在适合游泳的季节，能增强皮肤黏膜的屏障防御能力，可刺激造血功能，使血液有形成分增高，增强单核吞噬细胞系统的活性和红细胞的免疫功能。由此可见，海洋旅游景区的一系列旅游活动在无形当中会对旅游者身体健康有益，再加上一些强身健体的活动，游客的身体得到锻炼，精神得到放松，可见海洋旅游景区蕴含着极为丰富的健康价值。

海洋旅游景区的物产美食，直接对健康有益。海鲜可以提供优质蛋白质，海鲜中的不饱和脂肪酸能使血液中的低密度胆固醇减少，同时还能抵抗血液凝固，从而减少老年人患冠心病、高血压和中风的概率。海鲜是无机盐和微量元素的宝库，经常食用可保证机体营养均衡。某些海鲜中还具有抗肿瘤、抗癌的成分，如蛤贝类含有的糖蛋白具有抗癌效果。海鲜中含有较多的不饱和脂肪酸和较少的结缔组织，食用后不仅易消化、吸收，而且还可有效防止动脉粥样硬化。海滨的水果品质也较高。以热带海滨的水果为例，荔枝、香蕉、椰子、波罗蜜、山竹、芒果等水果口感较好，都是很好的健康产品。比如椰子水富含蛋白质、脂肪和多种维生素，促进细胞再生长，可以饮用，甘甜解暑。目前，我国海洋旅游景区在健康物产和特色美食开发方面日益变强。

1.4 海洋旅游景区建设实践

据初步统计，截至 2020 年，我国滨海景区有 15 个国家 5A 级滨海旅游景区、13 个滨海国家级风景名胜区、13 个滨海国家级森林公园、31 个国家级海洋自然保护区、42 个国家级海洋公园、12 个滨海国家地质公园和 22 个滨海国家湿地公园。其中辽宁大连、河北秦皇岛、山东半岛、浙江杭州湾、福建厦门、粤港澳大湾区、海南是我国海洋旅游景区发展的热点区域。大连海洋旅游具有明显的海滨特色，是我国最早开发海洋旅游资源的城市之一，有着良好的发展基础。大连拥有着得天独厚的自然与地理优势，南部沿海风景区、旅顺口风景区、金石滩风景区和冰峪沟风景区是大连的四大名胜风景区。市内也同样拥有丰富的旅游资源，如大连森林动物园、星海广场、滨海路等，还有大连国际服装节、樱花节、国际马拉松等大型国际活动，并将经济、文化、旅游融为一体，闻名海内外。但由于旅游景区硬件设施建设和管理方面的不完善导致了自然灾害与环境污染等问题，对大连的旅游景区的发展造成了不小的影响。厦门鼓浪屿景区享誉海内外，厦门市其他的 A 级景区也很多。厦门市海洋风光优美，但受其地理位置影响，该地经常遭受台风侵袭，这对旅游景区造成了较大的影响。厦门旅游景区发展较为成熟，接待量较大，积累了很多发展经验，但是遇到台风侵袭就需要对园区进行快速修复和整理，就会影响旅游景区的日常管理。因此在未来的发展中，旅游景区各部门尤为重视提升对突发事件的应对能力，切实保障游客安全的同时以最快速度恢复园区面貌，把对景区的影响降到最低。

二、海洋旅游景区健康价值提升理论基础

2.1 海洋旅游景区相关研究进展

旅游景区是一个长期存在的出游目的地，其存在的目的是向社会开放并满足游客对吃、住、行、娱、购、游的需求。对旅游和景观的研究最早出现在第二次世界大战之后。景观是旅游业的重要组成，也是文化和地区认同的重要因素，更是人们敬畏自然的重要体现，是人类社会活动和创作的舞台。实践证明，沿海地区是最有发展潜力的领域之一，随着时代的发展，沿海地区显示出良好的发展前景。国内最早是从20世纪90年代开始进行海洋旅游相关研究。陈君（2000）综合评价了中国沿海旅游资源的总体情况，得出中国沿海自然旅游资源完整的结论，认为可以在资源上实现南北互补。齐德利（2004）利用层次分析的方法对江苏沿海地区的生态旅游资源进行了定性和定量评价。李仁国（2019）结合沿海地区资源条件，就沿海产业景观区域的打造和建设问题进行探究，为更好地促进沿海地区旅游景区发展建设提供建议。陈曦等（2004）、王茹等（2009）、王轶凡（2012）、倪欣欣等（2015）、苏鹏（2020）分别从海洋景区建筑景观、标识设计、规划建设、空间分布与结构优化等方面开展了分析，提出了建筑与规划设计的要点。潘海颖（2007）、王世金等（2008）、张晓婷（2019）从海洋景区资源和生态环境保护出发，研究了保护性开发范式、管理模式和相关策略。郑燕华（2014）、季国斌等（2017）讨论了海洋旅游景区的数字化和智慧化问题，提出了相应的建设与开发策略。吴静激等（2020）、刘是亨等（2021），胡泽黎等（2021）从游客角度研究了海洋旅游景区的转型升级和满意度提升问题，提出了相关的景区营销和建设策略。

从海洋或滨海旅游景区的已有研究看，海洋旅游景区被作为陆地普通景区进行了较多研究，针对海洋旅游景区特色差异性问题以及海洋旅游景区特别规律和自身内涵的研究较少，如海洋景区健康内涵、海洋景区景观特点、海洋景区人文因素、海洋景区特殊的安全救援问题、海洋景区与海洋环境的关系等方面。另外，从健康价值视角去研究海洋景区的发展问题，目前还比较欠缺，亟

待从理论层面进行系统性梳理和探索。

2.2 海洋旅游景区健康价值提升的理论基础

旅行医学理论基础。旅行医学源于"热带医学"，最早是重点针对热带地区的传染性疾病进行的预防性研究，随着民众旅行范围的扩大，高原、草原、海边等几乎所有旅游目的地都涉及传染性疾病的预防。国际旅行医学学会的定义为：旅行医学是一门涉及对旅行相关的卫生问题进行预防和管理的多学科的专业。它是一门新兴的跨学科专业，涵盖的范围很广，如传染病、非传染病、健康咨询、食品卫生与安全、媒介控制、旅行地和途中生态环境、气候与卫生、特殊人群旅行保健、旅行卫生与管理、旅行卫生法规、环境污染和突发事件、意外伤害的救助、防范等。围绕旅行给人们带来的健康和安全问题不断增加，旅行医学的研究对象也在不断扩展和深入。旅行医学结合旅行者的个人信息和旅行信息，分析旅行者可能存在的健康风险，向旅行者提供专业的医学建议和积极的防护措施，是减少疾病传播、保护旅行健康的有效途径。旅行医学回应游客的三个关切：一是根据游客的身体状况科学评估这趟旅行是否合适；二是如果游客确认要去旅行，告知其在目的地存在哪些健康风险；三是对于旅途中的健康问题，如何针对性地防范和应对。

旅行医学，已经从赴热带地区旅行的传染病预防，发展到了游客出行旅游需要进行健康关注的方方面面。基于游客出行的健康问题，进而延伸到旅游供给端的健康保障问题。尤其是突如其来的疫情，更是让人们开始关注旅游全方位的健康问题，这不仅是对旅行医学的范围丰富，也是旅游发展围绕生命健康的全面升级。如何为游客创造一个出游全过程的健康安全环境、如何为游客提供一系列提升健康水平的休闲旅游产品、如何为游客保障一个医疗健康设施支撑系统，则是当前旅游供给端需要充分考虑的问题，更是旅游景区这一旅游业核心支撑载体需要提质升级的重要方向。海洋旅游景区，既具有一般景区的特征，又有显著的海岸地带、海洋气候环境客观差异，需要基于旅行医学的理论基础，深入探讨其健康化提升的方略。

2.3 海洋旅游景区健康价值提升的趋势

"健康中国 2020"等一系列国家从宏观层面的部署和战略，表明国家对健康的重视，海洋旅游景区的发展势必要深入落实国家健康战略。而疫情之后，人们对卫生和健康的追求会更加普遍且强烈，如果景区没有相应举措将难以吸引游客，留住游客。因此，海洋旅游景区重视健康价值挖掘是必然趋势。主要表现在以下四个方面。

第一，以游客健康为中心，关注游客的健康状况、健康风险和健康需求，确保游客在景区内体验各项海洋旅游活动而安全满意。游客在滨海、近海或远海开展旅游活动，需要考虑到海洋性特点可能对不同人群产生的健康影响，如晕船、过敏、海洋生物危害等。也要考虑到疫情防控和传染性疾病通过海水、海洋环境所产生的新传播路径，创造一个健康卫生的环境，避免健康问题的产生。

第二，重视健康管理与服务，从环境卫生管理到健康服务，塑造景区的健康安全氛围和形象。海洋旅游景区的长远化发展加之健康挖掘的需求，表明对景区高层的相关规划的管理的要求越来越高。除了配套的硬件设施之外，还需要有健康服务的支撑。不但需要相应的专业背景和理论知识的指导，还需要运营管理团队具备旅行医学和健康防疫的专业技能。

第三，挖掘海洋旅游资源健康价值并开发健康类旅游新产品，满足游客的健康需求。在旅行医学和健康视角下，重新认知和评估海洋旅游景区资源在健康方面的价值，从"吃、住、行、游、购、娱"多要素去提升健康品质，尤其是吃得健康养生、住得健康舒适、游的康体悦心三个方面。另外，加强海洋景区内健康产品的开发，包括海上康体休闲、海洋气候度假、海洋食品养生、海洋温泉疗养、海洋医药康复等产品。

第四，健康形象与品牌宣传的重视程度会越来越高。景区需要树立良好的健康形象向游客传递正确的健康信息，才能增强旅游景区的吸引力。通过各种营销渠道树立目的地形象并突出健康特色，针对目标人群进行不同的宣传，打造景区品牌必将是未来的发展趋势。

三、三亚海洋旅游景区旅游发展现状评析

三亚位于海南的最南端，境内海岸线长约为 259 千米，其海域面积达到了 3500 平方千米，是中国唯一同时具有热带雨林和海洋风光的城市，这就为三亚发展海洋旅游提供了完美的契机。在近几年的发展过程中，三亚已经围绕"海洋"建设了具有国际水准的邮轮母港、游艇基地，海上运动、海洋爱国主义教育、海岛休闲度假活动也如火如荼地展开。在绵延的热带海岸线上密布着

蜈支洲岛、大小洞天、天涯海角、南山、亚龙湾度假区、亚龙湾贝壳馆、蝴蝶谷、大东海、鹿回头、南山寺、南天一柱、西岛等旅游景区景点 57 处。其中包含了三大国家级 5A 景区，分别是蜈支洲岛旅游区、南山文化旅游区、大小洞天旅游区；也包括大东海旅游区、西岛海洋文化旅游区、天涯海角游览区、亚龙湾热带天堂森林公园等多个 4A 级景区。毋庸置疑，三亚拥有得天独厚的海洋旅游景区资源，海洋康养、海上运动休闲、海湾度假等海洋健康旅游业态成为三亚市文化旅游发展的重点领域。但从目前面对的健康升级和康养旅游发展水平看，该地区海洋旅游景区的健康价值还需要进行全面提升。因此，本章选择了三亚的海洋旅游景区作为分析对象，剖析其不同类型旅游景区的发展现状和未来景区的旅游健康价值提升路径和对策，以期对我国其他旅游景区有一定借鉴意义。

3.1 三亚市海洋旅游发展概况

三亚的海洋旅游市场发展火热。三亚拥有极其丰富的热带海洋资源，政府十分重视对海洋旅游的开发，海上交通工具也在不断发展。三亚的海岛有各自独特的生态环境而且海水清澈见底，适合开发主题性的旅游基地。亚龙湾被誉为"天下第一湾"，在此已经形成了世界级滨海旅游度假区。大东海、三亚湾也是市民和游客休闲的绝佳胜地，被誉为"国家海岸"的海棠湾也正在开发中，是国家级海洋科研、海洋教育和海洋博览基地的综合性基地并将形成高端的滨海旅游度假区。西岛、蜈支洲岛、南湾猴岛、分界洲岛等已经开发了包含休闲娱乐、观光游览、水上运动等一系列水上乐园活动。同时政府也在重点建设一些客运码头，因此有良好的发展前景，也将促进三亚海洋旅游开发。近海旅游活动在不断发展，比如潜水、海上跳伞、海上摩托艇、气垫船、出海观光日出、出海垂钓、海岛拾贝、海上鱼排用餐等。海洋活动不断探索和发展，已经成功举办了环岛国际大帆船赛、水上摩托艇世界锦标赛、"司南杯"大帆船赛等海洋文化与海上运动有关的国际性的海洋旅游文体活动。三亚的本土渔业在海洋旅游开发中还有待开发，凤凰岛客运码头、南山货运码头和崖州中心渔港三港分离，崖州中心渔港是目前中国最南端规模最大的渔港，它将加快三亚海洋渔业和海洋旅游的发展。从 2021 年"五一"假期的接待来看，海洋旅游景区在后疫情时代迎来了新的发展契机，三亚市旅游和文化广电体育局公布的数据显示：南山接待游客 10.26 万人次，同比增长 165.75%；大小洞天接待游客 1.59 万人次，同比增长 244.95%；蜈支洲岛接待游客 5.22 万人次，同比增长 176.69%；天涯海角接待游客 4.65 万人次，同比增长 162.02%；西岛接待游客 2.07 万人次，同比增长 304.10%；亚龙湾森林公园接待游客 4.95 万人次，同比增长 166.37%；鹿回头风景区接待游客 2.01 万人次，同比增长 242.79%；亚特兰蒂斯（水族馆、水世界、海豚湾）接待游客 6.49 万人次，同比增长 100.01%；海昌梦幻不夜城接待游客 7.17 万人次，同比增长 151.14%；千古情接待游客 10.44 万人次。由此可见，三亚海洋旅游景区成为海洋旅游发展的重要载体和中坚力量（见表 10-1）。

3.2 三亚市海洋旅游景区发展概况

三亚的海岸具有湾长、沙白、滩宽、水蓝、气清、护岸植被优良等特点，并且沿岸还分布着奇石，如天涯海角、大小洞天、亚龙飞来石等礁岩。三亚以优美的海湾、纯净的海水、洁白的沙滩著称于世，海中遍布五颜六色的热带鱼和种类繁多的珊瑚、海贝。三亚四季如夏，这种气候最宜旅游休闲度假，素有"东方夏威夷"之称。

表 10-1　三亚主要景区概况

景区名称	级别	概况
蜈支洲岛旅游区	5A	位于海南亚龙湾景区内，集热带海岛旅游资源的丰富性和独特性于一体；静静绽放光彩的度假天堂，逃离尘世后的天堂，被称作"中国的马尔代夫"，也称为"情人岛"
大小洞天旅游区	5A	原名海山奇观风景区，古称鳌山大小洞天，位于三亚市区以西 40 千米的南山西南隅；景区已有 800 多年历史，是著名的道教文化风景区。以其秀丽的海景、山景和石景号称"琼崖第一山水名胜"，山海之间宛如一幅古朴雄壮的长卷画图
南山文化旅游区	5A	位于三亚市西南 40 千米处，是中国最南端的山，属热带海洋季风性气候，其空气质量和海水质量居全国首位，森林覆盖率为 97%，是一座展示中国佛教传统文化的大型园区
亚龙湾热带天堂森林公园	4A	位于三亚市亚龙湾国家旅游度假区，是按照国家森林公园规范要求开发建设的三亚市第一个森林公园，是海南省第一座滨海山地生态观光兼生态度假型森林公园
天涯海角游览区	4A	位于三亚湾和红塘湾之间的岬角上，因景区两块巨石分别刻有"天涯""海角"及郭沫若先生题写的"天涯海角游览区"而得名。天涯海角的自然景观由大型海滩岩、下马岭、天涯湾以及沙滩和海水组成
西岛海洋文化旅游区	4A	与东岛恰似在碧波中鼓浪而行的两只玳瑁，以其秀美的山体、迷人的珊瑚礁、清澈的海水和松软的海滩，成为三亚旅游观光、休闲度假的胜地之一；由西岛海上游乐世界和牛王岭游览区两大板块组成

景区名称	级别	概况
大东海旅游区	4A	位于三亚市的榆林港和鹿回头之间，是三亚首家零收费开放式景区。椰林环抱沙滩，蓝天、碧海、青山、绿椰、白沙滩独特之美博得海内外游客的赞叹
鹿回头风景区	4A	位于三亚市南 3 千米处，是海南最南端的山头。这座山三面临海，状似坡鹿，高 275 米，登上鹿回头山顶，三亚市全景尽收眼底

3.3 三亚市海洋旅游发展的健康支撑环境

海洋旅游景区的健康价值挖掘和提升离不开当地医疗卫生，有利于健康的环境和健康产业发展条件的支撑。三亚市中医院开启了一片"蓝海"——充分利用三亚得天独厚的生态环境和旅游资源优势，大力发展"中医药特色服务"，通过"中医药＋旅游"模式，找到了医院的特色发展之路。目前三亚市自主研发的健康产品达 18 类 300 多个品种，不断推动产业发展。健康设施数量较多，种类较丰富。据统计，2018 年三亚共有医疗卫生机构 436 家，其中，医院 21 家，基层卫生院 11 家，社区卫生服务中心 3 家，社区卫生服务站 11 家，村卫生室 127 家，门诊、诊所、医务室等医疗机构 255 家。市辖区内的三级甲等综合医院 3 家，三级甲等专科医院 1 家，二级综合医院 1 家，二级甲等专科医院 1 家，一级综合医院 1 家。全市医疗卫生机构床位 4367 张，执业医师 2233 人，助理医师 329 人，注册护士 3112 人。现如今三亚的中医药健康旅游有三大发展基石：疗养院、旅行社和喜松堂（自主品牌）。三亚是我国康养旅游最先兴起的地域之一。越来越多的国际性和健康有关的会议和赛事在三亚举行，包括首届世界太极拳健康大会、首届世界养生科学大会暨 21 世纪养生保健品与健康生活相关产业博览会、三亚海南探索国际铁人三项赛、"西岛杯"环海南国际大帆船拉力赛、第 26 届世界潜水联合会代表大会等。总而言之，三亚市海洋旅游发展的健康支撑条件比较优越，具体落实到海洋旅游景区的健康价值提升方面则有着先决的基础。

3.4 三亚市海洋旅游景区价值提升的困境分析

三亚市海洋旅游景区价值提升的困境及需要突破的问题主要有三个方面：一是对热带海洋气候和资源的健康价值认识不足，海洋健康旅游发展的目标、定位和产品体系的系统性设计滞后。三亚市海洋旅游景区发展至今已经有很长时间，景区也积累了很多经验，但健康价值对于海洋旅游景区来说还是一个比较新的领域，因此景区的健康价值挖掘缺少系统化的理论知识指导；景区发展以游客健康需求为导向的目标和定位还不清晰，系统性的健康体验产品和健康旅游项目在研发、设计和建设过程中尤为不足。二是高端健康服务与管理水平有待提升，海洋景区的健康魅力、形象与品牌塑造不足。三亚市景区的健康管理和服务水平仍有较大提升空间，缺乏相应的专业人才，大部分还无法满足健康旅游游客的需求；三亚市没有形成健康品牌，没有完全打出健康旅游的这张名片。三是景区卫生、健康和安全环境有待进一步提升，相关配套设施和制度有待完善。后疫情时代，景区除落实疫情防控的要求外，还亟待需要在卫生环境保持、卫生设施配套和卫生清洁制度等方面加强；引入医疗卫生机构、配备医疗卫生人员、开展游客健康意识教育等方面也亟待加强。

四、三亚海洋景区健康价值提升路径与对策

4.1 编制景区健康价值提升专项规划或方案

规划先行，依据游客健康需求导向和景区海洋资源基础优势，在后疫情时代进行专题规划研究并做好顶层设计。对三亚市的海洋景区而言，当前需要从四个方面明确规划编制的主要思路。第一，研判后疫情时代游客健康消费行为和健康需求，以提升游客身心健康水平和健康安全为目标，构建与之相适应的景区发展方向和策略。第二，从健康视角出发，通过海洋景区的资源再认识再发掘，来挖掘海洋资源的健康价值，以此形成与目标市场相吻合的健康旅游新产品、新业态和新项目。第三，有鲜明的健康形象和品牌价值定位，向游客传递出海洋健康的魅力和安全感，塑造一个全新的健康旅游新形象。第四，明确海洋旅游景区健康价值提升的行动方略和运营管理要求，把健康价值观融入景区的各个要素环节，包括"吃、住、行、游、购、娱"的全方面，创造新的健康体验氛围。马尔代夫以规划指导开发，总体规划、分步实施，整体如诗如画，被誉为"印度洋上的健康度假乐园"。马尔代夫的建筑物都不高于二层，一般沿海而建，使游客一踏出房门便能走入细软而洁白的沙滩，投向大海的怀抱。

4.2 持续开展景区健康卫生环境提升行动

景区要寻找健康价值提升的路径既需要形成系统的健康理念和完整的健康

方案，也需要对景区的卫生环境有基本的保障能力。卫生环境是游客对景区的基本印象，只有在良好的卫生环境的保障下游客才可能会对景区的健康性有所信赖，才会有可能在景区进行健康体验。因此，要挖掘景区的健康价值就必须足够重视景区的卫生环境，开展一系列卫生提升行动。比如，设立严格的卫生标准、对相关员工进行更细致的培训、开展常规性和制度化的监督检查、确保景区内的卫生环境达到标准。景区卫生包括景区清洁环境和公共厕所、垃圾箱、环卫站的设计设置，也包括食品卫生、住宿卫生、餐饮环境的标准实施和执行。公共厕所要派专人负责，时刻保持干净卫生。垃圾箱的陈设位置要合理设计，这在一定程度上也会解决垃圾无处丢的问题。景区要对内部的食品和餐饮商户进行严格督查，经营者必须提供健康证等相应证件，所售食物必须经过景区检验。在此基础上设置游客意见反馈渠道，时刻关注游客的健康评价，在调研游客对景区卫生环境满意度的基础上进行针对性的整改。景区可以设立与专门医院的特色互动机制，与该医院形成合作关系，使医院的相关领域的专家能成为景区的健康顾问。

4.3 开发养生养老型的海湾健康度假景区

对于三亚海洋旅游景区的价值提升，应有明确的试点示范带动，集中力量建设一个适应中高端、国际化、先进性强的养生养老型海湾健康度假景区。在经济比较富裕的情况下，很多老人对于养老水平的要求越来越高，不仅仅局限在传统的居家养老，更对度假养老、旅居养老、避寒避暑养老等需求强烈，养生养老型海湾健康度假景区则大有可为。三亚养生养老型海湾健康度假景区，依托热带海洋的气候、资源和避寒条件以及优质的自然景色、人文内涵、医疗设施等基础，具有国内外的健康旅游的强大吸引力。一方面，景区应通过增强老年人的规划设计，为老年人设定活动参与的动力，增强老年人与海洋环境的交流。在休闲活动项目设定时还应该设定一些有趣的、能够有效吸引老年人注意力的海洋休闲活动，使老年人能够乐此不疲、积极乐观地参与进去。当然，硬件配套设施也需要进一步完善，住宿设施，餐饮设施等都要达到养生养老度假区的标准。另一方面，着重发展健康导向的相关元素，加大相关投入，使其更加专业化，设施和环境更符合健康旅游的要求。后疫情时代，加勒比海地区为满足全球高净值人群的健康和身份规划需求，开展了一系列健康环境改造和卫生水平提升行动，为避疫人群提供了一个更加完善的安全港湾。由此可见，三亚打造 1~2 个养生养老型海洋健康旅游景区势在必行，以起到示范引领作用，同时以此强力塑造健康形象。

4.4 增强景区专业化健康管理和服务的水平

三亚海洋旅游景区发展到现在已经具有一定的接待经验，服务和管理需要进一步学习先进旅行医学相关知识和健康旅游发展的相关经验，学习健康旅游服务管理理论，对景区和人员都要定期管理，开设相关培训管理课程，使游客能真正感受到专业化、精细化的服务，真正放松身心，有益于身体健康，形成符合当地特色和发展规律的健康旅游服务与管理体系。健康管理与服务核心是专业人才、专业团队、专业平台和专项制度保障。健康旅游服务和管理要引进相关人才，有了专业人才，才有可能发展高标准的健康旅游服务，进行更加体系化的健康旅游管理。景区要以满足游客健康为导向进行服务和相关管理，提供更多衍生的健康服务，形成一系列个性化、专业化、系统化的健康服务动作和规范。另外，倡导景区与医疗机构合作，如此一来，医疗机构可以为景区提供系统的医疗知识、专业的医疗人员，针对游客的健康需求提出合适的健康建议。三亚市应鼓励医疗机构延伸业务，把具有热带海洋旅游特点的医疗旅游、旅行医学、健康旅游等纳入自身发展过程中，实现"景区—医院"一体化发展模式。

4.5 积极创建海洋旅游景区的健康品牌

在疫情带来的新生活方式和新消费理念影响下，消费需求的结构、形态和形式都发生了改变，由于疫情与健康之间的高度关联，在新常态消费场景下，大健康品牌面临新的发展机遇。三亚海洋旅游景区可依托良好的健康旅游资源和政府扶持政策，专门就健康旅游领域进行宣传营销。当下对健康旅游的需求呈逐步升高趋势，健康旅游运营应顺应当下形势，以大众容易接受的短视频等新媒体形式进行营销宣传。加快发展文化会展、影视音像、文化创意、体育健身等文化产业，促进文化与旅游、生态相融合，大力发展滨海旅游、休闲康养，形成海洋健康旅游品牌。三亚海洋旅游景区要形成一个整体概念，打造的健康品牌需要保证绝对的健康特色，绝对的健康专业度，绝对的健康安全度。充分发挥当地海洋旅游得天独厚的优势，将海洋旅游与健康旅游完美地结合起来。三亚市作为全国海洋旅游发展的高地，如果能再完善好一批健康旅游产品和设施，完善好一批具有代表性的海洋健康旅游景区，完善好一个健康旅游服务与管理体系，进而把热带海洋健康旅游推向全国，形成一定的联想度，就能实现旅游目的地的全面升级。创建海洋健康旅游品牌，对游客而言意味着业务能力和专业水平保障，能明显地提高游客的信赖程度，因而也就能最直观地吸引相应需求的游客前来。对三亚而言，创建好品牌将十分有利于在其旅游业未来的发展过程中把握新的机遇，开辟新的市场。

参考文献

［1］大连旅游景区环境现状调查分析，https：//www.docin.com/p-1016288416.html.

［2］李仁国.沿海地区旅游景区建设管理［J］.城市建设理论研究（电子版），2019（3）：57.

［3］刘黎黎.旅游景区战略管理文献综述［J］.旅游纵览（下半月），2018（4）：14-15+17.

［4］陈曦，胡绍学.我国近代滨水区历史建筑的改造与游憩功能的开发——以烟台近代滨海景区更新为例［J］.华中建筑，2004（4）：117-120.

［5］王茹，黄安民.旅游景区标识系统的设计——以晋江龙湖衙口滨海旅游区为例［J］.襄樊学院学报，2009，30（5）：57-60.

［6］王轶凡.青岛市滨海景区规划建设中的相关问题探讨［D］.西北农林科技大学，2012.

［7］倪欣欣，马仁锋.海洋岛群地区旅游景区空间分布与码头关系研究［A］.浙江省地理学会、宁波大学.2015年浙江省地理学会学术年会会议论文摘要集［C］.浙江省地理学会、宁波大学：浙江省地理学会，2015：1.

［8］苏鹏.潍坊滨海区旅游景区（点）系统空间结构特征分析及优化策略研究［D］.成都理工大学，2020.

［9］潘海颖.海洋生态旅游景区开发范式研究［J］.北方经济，2007（19）：64-65.

［10］王世金，何元庆，和献中，袁健萍，李宗省.我国海洋型冰川旅游资源的保护性开发研究——以丽江市玉龙雪山景区为例［J］.云南师范大学学报（哲学社会科学版），2008（6）：38-43.

［11］张晓婷.滨海生态旅游景区开放管理模式研究［D］.华南理工大学，

2019.

[12] 郑燕华. 海洋旅游数字景区建设策略——以舟山海洋数字景区为例 [J]. 企业经济，2014（3）：138-141.

[13] 季国斌，丛述. 基于游客视角下大连智慧景区发展的实证研究——以大连圣亚海洋世界为例 [J]. 改革与开放，2017（17）：35-37+46.

[14] 吴静激，乔钥，黄星宇，刘爱丽. 基于游客 IPA 分析的滨海旅游景区转型升级研究——以钦州三娘湾旅游景区为例 [J]. 北部湾大学学报，2020，35（6）：52-57.

[15] 刘是亨，胡杜娟，张家瑜，袁阳，周梦涵，朱里莹. 基于模糊综合评价法的滨海旅游景区游客满意度评价 [J]. 建材技术与应用，2021（2）：54-59.

[16] 胡泽黎，覃子腾，秦趣. 基于游客满意度的大连圣亚海洋世界景区营销策略研究 [J]. 绿色科技，2021，23（7）：164-168.

[17] 许华，徐缓. 旅行医学——公共卫生的一门新兴学科 [A]. 预防医学学科发展蓝皮书（2006 卷）[C].：中华预防医学会，2006：3.

[18] 田玲玲，杨庆贵. 我国旅行医学现状分析 [J]. 中国医药导刊，2014，16（12）：1521-1522.

[19] 官俊宏. 三亚海洋旅游发展现状及对策研究 [J]. 现代营销（信息版），2020（6）：176-177.

[20] 徐畅，周冬珍. 关于海洋文化推动三亚海洋旅游开发的研究 [J]. 中国市场，2020（11）：26-27.

[21]《三亚大力发展健康旅游 2018 三亚医疗机构基本情况分析》. 中商产业研究院.

第十一章　海岛旅游地

海岛是海陆兼备的重要海上国土，是壮大海洋经济、拓展海洋经济发展空间的重要依托，是保护海洋环境、维护生态平衡的重要平台，也是维护国家海洋权益的战略前沿。随着世界海洋经济的发展，海洋旅游业飞速发展，在西班牙、希腊、澳大利亚、印度尼西亚等国，海洋旅游业已经成为国民经济的重要产业或支柱产业，在热带、亚热带的许多岛国，海洋旅游业已成为最主要的经济收入来源，有的甚至占到国民经济比重的一半以上。据《世界海岛旅游发展报告（2016）》显示，在全球 11.8 亿国际旅游人次（过夜游客）中，超过 2 亿人次选择海岛旅游。全球海岛旅游游客的数量也在增长，海岛旅游游客的增长率超过 20%，现代海岛旅游在不久的将来将会发展成为主流热门的旅游形式。海岛旅游依托海洋资源、海风、海水、海边的独特空气等要素构成了海岛旅游的整体，吸引着游客源源不断地前来。与此同时，海岛及其整体环境有着鲜明的健康属性，对提高人民身心健康有着潜在的功能。随着国家和地区一系列健康产业政策的出炉以及后疫情时代游客健康需求的井喷效应，我国海岛旅游目的地也迎来了健康视角下的转型升级浪潮。本章首先明确相关理论概念，继而开展相关理论综述，通过进一步的理论分析和梳理，明确海岛旅游的健康价值挖掘方向，最后以北海涠洲岛为案例，进行健康旅游发展的现状与基础条件剖析，并提出健康价值提升的具体举措。

一、海岛旅游地理论和实践综述

1.1 我国海岛概况

海岛资源数量多，类型丰富。1982 年，《联合国海洋法公约》第 121 条明确规定："岛屿是四面环水并在高潮时高于水面的自然形成的陆地区域"。据国家海洋局统计，在我国浩瀚的海域中共有1.1万多个海岛，总面积8万多平方千米，类型丰富，分布较广，总数量在全球排名第4。面积在500平方米以上的海岛有7372个，其中有2个海岛省、19个海岛县（市、区）、190多个海岛乡（镇），常年有人居住的海岛420多个，海岛人口已经超过3000万。浙江省沿海岛屿众多，面积大于500平方米的岛屿总数为3061个，是全国沿海岛屿数量最多的省份，岛屿总面积1670平方千米，现有常住人口的岛屿210个。西沙群岛、涠洲岛、南沙群岛、澎湖列岛、南麂岛、庙岛列岛、普陀山岛、大嵛山岛、林进屿南碇岛、海陵岛是《中国国家地理》评选出的中国十大最美海岛，也是大多数游客进行海岛旅游时选择的目的地。海岛中的重要海岛，一般是指陆域面积不小于5平方千米的岛屿以及陆域面积不足5平方千米但属于乡级以上行政区驻地的岛屿或具有重要战略需求的岛屿或处于海洋保护区内的核心岛屿（见表11-1）。我国海岛约90%左右属于无居民海岛，它们大多面积狭小，地域结构简单，环境相对封闭，生态系统构成单一，而且生物多样性指数小，稳定性差。无居民海岛一般划分为六等（见表11-2）。

表11-1　我国按面积排序的主要岛屿[①]

排序	名称	陆地面积（平方千米）	特点	省区市
1	台湾岛	35915	台湾是世界上少有的热带"高山之岛"，除西岸一带为平原外，其余都是高山峻岭	台湾省
2	海南	32198	海南除了丰富的地下宝藏，如石绿富铁矿和羊角岭水晶矿等，地面上还生长着几乎所有的热带作物，出产橡胶、咖啡、可可、椰子、槟榔、胡椒等。附近海域上鱼类群聚，可以捕捉到热带海洋中的各种鱼类，渔业资源十分丰富	海南省
3	崇明岛	1267	崇明岛是历经千余年，由长江辖带大量泥沙冲积而成的岛屿，位于长江入海口，适宜生态旅游	上海市
4	舟山岛	485	舟山岛建有泊位近百个，主要港口分布于老塘山、定海和沈家门港区，主要为舟山渔场的相关业务服务。舟山海域有大小黄鱼等，带鱼是当地最为著名的特产。其盐、茶、港区吸引其周边地区游客来此	浙江省

---

① 数据来源：中国的岛屿及大小面积排名，http://www.360doc.com/content/13/0801/20/718071 6_304109327.shtml.

续表

排序	名称	陆地面积（平方千米）	特点	省区市
5	海坛岛	274.30	海坛岛是我国东南沿海独具特色的兼具避暑度假、游览观赏、运动探险、娱乐休闲等多层次功能的海岛旅游胜地	福建省
6	大屿山	147.16	大屿山是中国香港最大的岛屿，位于中国香港西部海域，地势以山地为主，属于亚热带季风气候	香港特别行政区
7	上川岛	137.17	上川岛素有"南海碧波出芙蓉"之称，因该岛拥有优质的海滩而成为一个著名的旅游岛	广东省
8	金门岛	134.25	金门岛形似一只展翅的蝴蝶，中部狭窄，东西两端宽广，东翼面积大于西翼。金门岛生产高粱、甘薯、玉米、大小麦、花生、蔬菜等作物，矿产有花岗石、瓷土等，特产金门高粱闻名遐迩	福建省
9	南三岛	123.40	南三岛拥有阳光、沙滩、大海、森林、名胜，是嵌在富丽的南海上的一颗明珠，吸引着无数中外游客慕名观赏，成为湛江久负盛名的景点之一	广东省
10	岱山岛	108.99	岱山岛历史悠久，据岛上出土文物考证，五千年前的新石器时代，岛上已有人类繁衍生息，有文字记载的也有两千多年的历史	浙江省

表 11-2　无居民海岛六等分类

等别	面积（S）（平方千米）	植被覆盖率（P）（%）	沙滩分布	离岸距离（L）（千米）
	S≥1			
一等	0.5≤S<1	P≥60	有	L≤1
	0.5≤S<1			
	0.5≤S<1			
	0.5≤S<1			
二等	0.1≤S<0.5	P≥60	有	1<L≤5
	0.1≤S<0.5			
	0.1≤S<0.5			
	0.1≤S<0.5			
三等	0.01≤S<0.1	P≥60	有	5<L≤10
	0.01≤S<0.1			
	0.01≤S<0.1			

等别	面积（S）（平方千米）	植被覆盖率（P）（%）	沙滩分布	离岸距离（L）（千米）
	$0.01 \leqslant S < 0.1$			
四等	$0.0005 \leqslant S < 0.01$	$P \geqslant 60$	有	$10 < L \leqslant 25$
	$0.0005 \leqslant S < 0.01$			
	$0.0005 \leqslant S < 0.01$			
	$0.0005 \leqslant S < 0.01$			
五等	$S < 0.0005$	$P \geqslant 60$	有	$L > 25$
	$S < 0.0005$			
	$S < 0.0005$			
六等	$S < 0.0005$	$P < 60$	无	$L \leqslant 25$

1.2 海岛的健康作用改善

海岛拥有独特的促进身心健康的环境。围绕海岛环境形成的海洋生物、海产品、海洋独特的气候环境等改善身体健康效果明显。海洋生物富含各种人体必需的微量元素、不饱和脂肪酸等营养成分，对人体健康有一定好处。种类丰富的海洋生物中能分离出许多结构新颖，功能独特，具有抗肿瘤、抗病毒、抗菌、降血压和抗凝血等生物活性物质；在海边进行海沙浴，如果沙温条件适当，进行限定时间的沙疗对膝关节骨关节的治疗效果良好。此外，很多海产品具有抗癌功效。海岛独特的环境形成了有益健康的微气候条件。与内陆相比比热容大，温差小，无论是四季还是昼夜温度都较为适宜，具有良好的康养物候条件，气候宜人。因此，许多高血压、心脏病患者都偏爱海岛旅游，在海边很容易放松身心，不知不觉中对身体内部各器官起到调节作用，使人的健康得到改善。

海岛活动可促进人格完善，提升人的心理健康水平。海岛野外生存对人的心理健康有积极作用：自尊发展程度较高，多数人感到自己有价值、对自己满意、希望为自己赢得更多尊重，意志力优于一般群体。卡特尔16项量表中乐群性、聪慧性、兴奋性均出现了最高分者；稳定、责任、敢为性、敏感性分值偏高，怀疑性、独立性出现了最低分值。实验和相关研究表明，海岛相关项目比传统运动项目更有助于人的心理健康水平的提高，比如，海岛野外生存训练在提升锻炼者的社会适应性水平方面优于传统的健美操、乒乓球项目，在提升锻炼者的意志力水平方面优于传统的篮球项目。海岛旅游活动中包含一系列具有挑战性的活动，能让游客在过程中磨砺自己的意志，更加自尊自信，同时也会完善自己对自己的认知评价体系，提高自我满意度，进而有利于个人的心理健康。

1.3 海岛旅游实践动向及启示

浙江省海岛旅游资源丰富，海岛总数约占全国的 2/5，是全国最大规模的岛屿群，近年来在海岛旅游发展的实践方面形成了领先的势头。浙江省提出的"海岛大花园建设畅想"确定了十大海岛公园的培育对象，在空间上形成南北两大片区。北部片区以舟山、宁波为重点，包括嵊泗、岱山、东极、定海、普陀山和象山南部海岛公园；南部片区以台州、温州为重点，包括蛇蟠、东矶、大陈、大鹿、洞头和南唐海岛公园，同时也明确了各海岛公园的主题。采用"一岛一景区一公司"的开发模式，以连岛工程和大型游轮为载体，培育开发人文自然精品旅游线，开发一批有吸引力的旅游产品，使岛群旅游组团发展，形成海岛大公园新格局。与此同时，浙江省还开发了多处与健康养生有关的旅游示范基地，表明其在进一步开发当前旅游资源的同时已经意识到了健康旅游的趋势，海水浴、沙滩排球、海洋垂钓等康体活动项目对于陆地居民具有独特的吸引力。举行沙滩足球、沙滩排球、沙滩拔河、浴场游泳比赛和观赏、沙滩跑车。一些沙滩泥质海岸线长，滩涂经开发后养有各类海鲜贝壳类，适宜滩涂拾贝、滩涂滑雪、滩涂拔河、滩涂摔跤、滩涂泥浴等参与性强的活动。浙江海岛旅游活动开发得较为全面，而这些旅游活动中很大一部分是对健康有益的。

印度尼西亚巴厘岛有着情人崖、爱咏河、乌布皇宫、天空之门、蓝梦岛等很多特色的旅游吸引物。巴厘岛的不断发展在于把这些旅游吸引物进行了很好的整合，并且增加了游客游览的多样性，不仅能观赏到美丽的海岛风光，还能感受雕刻技术等具有当地风情的特色文化。巴厘岛有比较成熟的海岛水上活动体系，其中，努沙杜瓦的南湾水上中心以水上项目而著称，降落伞、水下漫步、浮潜、飞鱼、快艇等项目都很完善，且配备安全设施和人员比较到位。在巴厘岛可以进行的比较特殊的活动有在两岸原始森林的河流中漂流、驾驶四轮越野车等，具有当地特色，深受广大游客喜爱。同时在海边小屋享受海鲜大餐等活动也安排得较好，能很好地满足游客需要，使其拥有良好的健康旅游体验。

菲律宾长滩岛有着雪白的沙滩，细腻的白沙滩是当地最有名的景点之一。这里的美景、美食、购物、娱乐设施、酒店都集中在沙滩边，游玩十分方便。长滩岛的建筑，大都在三层以下，很多宾馆、酒店都是低矮的院落式结构，一组一组错落有致地排列着，随着当地旅游业的发展，在新建宾馆、酒店和各种设施时，注重因地制宜地绿化美化，通过栽花种草、铺设草坪，将一切新建筑与周边自然环境紧密结合起来，融为一体，做到让原有景色美上加美，公共设施的景观美轮美奂。很多宾馆、酒店都在店内花园的树荫下摆放着木制长椅，专供住店旅客小憩。经历了长期发展之后，旅游设施逐渐健全，目前已经到了比较高的水平。旅游设施与海岛沙滩相结合，给游客带来了别具一格的旅游体验。但是专门为健康服务设置的设施还不够健全，没有注意到海岛旅游游客的健康需求。如长滩岛这类海岛旅游发展已经比较健全的海岛更应该探究如何能更好地满足游客需求，成为探索海岛旅游健康价值的先行者，而在健康理念的加持下首先应该完善的就是海岛旅游的基础设施。

二、海岛健康旅游发展的研究基础

2.1 海岛旅游研究综述

国内海岛旅游研究达到一定水平，研究视角有待进一步扩展。我国的海岛旅游研究同国外相比起步较晚，关于海岛旅游开发的研究在近些年才慢慢受到重视，很多学者将研究重点放在海岛旅游开发的方法、开发产品以及影响上，相关的文献也逐渐增多，扩大了国内海岛旅游研究的视角，为海岛旅游的发展奠定了一定的理论基础。在实地案例的文献中，大多以浙江舟山、海南海岛、山东半岛周边为研究对象，还有一些重点研究大连、福建、广州、上海等周边岛屿的文献。研究主题在海岛旅游资源评价方面比较突出，这也为海岛旅游资源的健康价值挖掘奠定了相关研究基础。黄丹（2011）构建了海岛旅游资源评价指标体系，它由旅游资源条件、区域条件、区位特征三个部分构成，采用"总目标层—评价综合层—评价项目层—评价因子层"框架，选取 11 个评价项目指标，共计 58 个因子指标，根据不同指标的特性，运用李克特量表，确定了该评价指标体系的评分标准。李悦铮、李鹏升、黄丹（2013）在国内外海岛旅游评价体系研究的基础上，构建符合中国海岛特点的旅游资源评价指标体系，包括 4 个层次 58 个指标，从旅游资源条件、区域条件、区位特征三个方面对海岛旅游资源进行系统的测量，同时给出相应指标的评价标准，并通过制定评分等级标准与确定评价指标权重以及建立综合评价模型，此举为今后海岛旅游的进一步研究奠定了基础。向亚武、王永红、徐杨杨（2017）通过李悦铮等建立的海岛旅游资源综合评价体系，以长岛、养马岛、崆峒岛、刘公岛、镆铘岛、田横岛为例对胶东半岛海岛旅游资源进行了综合评价。蒋正凯（2018）以观光价值、度假价值和区域条件为三大子系统，采用德尔菲法进行修正，确定了包含总目标层、评价综合层、评价项目层和评价因子层四个层次的离岸海岛旅游开发价值评价体系，同时以永乐群岛为例展开实证研究。李志勇、徐红宇（2016）基于对湛江市区居民的问卷调查，采用条件价值评估法（CVM）对湛江特呈岛旅游资源价值进行了定量评估，并利用相关性分析对影响支付意愿的因素进行了研究。由此可见，我国对海岛旅游资源的评估已经形成一套完整体系，通过给指标赋以科学的权重，对各层次进行明确的分析，可以帮助我们更好地认识海岛旅游资源的状况，全面了解海岛旅游资源的价值。综合来看，目前国内针对海岛旅游的研究多集中于海岛旅游景区管理、海岛旅游产品开发、海岛旅游资源价值评估、海岛旅游发展对策等方面，而从健康视角研究海岛旅游的成果较少。

国外海岛旅游研究成熟，但健康价值视角仍有较大研究空间。近年来，世界海岛旅游发展已形成了全球四大著名海岛旅游区域，分别是：地中海地区，如马耳他、意大利厄尔巴和卡普里岛、希腊圣托里尼、西班牙巴利阿里群岛、法国科西嘉岛等；加勒比海地区，如巴哈马群岛、墨西哥坎昆、百慕大群岛等；大洋洲，如夏威夷群岛、澳洲大堡礁等；东南亚，如泰国普吉岛、印度尼西亚的巴厘岛、马来西亚迪沙鲁和槟榔屿、菲律宾碧瑶等。无论从研究内容和成果丰富度，还是从发展理念和经营管理方面，上述四大区域均处于领先地位。第一阶段：1998—2006 年处于世界海岛旅游研究的初期，年度发文数量较少，增长缓慢，研究成果多集中在拥有海岛的发达国家（美国、加拿大、澳大利亚、德国、法国、意大利等）以及发达的岛国（英国、日本、新西兰等）。第二阶段：2006—2011 年，处于迅猛增长阶段。越来越多发展中国家的学者也开始关注到海岛旅游这一主题，年度发文数量较多且增长迅猛，研究成果不仅集中在发达国家，还包括拥有海岛资源的众多亚洲国家（中国、马来西亚、菲律宾、韩等）、非洲国家（马达加斯加、毛里求斯等）以及拉丁美洲国家

（巴西、墨西哥、阿根廷等）。第三阶段：2011—2017年，处于平稳增长阶段。发文数量逐年增加但速度放缓，发达国家的海岛旅游发展已经成熟，而发展中国家的海岛旅游处于重要发展时期，因此年度研究成果中来自发展中国家的比重越来越大。

2.2 生态康养旅游

海岛相对自成体系的生态环境构成了天然的生态敏感属性，保护赖以生存的生态环境系统是海岛健康价值提升的基础；另外海岛独具特色的"世外桃源"环境，也是养生养心的最佳场所。生态康养旅游，是生态可持续旅游和康养旅游的综合应用。生态旅游是对生态文化的阐释，生态文化渗透在生态旅游中，生态文化能唤起人们对自然价值的思考。海岛生态文化繁荣则是生态旅游发展的根本点和实现目标，海岛的健康价值也源于独特的生态文化价值，是人和海岛自然环境和谐共生的精神价值，也是反映出生命与海岛环境长期协同进化过程中创造出的充满生机与和谐的美。随着时代的变迁与科技的进步，我们认识人与海岛自然的关系越发深入，希望能够走一条可持续发展之路。

可持续发展的概念在1987年世界环境与发展委员会发布的《我们共同的未来》中首次出现，在1992年《里约环境与发展宣言》发展为"人类应享有与自然和谐的方式过健康而富有成果的生活的权利；为了公平地满足今世后代在发展和环境方面的需要，求取发展的权利必须实现。"这种可持续发展观也是人类健康生活的追求。基于此，生态可持续旅游的复合概念也随之形成，其运行目标是为了规范游览社会、经济、文化等系统变化的关系，使之在内涵和外延上都能实现人类普遍公认的旅游业持续发展的目标，即安全、健康、低碳、环保、绿色和资源保护利用等。

原国家旅游局在《国家康养旅游示范基地标准》中对康养旅游做出界定：康养旅游（health and wellness tourism）指通过养颜健体、营养膳食、修身养性、关爱环境等各种手段，使人在身体、心智和精神上都达到自然和谐的优良状态的各种旅游活动的总和。中医"治未病"理念是康养旅游的重要理论基础，这种理念有着深厚的思想内涵，其核心理念落实到一个"防"字上，充分体现了"预防为主"的思想，在现代医疗保健保障中具有引领作用。"未病先防、欲病先治、既病防变、病后防复"是对中医"治未病"思想四个层次的高度概括，中医有着丰富的养生理论和方法，有着中医特色的药物和非药物方法，包括情志调摄、四季养生、膳食调养、针灸、按摩、熏蒸、药浴等，目前现代医学观念由传统的治愈疾病开始向预防疾病和提升人们自身健康水平等方面发展。然而，我国中医因其在农耕和陆地文明中孕育壮大，所以对于海洋海岛的相关药理、药物和预防方法还探索不深，这也对海岛康养旅游发展有一些制约。

2.3 健康管理与慢行健康

健康管理学，是关于健康管理的学科理论体系，通过对个人的健康状况以及影响健康的风险因素进行全面检查、监测，收集躯体、心理、社交、心灵、智力、环境等多方面的信息，了解、掌握影响健康的生理、心理及行为风险因素的现状，进行分析、评估，给予信息反馈、提供咨询、行为干预、指导健康文明科学的生活方式等，提供带有前瞻性的全程服务，以期提高服务对象的自我保健和自我调适的意识和能力，充分发挥其个人、家庭、社会的健康潜能，以求提高健康素质。曾渝（2014）的研究成果指出，健康管理专业在我国是一个全新的行业和学科，随着社会经济的快速发展和人民生活水平的提高，人们的健康管理意识不断增强。海南国际旅游岛的建设，为海南省经济、社会生活带来了无限商机的同时，也对旅游医学、健康管理等相关专业人员提出了更高的要求。王周、凯欣（2018）研究了新形势下海南国际旅游岛健康管理服务需要、资源与利用之间的协调关系，分析了影响健康管理服务业发展的因素，探讨建设国际旅游岛与发展健康管理服务相结合的策略和方法。

慢行交通环境的塑造对健康有益，尤其是离岸海岛的内外交通方式体验已成为户外健康旅游活动的一种方式。慢行交通的健康内涵：健康性是一个比较抽象的概念，慢行交通的健康性指将步行和骑行等慢速出行方式作为城市交通的主体，强调空间环境对慢行活动的支持程度。步行是多种城市交通方式中与日常生活最密切、最绿色，但又是最容易被忽视的方式，安全、舒适、便捷的城市慢行交通是健康城市不可或缺的特征，它不仅能提高人们步行出行的兴趣和意愿，还间接鼓励了健身活动的开展。健康的慢行交通空间能提升人们步行的兴趣和欲望，吸引人们到户外健身锻炼，对提高空间活力、带动经济发展有积极作用。健康的慢行交通规划设计应当进一步提升通向使用率较高的目的地的路径环境质量。例如，可以通过增加到达公交站场、公园、购物设施等路径的数量，提高目的地的可达程度，以提高人们的出行欲望。通过趣味化的街道设施，如交通设施、照明设施和导向标识来提升慢行路径的空间质量。提高慢行交通空间的安全性能够有效缓解人们户外出行时的焦虑，减少交通安全隐患，保障人们的健康。

三、北海涠洲岛旅游发展现状评析

3.1 北海涠洲岛旅游发展环境

涠洲岛，位于广西壮族自治区北海市北部湾海域中部，北临广西北海市，东望雷州半岛，东南与斜阳岛毗邻，南与海南隔海相望，西面面向越南。2008年1月，国家批准实施《广西北部湾经济区发展规划》，标志着北部湾经济区开放开发上升为国家战略。2018年，北部湾经济区实现地区生产总值9860.94亿元，约占全区的48%。广西北部湾近年来社会经济状况发展较好，且国家给予相关政策扶持，这为涠洲岛提供了更利好的政策和经济支撑环境，也为其海岛旅游资源的深入开发提供了条件。涠洲岛是多种鸟类的栖息地，甚至为一些濒危鸟类和国家重点保护鸟类建立了自然保护区。涠洲岛鸟类自然保护区共有鸟类近200种，有苦楝、桑、黄葛树、樟树等多样化的植物生态系统。2019年广西近岸海域水质优良比例为100%，水环境的良好使得至少22头布氏鲸出现在涠洲岛海域，创下历史纪录。涠洲岛采取了严格的生态环境保护措施，如垃圾大部分运回北海处理、岛上建起污水处理厂、严控燃油车上岛、禁止在离岛6千米范围内捕捞等举措。《北海市健康产业三年专项行动计划》要求贯彻党创新、协调、绿色、开放、共享的新发展理念，主动适应经济发展新常态，推动健康产业发展壮大，尤其是要充分挖掘丰富的滨海养生自然资源和丰厚的海洋文化内涵，推动医养结合，促进健康与旅游融合，努力打造北部湾滨海健康养生城市，这也为涠洲岛的健康价值提升奠定了政策支持基础。从现实情况来看，涠洲岛的知名度远没有海南或东部一些海岛大，因此，健康作为未来发展的大趋势应将其纳入发展规划，如果能打造出北海涠洲岛健康旅游的特色招牌，将不仅为旅游业带来极大收益，也能带动当地经济的腾飞。

3.2 北海涠洲岛旅游资源特征

旅游吸引物数量较多，五大海岛景观引人入胜。涠洲岛旅游吸引物种类比较多，比较出名的景点有五彩滩、涠洲盛塘天主教堂、彩色公路、贝壳沙滩、鳄鱼山火山公园、滴水村、滴水丹屏、圣母教堂、相思湖水库等。旅游吸引物大致可以分为火山地貌资源、海蚀景观资源、生物植被资源、自然气象资源和人文历史资源。涠洲岛海平面以上的地层基本由火山岩组成，岛上有南湾、横路山、鳄鱼山和斜阳等多处由火山喷发形成的火山口遗迹，呈现出火山口港湾、火山弹、火山石、火山熔岩、火山冲击坑以及放射状断裂层等神奇景观。涠洲岛和斜阳岛沿岸悬崖峭壁，坡陡水深，在波浪、海流、潮汐的侵蚀下，形成海蚀洞、海蚀沟、海蚀龛、海蚀崖、海蚀柱、海蚀窗、海蚀平台、海蚀蘑菇等千姿百态的海蚀地貌。涠洲岛附近海域拥有大面积的珊瑚礁体，是中国内陆架最大的活珊瑚群之一。岛上还分布有省级鸟类自然保护区，是一年两度候鸟迁徙的"驿站"，可以观赏到众多候鸟停留和飞越的景观。涠洲岛碧海蓝天，绿树茂密，风景秀丽，阳光充足，雨量充沛，气势恢宏，空气清新宜人，堪称"人间天堂"，适宜全年旅游休闲度假，是游客观赏日出日落、潮涨潮退的旅游胜地。人文历史资源方面，400多年前明代著名戏剧家汤显祖游览涠洲岛，曾经留下"日射涠洲廓，风斜别岛洋"等诗句。涠洲岛民风淳朴，至今还保存着非常原始的田园牧歌式的生活状态。这种独特的人文历史景观，是长期以来中西文化融通与自然环境和谐共存的写照。在涠洲岛，环岛骑行是必不可少的旅游活动，感受渔家生活是另一深受欢迎的旅游活动。当地住宿设施比较多，但接待质量参差不齐、有设施齐全、干净整洁的酒店，也有淳朴的渔家民宿。饮食多以海产品为主，能较好地展现当地的饮食特色，也有让游客自己抓海鲜在本店处理的店家，这种体验让游客更有满足感。基础设施方面，由于海岛旅游业基础设施建设资金投入需求较大，加上电力和淡水的使用成本都远高于内陆，致使岛上基础设施较为滞后。

3.3 北海涠洲岛的健康产业发展环境

健康产业作为一种新兴产业，涵盖医疗产品、保健用品、营养食品、医疗器械、保健器具、休闲健身、健康管理、健康咨询等多个与人类健康紧密相关的生产和服务领域，具有拉动内需增长和保障改善民生的重要功能和意义，已经被很多国家看作未来的战略性产业。据统计，目前我国健康产业增加值仅占 GDP 的 4%~5%，远远落后于美国（17.6%）、德国（11.3%）和日本（10%）等发达国家，甚至与印度、新加坡、韩国等亚洲国家相比也存在一定差距。"十三五"以来，广西围绕健康养老、健康旅游、健康休闲运动、智慧健康、医疗（康复）器械、健康食品医药等 6 大健康产业，通过积极开展投资合作项目对接洽谈，全力构建开放型经济新体制，广西健康旅游产业、特色养老产业、医药产业等实现了跨越式发展。然而，除自然生态资源等少数指标外，广西健康产业领域大部分指标均落后于全国平均水平。涠洲岛当地医疗卫生条件还不够不发达，健康产品发展程度也比较低，品种较少。涠洲岛当地健康服务不成体系，服务人员专业水平有限，急需引进专业健康团队提升其健康服务水平，健全服务和管理体系。涠洲岛健康设施数量少，专业化、现代化程度低，还无法充分满足游客健康消费和健康休闲的需求。另外，涠洲岛健康品牌形象还未建立，依托广西长寿养生之乡和中医药壮瑶医药的品牌资源优势，需要进一步建立海岛健康养生文化品牌。

3.4 涠洲岛旅游转型升级的挑战

生态环境承载力、基础设施配套水平、旅游产品产业高级化、服务管理运营能力和品牌知名度提升是当前涠洲岛旅游转型升级面临的主要挑战。第一，海岛风貌遭到一定破坏和生态环境承载力不足问题突出。一些岛民违规建设大量的民宿与客栈，岛上林木遭到损毁，海岛原生态风貌遭到破坏；再者，游客数量的增长使得岛上生活垃圾与污水排量大增，岛上资源有限而游客量却与日俱增，致使涠洲岛旅游接待能力面临瓶颈效应，生态承载力面临不足。第二，食宿、交通、购物等旅游配套设施与服务质量远未能满足需求。对于慢行交通系统而言，涠洲岛慢行交通系统的设施并不完善，对步行，骑行等慢行交通方式不够重视，部分路段没有非机动车道，经常出现高峰时期与机动车混行导致交通拥堵的情况。同时，涠洲岛与北海市海上航线相距36海里，客船是进出该岛的最主要的交通工具，进出涠洲岛的交通方式单一，基础设施建设滞后方面的问题日渐突出，是制约该岛旅游发展的重要瓶颈。第三，涠洲岛旅游新产品新业态开发不足。满足疫情后健康需求的项目还有待加强，在广西和北海健康产业发展的大背景下，探索海岛健康旅游产业和产品发展尤为重要。第四，涠洲岛的旅游发展没有完善的健康服务与管理体系支撑，当前涠洲岛健康管理人才较为缺乏也导致健康化管理、运营和品牌塑造跟不上。

四、北海涠洲岛旅游发展的健康价值提升对策

4.1 打造生态康养旅游产业，建设优质海岛养生基地

在北海市发展大健康产业和建设世界级滨海康养旅游目的地背景下，涠洲

岛打造海洋生态康养旅游产业，建设海岛型优质养生和度假基地势在必行。应充分挖掘涠洲岛优质丰富的健康旅游资源，把涠洲岛建成以海洋养生度假为核心，集海洋文化、休闲运动、海岛养生、海岛休闲等功能于一体的国际健康旅游示范岛，形成生态康养旅游产业的新增长区。具体而言，可以从四个方面进行建设：一是结合涠洲岛旅游区医院和疗养设施，建设海岛医养度假综合体，重点开展海洋医疗和海岛环境康复的专业化研究，开发国际领先的海岛型医养科技和养生产品，形成海岛生态康养发展的示范区。二是包装集阳光、海水、沙滩、环境、空气的海岛生态健康养生之旅，以专业化、定制化和精益化的开发思路，形成度假养生的新模式，为不同游客开发设计"一周、一月、一季度、一年度"的海岛度假养生产品，打造新型海岛养生度假生活方式。三是建设海岛生态康养研究基地，引入先进医疗机构、院校科研机构和相关专业团队，集中力量研发一批后疫情时代的免疫力提升度假产品，形成海岛生态康养的科技创新和产品孵化基地。四是发展环海岛、海上、海底、低空康体运动项目，拓展海洋竞技类、海洋休闲类和海洋观赏表演类体育运动项目，推进自行车巡回赛、海上飞机、海上帆船、海上摩托、沙滩球类等休闲康体养生运动，形成国际化滨海岛屿休闲养生运动产业链。

4.2 发展中医药和康疗特色服务，形成海岛健康主题公园

拓展中医药养生文化的海洋海岛内涵，依托广西和北海市中医医院的专业力量，开辟海洋海岛中医药养生文化领域，把先进的中医药养生文化与涠洲岛海洋文化相结合，形成全国领先的中医海岛养生示范模式。发挥中医药特色优势，使海洋旅游资源与中医药资源有效结合，建设独特的中医药海岛健康主题公园。依托市中医医院新院区健康养生旅游基地为核心的中医药健康养生文化主题公园、特色中医治疗和调理区、中医药传统文化学习培训园区、中医药健康养生疗养馆、中医药健康运动区等体验性强、参与度广的中医药健康旅游产品体系，在涠洲岛建设海洋海岛中医药康疗养生文化公园，提供健康疗养、慢性病疗养、老年病疗养、骨伤康复和职业病疗养等特色服务。推进海岛健康养生推介服务体系建设，举办海岛健康主题交流活动，进行海岛健康的营销与推广，形成涠洲岛独特品牌吸引力。加强健康旅游推介平台建设，积极运用网络营销、中介机构宣传，可以利用微博、短视频平台等新媒体发布健康旅游宣传片等，通过镜头展现当地的海岛健康旅游魅力。积极举办有影响力的海岛健康

交流活动，加大宣传力度，打造出北海涠洲岛的健康名片。

4.3 提升健康管理及配套设施水平，突出健康慢行交通环境

加强涠洲岛健康旅游基础设施建设，推进以医院、医疗服务中心、医疗研究机构、医养研究基地的核心力量建设，提高健康服务管理标准，打造良好的健康旅游环境。住宿设施和餐饮设施也是健康旅游设施的一部分，其中营养海品、海岛食品、健康餐饮设施也是健康度假的重要支撑。比较完善的健康住宿设施要涵盖游客的住宿前、中、后，提供大病早筛、基因检测、健康管理、养生保健、中医调理、私人医生、运动康复等防、筛、检、调、治、康、养一站式服务，形成医疗康养的海岛住宿新体系。涠洲岛发展健康旅游也可以将康养概念融入客户住宿体验，提供特别设施的健身客房、养生菜单，组织身体训练和精神修炼课程，组织烹饪课程、研讨会等。对现有工作人员进行统一培训，加强健康管理相关理论学习，并促进岛内主要负责人员开展更深度的中医养生文化、海洋海岛健康文化、健康服务管理知识的学习。同时引进健康管理专业人才，从更加专业的角度指导健康管理，使其能对游客产生切实的效果，打出涠洲岛健康旅游的招牌。另外，提高对慢行交通的重视程度，建立完善的步行道、骑行道体系，提高各个旅游点之间道路的通达度，使更多的游客感受到步行、骑行方式的便利，更愿意通过慢行交通方式在岛内活动，同时慢行交通对游客健康也有一定益处，更符合景区的健康价值属性。同时注意游客进入岛内的交通方式较为单一，开发更多交通方式的同时更需注意交通的健康化和绿色化。

4.4 建设海岛型静心养心的避世秘境，塑造独特治愈生境

从养生到修心，利用海岛独特的避世环境和生境，利用艺术创意和意境营造的方法，形成海洋隐居独处的世外桃源，吸引"治愈系"人群度假休闲。厌倦了城市的车水马龙、霓虹交错，想放慢脚步、放松心情，去体验一场舒心的慢生活，这是一种新兴的治愈旅游需求。"治愈系"旅游，其意义具有抚慰心灵、舒缓精神压力的作用，这种旅游类型以禅修、度假村、田园、大山大水等或开阔或悠远或质朴的能量打动人，通常融入自然和人文中最朴实的那份真，让人从小我的烦忧中，以不察觉的方式释放并融入天地大我的境界；其宗旨设定个人理解就是要自然真诚，也就是要返璞归真。涠洲岛海洋自然环境和幽静秘境，能够形成抚慰心灵、融入自然、忘记烦扰、感悟自我的效应，通过生态

艺术、景观塑造和意境营造等方式，将会产生满足游客心灵治愈的效果，从而形成海岛静心养心的新魅力场景。

参考文献

［1］姜秉国，韩立民.科学开发海岛资源　拓展蓝色经济发展空间［J］.中国海洋大学学报（社会科学版），2011（6）：28-31.

［2］罗会劝，陈扬乐，赵臣.国内海岛旅游研究综述［J］.河北渔业，2017（3）：54-57+60.

［3］齐兵.舟山市主要海岛分类开发研究［D］.辽宁师范大学，2007.

［4］陈育和.海洋：人类健康之源——开启海洋药物宝库的大门［J］.海洋世界，2002（2）：39.

［5］黄玲.海岛野外生存训练对大学生心理品质的影响［J］.上海体育学院学报，2010，34（4）：90-93.

［6］刘敏.海岛大花园建设畅想［J］.浙江经济，2019（21）：26.

［7］宋国琴.浙江海岛旅游产品结构优化策略选择［C］.浙江省社会科学界联合会、浙江省旅游协会、余姚市人民政府.建设和谐社会与浙江旅游业论文集.浙江省社会科学界联合会、浙江省旅游协会、余姚市人民政府：浙江省旅游协会，2006：269-272.

［8］王高岩.长滩岛：大海深处的“世外桃源”［J］.中国地名，2016（12）：66-67.

［9］戴华江.我国海岛旅游资源价值评估、管理及开发研究述评［J］.大陆桥视野，2020（2）：47-51.

［10］陈诗言.世界海岛旅游研究及对我国海岛旅游发展的启示［D］.辽宁师范大学，2019.

［11］王立红.基于扎根理论的温泉康养旅游体验价值评价研究［D］.沈阳师范大学，2019.

［12］李媚，沈昱平.蓬勃奋进——健康管理学学科的兴起、发展与未来［J］.浙江医学，2021，43（12）：1262-1263.

［13］王周，凯欣.国际旅游岛游客健康管理服务需求现状分析——以海口市游客为例［J］.现代商业，2018（16）：66-67.

［14］梁晓琳.健康视角下的慢行交通规划设计探究［J］.城市建筑，2020，17（2）：37-38.

［15］孔丽君，申希兵，朱帅，覃露漫.基于 DID 模型国家战略对区域经济发展的影响评估——以广西北部湾经济区为例［J］.商业经济，2020（4）：25-27+34.

［16］李玉华.涠洲岛海洋旅游文化资源及其开发研究［J］.北部湾海洋文化论坛论文集，2016.

［17］杨针.广西健康产业发展路径研究［J］.中国商论，2019（21）：186-190.

［18］孙凯.基于绿色交通理念的海岛型旅游区交通发展策略——以涠洲岛为例［J］.城市建设理论研究（电子版），2018（33）：188.

［19］陈紫迈.北海至涠洲岛航线配船研究［D］.武汉理工大学，2014.

第十二章　海洋旅游城市

党的十八大做出了"建设海洋强国"的战略部署，党的十九大又做了进一步提升："坚持陆海统筹，加快建设海洋强国"。许多滨海城市对照国家战略，积极贯彻落实，纷纷提出了"建设海洋强市"的目标，深圳、青岛等还提出要打造"全球海洋中心城市"。海洋城市由滨海城市概念延伸而来，更加强调了城市的海洋功能、海洋经济、海洋空间、海洋文化、海洋生态等属性，凸显了向海洋发展"靠海吃海"的取向。海洋旅游城市也是由滨海旅游城市延伸而来，进一步强调了依托海岸、近海、远海、深海、海空等海洋旅游资源来发展海洋旅游的功能特征，重点在于发挥海洋优势以促进滨海城市的旅游业发展，使滨海城市旅游业进一步走向海洋、走向深蓝。近年来，在海洋强国战略背景下，我国海洋旅游城市发展日新月异的同时，应更加注重深度挖掘海洋旅游资源价值。在疫情影响下，海洋旅游城市的健康安全问题进一步受到人们的重视，海洋旅游城市的资源健康价值挖掘也就成了重要任务。本章从健康视角出发，探讨海洋旅游城市在后疫情时代的转型升级问题，选取青岛市作为分析对象，进一步给出海洋旅游城市健康价值提升的策略，以期为我国海洋旅游城市发展提供一定的理论参考。

一、海洋旅游城市发展概况

1.1 滨海旅游城市与海洋旅游城市

滨海旅游城市一般是指在地理位置上临近海岸和近海区域，是依托滨海旅游资源和滨海特色景观，开发观光旅游、休闲度假、潜水探险等滨海旅游产品和活动，满足游客的物质层面和精神层面需求，且旅游收入占城市总经济收入比例较国内城市平均水平高的的滨海城市。海洋旅游城市是滨海旅游城市在"旅游向海"发展的升级版。一般认为，海洋旅游城市的重心依托于海洋开发、陆海统筹与互动发展，是海洋与陆地共同组成的完整系统，是利用海洋优势旅游资源从事生产、生活和休闲旅游的城市，具有海洋特色以及在生态环境平衡制约下的旅游可持续发展模式。海洋旅游城市一般具备四个方面的特征：城市拥有丰富的海岸线和海洋旅游资源、城市因海洋旅游业不断壮大且发展潜力巨大、城市为游客提供多样化的海洋旅游活动、城市风貌和景观特征融入了海洋文化和自然要素。我国主要的海洋旅游城市有大连、秦皇岛、天津、青岛、上海、连云港、宁波、舟山、福州、厦门、广州、深圳、珠海、汕头、湛江、北海、海口、三亚等20余个，促进了海洋旅游业不断壮大。

在后疫情时代，世界海洋旅游城市呈现出"四个方面"的新特点和新变化，且蕴含着巨大的战略机遇。一是人类亲水亲海休闲和向海迁移旅居的趋势愈加明显。全球约65%的人口和70%左右的经济总量已集聚在海岸带上，世界前15位旅游大国中就有12个国家的旅游活动发生在沿海，据统计2015—2019年间全球海洋旅游国际游客的年平均增速达到了6%，海洋旅游业收入占海洋产业增加值约60%。二是全球高净值人群新一轮健康安全规划、身份教育规划、财富管理规划已瞄准著名海洋旅游城市及其所在国家。疫情之后加勒比海地区圣基茨和尼维斯、安提瓜和巴布达、多米尼克等国家迎来了逆势而上的旅游和投资移民新浪潮，全球顶级商业期刊公布的"疫情后最值得投资的国家"中新加坡、印度尼西亚、澳大利亚、马来西亚等国家的海洋旅游城市成为热门。三是世界海洋旅游经济向东南亚、南亚、南太平地区转移的趋势显著，这些地区的海洋旅游城市迎来机遇。世界海洋旅游经济经历了从欧洲大西洋沿岸、波罗的海沿岸的滨海疗养，到地中海沿岸的海滨度假休闲，再到加勒比海和大洋洲的海洋旅居生活，逐渐转移到东南亚和南太平洋地区。四是一批新兴世界级海洋旅游目的地城市加速成长。结合其自然、区位和独特文化条件正在崛起一批新的世界级海岛旅游目的地，如印尼巴厘岛、斐济、斯里兰卡、马尔代夫、毛里求斯、法属大溪地等。

1.2 海洋旅游城市的海洋旅游业发展

海洋旅游带来的经济效益已经成为国民经济收入中一个重要的组成部分，我国海洋经济的发展速度已高于国民经济平均的增长速度，据《2018中国海洋经济统计公报》显示，我国滨海旅游业全年实现增加值 16078 亿元，比上年增长 8.3%，占比 47.8%。海洋旅游城市依托海陆资源大力发展海洋旅游业，对促进沿海地区经济建设、提高沿海地区居民生活质量、带动沿海地区社会文化全面发展以及保护海岸带地区自然资源与生态环境有着十分重要的意义。海洋旅游资源是海洋旅游城市的核心吸引力，也是发展旅游业的最基本因素。我国早在"十二五"规划中就明确提出要优化海洋产业机构和大力发展海洋旅游业；1996 年制定的《中国海洋 21 世纪议程》对海洋旅游可持续化发展提出了最基本的要求，也成为具有重要意义的海洋旅游开发遵循；2003 年多部委制定了《全国海洋经济发展规划纲要》并明确阐述了要提高海洋旅游业的规模、质量和效益等内容，提出要注重海滨资源和海洋文化等方面的建设，集中力量大力发展海洋旅游文化。原国家旅游局将 2013 年定为"中国海洋旅游年"，并与国家海洋局签署了《关于推动海洋旅游发展的合作框架协议》，共同致力于把发展海洋旅游作为建设海洋生态文明、实现兴海富民以及推动海洋经济持续、健康、快速发展的增长点。大连市提出了建设海湾名城的定位以推动滨海旅游向海洋旅游的跨越，依托渤海优质的沙滩资源，发展大众观光、滨海运动等海洋度假产品，利用黄海现有的旅游设施，发展高端度假游产品。厦门市着眼建设国际滨海花园旅游名城，建成全球海洋文旅名城，重点打造海上花园的意向，提出了发展海洋大健康、海洋文化创意产业、渔村休闲旅游产业、海丝区域性邮轮母港等措施。海口市抓住海南自由贸易港政策机遇，在"海澄文"一体化框架下，积极谋划建设"海澄文"海洋旅游经济带，大力发展医疗健康养生、邮轮游艇、免税购物、会展商务、海上运动和亲水休闲娱乐、海上休闲度假和海洋生态、海洋探秘和海上古丝绸之路七大重点海洋旅游产业。

1.3 海洋旅游城市资源与市场

我国海洋旅游城市的旅游资源普遍具有海洋地质景观特色和中西文化交融特色两个特点。我国海洋旅游城市多数位于基岩海岸上，同时又是优良港口，复杂的地质历史塑造了复杂多样的海蚀地貌，形成了面积广大的海滨沙滩，从而形成了以基岩海岸为代表的海洋地质景观。海洋文化旅游资源具有人海互动性和中西文化交融的特点，一方面，由于海洋文化是人类在开发利用海洋的过程中创造出来的，海洋环境影响了人类的生存环境、生产方式和思维方式，也影响了民间的生活方式以及语言、艺术和科学技术；另一方面，改革开放以来，滨海城市作为我国对外开放的窗口，成为东西方文化的交流地。海洋旅游城市文化资源分为海洋物质文化资源和非物质文化资源两大类，海洋物质文化旅游资源下面分为海洋文化遗址遗迹、海洋建筑、海洋设施、沿海聚落、海洋旅游商品等类型，在海洋非物质文化旅游资源下面又细分为海洋人事记录、海洋艺术、海洋民间习俗、海洋节庆、海洋产业技能等。在客源市场方面，我国海洋旅游城市的市场可分为内陆客源市场和境外客源市场两大部分。境外客源市场包括外国旅客（含外籍华人）、海外华侨、港澳台同胞，首先亚洲旅游者占绝大多数，主要来自日本、韩国和东南亚，其次为欧洲旅客，然后为美洲旅客，最后是大洋洲和非洲旅客。我国海洋旅游城市入境外国游客的旅游动机包括观光休闲、会议和商务、务工、探亲访友等，以观光休闲为主，其次为会议和商务。我国海洋旅游城市接待的国内旅游者数量呈快速增长趋势，在所有沿海省份中，浙江省海洋旅游城市的国内旅游人数最多。在旅游方式上，以海滨观光旅游为主体，休闲度假旅游正在兴起，商务会议和考察旅游近年来发展迅速，团队旅游仍占主导地位。客源市场符合距离衰减原则，本地区及较近的周边省份是国内客源市场的一级市场即主体市场，稍远地区是二级市场，其他地区是三级市场也称为机会市场。

1.4 海洋旅游城市健康产业及环境

2014年，滨海城市健康养生发展论坛在北京召开，专家认为海滨城市发展健康养老产业，可以通过延伸健康服务来吸引人群长期居住，避免"候鸟式"养生，形成正确的健康养生理念。2016年印发实施的《"健康中国2030"规划纲要》和党的十九大报告提出实施健康中国战略，海洋生物医药和休闲度假产业成为重要的支撑。居民的健康消费需求是海洋旅游城市发展的鲜明导向。当前居民的健康消费需求旺盛，但是受到价格高、供给不足、质量和层次水平低等问题的制约。未来健康消费将成为新的消费热点，居民的健康消费结构将不断优化升级，多元化趋势愈加明显，对非刚性需求和新型健康服务的消费增加，消费群体也会愈加多元化。海洋旅游城市是孕育大健康产业的基地，有着先进的产业配套基础和先进生产力，聚集了大健康产业的发展要素，这为健康价值的提升夯实了基础条件。加之国家政策的利好和市场需求的井喷，海洋旅游城市迎来了前所未有的机遇，现实发展环境较为优越。

二、健康视角下海洋旅游城市发展的理论基础

2.1 国内滨海旅游城市相关研究综述

以"海洋旅游城市"为搜索关键词，相关研究文献数量不足 5 篇，相关研究成果和内容还比较缺乏。以"滨海旅游城市"为关键词在中国学术期刊全文数据库 CNKI 进行检索，发现有关联的期刊论文达到了 445 篇。在时间维度上，国内外第一篇关于滨海旅游城市的研究文献出现于 1990 年，经过一段时间的平稳缓慢增长后，2004 年开始增长幅度变大，2008 年后增长保持相对平稳。目前关于滨海旅游城市的研究主要集中在旅游竞争力、旅游形象塑造、旅游开发、游客行为、滨海旅游城市休闲、海洋旅游可持续发展等方面。张广海、刘佳（2010）从旅游资源禀赋、旅游市场开发、交通优势、社会经济保障、生态环境承载五个领域中选取 21 个具体指标，把滨海旅游城市的开发综合潜力划分为 4 个等级，一级旅游开发潜力城市是上海，天津、广州、杭州、青岛是二级旅游开发潜力城市，三旅游开发潜力城市有宁波、深圳、厦门、大连，四级旅游开发潜力城市有三亚、珠海、海口、中山、福州，旅游开发潜力优势不明显。徐梦蝶、陈斌卿（2018）认为，滨海旅游城市的开发要在维护滨海生态系统稳定的基础上，实现地方文化、经济、社会与自然相协调，重视城市的历史文脉、生态平衡，也要兼顾同代人甚至多代人之间的平等。关于滨海旅游城市的健康产业和健康旅游的研究较少，各滨海旅游城市以国家发布的《健康中国行动（2019—2030）》规划纲要等相关健康政策为指导，根据当地发展情况制定合适的健康产业和健康旅游产业发展规划。根据陈永成、闵玲等（2017）的研究，上海市健康服务业发展较快，构建了与上海城市功能定位和"健康上海"相匹配的中医药价格康疗服务体系，培育发展具有国际和全球影响力的健康服务；杭州市要做强一批领先的健康服务企业，打造具有较高知名度的健康服务品牌和健康服务产业集群，打响"健康服务之都"新名片；深圳计划建成全球重要的生命健康产业基地，国际领先的生命信息和高端医疗服务中心，国内知名的健康管理和养生休闲服务中心。另外，范业正、郭来喜（1998）选取了 25 个滨海城市的四项气候指标，对海滨城市气候进行分析发现，渤海湾沿岸和海南南部城市适宜疗养的时间最长（四至六个月），其他海岸段的滨海城市适宜旅游期在春秋时期，且适宜休疗养时间短，南方滨海城市在适宜旅游季

节光照条件不如渤海湾沿岸城市。

2.2 健康价值提升的相关理论基础

健康城市及健康旅游发展的相关理论。世界卫生组织对健康城市的定义是由健康的人群、健康的环境和健康的社会有机结合的，能不断改善环境、扩大社区资源，使人们在发挥生命功能和发展最大潜能方面能够相互支持的城市。目前全国有 38 个健康城市试点市。一方面，城市化是社会生产力发展的必然结果，但是高速建设的城市也带来了许多环境问题和社会问题，威胁着人类健康，而且影响健康的因素也变得复杂多样，涉及环境、生态、社会、心理、生物学、医学等多个领域。所以城市不仅仅是一个经济实体，更应该是一个人们生活、成长和愉悦生命的现实空间。另一方面，我国的滨海旅游城市多数地处温带，气候条件适宜，有助于消除人的疲劳，使人的体力和精力能较快地恢复，缓解和治疗某些疾病，培育出来的海产品也更优质。由于外界环境气候条件的变化会影响人体新陈代谢的自主调节能力，气温、湿度、风力、日照是对人体影响最大的气候因素，直接影响到人体与外界环境的热量与水分交换。随着健康城市和健康旅游观念的普及和发展，人们对城市健康服务的需求从质量和数量上都变得越来越高，在进行旅游活动时也更注重目的地的环境质量，尤其是以优质的生态环境和自然旅游资源为主的养生旅游和保健旅游，对生态环境依赖性更大。所以推进海洋旅游城市的健康价值提升，符合城市发展的内在要求。

亚健康与都市旅游发展。都市旅游是以大城市为依托，通过城市建筑景观、城市风光、人文资源、人造景点等，吸引游客在都市停留，改善居民和游客的生活环境。都市建设与管理、都市文化都影响着都市旅游的发展，目前我国都市旅游发展较快的城市有深圳、上海、北京、广州等。现代化的大都市也产生了一系列亚健康问题。据调查显示，目前我国亚健康发病率呈逐年上升趋势。亚健康包括非疾病引起的疲劳和虚弱状态、疾病前状态、心理的欠完美状态、与年龄不符的生理功能的衰退状态。中年知识分子和从事脑力劳动为主的白领人士、领导干部、企业家、影视明星是亚健康高发的人群，近 70% 的都市白领人群处于亚健康状态，老年人亚健康问题复杂多样，特殊职业人员亚健康问题突出。而滨海旅游城市具有独特的滨海城市景观和海洋文化，通过发展都市旅游，充分利用海洋生态资源和海洋人文资源，发挥海洋的健康价值，有利于发展滨海都市旅游，改善都市人群的亚健康问题。

人口老龄化及老年旅游的相关理论。当前我国 60 岁以上的居民超过 2.5 亿人，随着社会老龄化的加快和人们生活水平的提高，老年人退休后的可自由支配收入和闲暇时间都比较充裕，同时老年人的消费观念也在转变，所以越来越多的老年人选择旅游作为休闲娱乐的方式，老年旅游市场需求旺盛且潜力巨大。旅游一方面能使老年人身心愉悦、获得生活乐趣，另一方面也满足了他们的精神需求，为晚年生活增添丰富的精神和文化内容。老年人到海边旅游能够放松身心，消除焦虑、失落等负面情绪，改善身体机能，大海负氧离子丰富，可以滋养心肺调阴阳，海产品富含不饱和脂肪酸和人体必需的微量元素，能健脑养脑、调血脂、增加免疫力，海洋中药资源丰富且药食同源，像海参补肾、牡蛎调血压等，对慢性病有很大的治疗与预防效果。目前，我国老年旅游市场存在产品同质化程度高、安全保障体系仍需完善等问题。相关部门针对老年旅游市场存在的服务不规范、旅游产品少等问题，制定实施了全国老年旅游发展纲要，规范了老年旅游服务，鼓励市场主体开发多层次、多样化老年旅游产品，鼓励民间资本使用农民集体所有土地合作办非营利性乡村养老机构，维护老年人旅游合法权益，解决老年人旅游的后顾之忧。

三、青岛市海洋旅游发展的问题研判

3.1 青岛城市及旅游发展基础条件

青岛是山东省副省级市、计划单列市，国务院批复确定的中国沿海重要中心城市和滨海度假旅游城市、国际性港口城市。青岛位于中日韩自贸区的前沿地带，是山东省经济中心、国家重要的现代海洋产业发展先行区、海上体育运动基地，"一带一路"新亚欧大陆桥经济走廊主要节点城市和海上合作战略支点，也是中国道教发祥地、中国帆船之都、世界啤酒之城、全国首批沿海开放城市。截至 2019 年，全市下辖 7 个区、代管 3 个县级市，建成区面积 758.16 平方千米。区域总面积 11293 平方千米。根据第七次人口普查数据，截至 2020 年 11 月，青岛市常住人口为 1007.2 万人。根据青岛市海洋和旅游公布数据，青岛市海域面积约 1.22 万平方千米，海岸线（含所属海岛岸线）总长为 816.98 千米，面积大于 0.5 平方千米的海湾 49 个，69 个海岛总面积为 13.82 平方千米，只有 10 个海岛有固定居民。2019 年接待游客 1.1 亿人次，年均增长 11%；实现旅游总收入 2059.7 亿元，同比增长 19%；邮轮将达 93 航次，同比增长 31%；邮轮游客 18 万人次，同比增长 60.7%；旅游总收入占 GDP 的比值由 2015 年的 12.79% 上升至 2019 年的 17.08%。目前全市拥有国家 A 级旅游景区 112 处，其中国家 5A 级旅游景区 1 处，国家 4A 级旅游景区 26 处，国家 3A 级旅游景区 69 处；星级酒店 98 家，其中五星级酒店 10 家，四星级酒店 25 家，三星级酒店 60 家，二星级酒店 3 家（见表 12-1）；拥有旅行社 594 家，其中经营出境旅游业务旅行社 59 家。

表 12-1　青岛市主要景区、星级酒店、节庆活动及博物馆情况 ①

A 级旅游景区（共 112 个）	5A 级（共 1 个）	崂山风景区
	4A 级（共 26 个）	海滨风景区、海底世界、青岛银海国际游艇俱乐部、奥帆中心、青岛啤酒博物馆、青岛葡萄酒博物馆、青岛极地海洋世界、青岛奥林匹克雕塑文化园、金沙滩景区、珠山国家森林公园、灵山湾城市休闲旅游区、青岛滨海学院、世界动物自然生态博物馆、天泰温泉度假区、少海风景区、青岛西海岸生态观光园等
星级酒店（共 98 个）	五星级（共 10 个）	丽晶大酒店、青岛香格里拉大酒店、海景花园大酒店、汇泉王朝大饭店、鑫江温德姆酒店、青岛景园假日酒店、青岛海尔洲际酒店、青岛万达艾美酒店、青岛鲁商凯悦酒店等
	四星级（共 25 个）	国敦大酒店、泛海名人酒店、黄海饭店、海都大酒店、索菲亚国际大酒店、复盛大酒店、唐朝世纪海丰大酒店、山孚大酒店、府新大厦、广业锦江大酒店、青岛蓝海金港大酒店、丽天大酒店、快通大酒店、青岛远洋大酒店、青岛多瑙河大酒店、青岛锦茂宾馆等
节庆活动（共 8 项）	青岛萝卜元宵糖球会、大珠山杜鹃花会、青岛金沙滩文化旅游节、青岛大泽山葡萄节、中国青岛国际啤酒节、青岛樱花会	
博物展馆（共 89 个）	青岛市博物馆、青岛市民俗博物馆、中国海军博物馆、青岛革命烈士纪念馆、康有为故居纪念馆、骆驼祥子博物馆、青岛啤酒博物馆、奥帆博物馆、德国监狱旧址博物馆、青岛邮电博物馆等	

3.2 青岛海洋旅游发展情况

第一，区位条件优越，海洋旅游资源丰富。青岛区位条件优越，具有适宜疗养度假的区域性海洋气候和自然环境条件，又位于沿黄河流域和环太平洋西岸的国际贸易口岸和海上运输枢纽，有交通区位优势。青岛的海洋旅游资源沿

---

① 信息来源青岛市文化和旅游局。

海岸带垂向和纵向分布，呈现出良好的地域和功能的组合性，有地理态势与人文类旅游资源、观光类旅游资源、度假类旅游资源、海岛旅游资源、水上运动休闲旅游资源等。第二，青岛市大力发展海洋旅游。2008 年奥运会帆船比赛后，青岛积极塑造"奥运扬帆胜地，滨海旅游天堂"的城市形象，努力把青岛建设成为世界著名的滨海观光、度假和海上运动休闲旅游城市。2015 年，青岛市发布了《关于加快海洋休闲旅游改革创新发展的意见》，从拓展发展空间、优化服务体系、深化政策措施三方面，打造国际知名的海洋休闲之都和国际化旅游目的地城市。第三，不断优化海洋旅游发展的空间格局。青岛海洋旅游以滨海交通大道为主轴，以东部海域、南部海域、胶州湾海域、西海岸四大旅游功能区为核心，促进青岛旅游的发展重心由南部海域的集聚开发逐步向西海岸转移与扩散。第四，大力促进邮轮旅游发展。2016 年，青岛成为全国第四个中国邮轮旅游发展实验区，随后印发了《青岛市扶持邮轮旅游发展政策实施细则》，成立了国内首个国际邮轮旅游组织——世界旅游城市联合会邮轮分会，"十三五"期间累计接待邮轮 349 航次，游客 48 万人次，其中 2019 年共接待邮轮 93 航次，游客 17.6 万人次，增幅居全国首位。第五，成立了海洋旅游专班，协调交通、海洋、海事和青岛旅游集团等部门单位，共同推进海洋旅游码头和经营企业整合，丰富海洋旅游业态产品。

3.3 青岛市健康产业及环境情况

医养健康产业是山东省新旧动能转换"十强"产业之一，省内各市都积极参与健康产业和事业的发展。2018 年，以"健康无处不在——可持续发展的 2030 时代"为主题的博鳌亚洲论坛全球健康论坛首届大会在青岛举行，讨论大健康相关领域的热点问题，推动健康产业事业发展和全球合作。博鳌亚洲论坛全球健康论坛首届大会召开后，青岛有 25 个健康产业合作项目完成签约，为青岛的健康医养产业发展注入新的生机与活力。青岛除了拥有良好的滨海环境和健康医疗设施之外，在医药机械制造方面也有独特优势，全球第一所以康复为特色的大学康复大学也在青岛揭牌。同时青岛的海洋生物产业和康养产业很有特色，且粗具产业规模，依托海洋科研的优势开发海洋药物，努力打造中国的"蓝色药库"，这些都为青岛发展健康医养产业奠定了深厚基础。2018 年，青岛市印发《青岛市医养健康产业发展规划（2018—2022 年）》，提出努力打造与现代化国际大都市相匹配的高品质医养健康产业体系，构筑"一心一带四城多园"的医养健康产业发展格局。2019年，青岛市卫生健康委印发《健康产业发展攻坚行动方案（2019—2022年）》，提出将谋划和推进一批模式业态新、技术含量高、引领作用明显、带动效应显著的重大项目，建立健康产业集聚区，初步构建起覆盖全产业链、全生命周期、特色鲜明、布局合理的健康产业体系，力争到2022年健康产业增加值达到1700亿元，成为青岛市国民经济的重要支柱产业。

3.4 海洋旅游健康化转型的问题分析

在海洋旅游和健康产业发展的背景下，青岛海洋旅游健康价值提升面临四个方面的问题。一是健康城市、健康产业和健康旅游协同发展不足。目前青岛的健康城市建设存在一些问题，缺乏完善的健康工作机制，城市功能布局不合理造成了潜在的健康问题，健康公共服务设施有待进一步完善，促进居民健康生活的公共性项目不足，市民休憩娱乐和运动健身的场地较少，居民生活方式和居住环境的健康水平仍需提高，空气、噪声、水环境质量和公共卫生条件有待加强。另外，旅游业和健康产业也没有很好地融合在一起，不能满足旅游者多样化的健康需求。二是都市文化与海洋旅游融合度不高，都市康养旅游产品不足。青岛旅游业还是以提供观光类、休闲类、体验类的旅游产品为主，有影响力的健康旅游产品尤为缺乏。青岛作为滨海旅游城市具有发展都市旅游的优势，一方面结合山海景观与人文特色，形成了"红瓦绿树、碧海蓝天"的独特城市风貌，另一方面都市文化丰富，有青岛啤酒、海尔、双星等工业品牌和工业文化，名人故居、殖民建筑等历史文化，以及青岛国际啤酒节、青岛元宵糖球会等节庆活动展现的人文文化。但是这些都市文化和海洋旅游的融合度不高，海洋旅游业和健康产业联系不紧密，没有把海洋的健康价值作为发展都市旅游的吸引力。三是海洋运动、山海养生的健康旅游特色优势发挥不足。青岛海洋体育发展态势良好，多次举办大型赛事，成立了一些海洋体育项目俱乐部，为海洋体育旅游奠定了良好的群众基础，一些海洋景区也积极开展水上运动项目，但是青岛海洋运动的发展也受到一些因素的制约，不能完全发挥优势。首先是青岛的气候变化对海洋健康旅游的影响大，冬春季节海水温度低，海上运动项目受到限制，夏季浒苔繁殖旺盛，在沿海沙滩大面积堆积，污染海水和沙滩。其次是沙滩坡度、滩面有无砾石、沙子的洁净程度等影响沙滩的质量，青岛的高质量沙滩较少，制约了沙滩体育项目的开展。再次是海洋体育市场不规范，产品类型单一，主要面向青年群体，适合中老年群体的海洋运动项目少，而且一些项目的价格远高于实际价格。最后是海洋旅游的生态环境治理能力亟待提高。青岛的海洋旅游发展速度较快，但缺乏长期规划和统筹管理，容易形成对海洋生态系统保护的威胁。在海洋旅游景区的开发建设中，空气污染、污水排放、固体废弃物堆放等都对海洋生态环境造成污染方面的威胁。青岛旅游业具有很强的季节性，夏季游客数量剧增很容易超出海洋环境的承载能。以青岛胶州湾为例，对沿岸保护不够重视，导致自然海岸线和海域面积损失严重，对濒危物种的保护力度不足，海洋水质污染比较严重。

四、青岛市海洋旅游发展的健康价值提升策略

4.1 优化城市功能，建设国际海洋健康旅游示范城市

优化城市健康功能，打造"山海城一体化"海洋健康旅游名城，不断增强海洋旅游城市吸引力和影响力。加强城市功能的多元化发展，把健康安全功能作为现代海洋旅游城市发展的根本任务，依托海洋文化、气候和生态环境资源，不断强化海洋旅游城市的康养功能、健康作用和应对突发疫情的能力，形成一个吸引高净值人群健康和身份规划的理想之地。在完善城市功能上，重点加强五个方面的建设：一是提升城市健康宜居环境，优化健康旅居空间，创造主客共享且安全的人居环境，融合人居环境和健康医学理念，塑造满足人们健康消费的居住建筑、居住社区和居住空间系统。二是赋予城市海洋健康功能，海洋生态旅游资源规模大、丰度高、异质性强，具有不可替代的优势，由于海陆之间空气和水的往复运动，使海洋净化环境作用延伸到沿海陆上，海洋城市具有较高的生态环境质量，成为开展健康休闲和旅游的良好场所。三是不断优化"山海城湾"的空间格局，处理好海洋生态保护与旅游开发的矛盾，营造城市健康空间大格局，建设一批海洋健康旅游支撑性项目，充实城市空间健康功能。四是不断完善海洋旅游城市的健康基础设施，在大健康产业发展基础上进一步提升设施环境，包括医疗卫生设施、医学养生护理设施、医疗保健设施、环境保护设施、公共卫生防疫设施等，形成城市健康安全设施体系。五是提高城市健康魅力和知名度，提升海洋旅游城市的整体竞争力，加强对居民和游客健康意识宣传，建立海洋健康旅游形象和品牌，向全球推广青岛健康安全的国际旅游新形象。

4.2 打造海洋运动和山海养生的健康产品体系

海洋体育旅游以海洋资源和海洋生态环境为基础和依托，充分开发利用海洋资源，开展多样的涉海体育项目，与海洋自然环境发生互动，从而起到健康促进的作用。海洋体育旅游资源按照空间特点可以分为海岸体育旅游资源、海上体育旅游资源、海空体育旅游资源；按照消费者的参与方式，可以分为观赏型海洋体育旅游资源和体验型海洋体育旅游资源。青岛市可以发展观赏型的帆船比赛、游泳比赛、水上体育运动赛事，体验型的沙滩排球、海上钓鱼、摩托艇、海上热气球等海洋体育旅游项目，潜水、冲浪等极限类的体验型项目。青岛通过举办"国际帆船周·国际海洋节"等体育赛事，开展帆船体验主题周活动，组织市民及中外游客参与帆船体验，不仅提升了帆船之都的城市品牌形象，还增强了帆船运动的社会参与度和影响力。因此，立足现有海洋康体运动的基础，应进一步深入推进大众性、趣味性、参与性、体验性强的运动项目，深入开发海洋运动休闲的专业康体中心并成立中国海洋运动康体研究中心，形成创新驱动的新态势。另外，利用"山海城湾"的自然格局并不断挖掘青岛海洋健康文化，形成独特的海洋养生养心旅游产品，丰富海洋旅游产品结构体系，突出产品特色。如海洋中医理疗游、海洋避暑养生游、海洋特色膳食疗养游、海洋山地森林修心游、山海温泉浴养游、渔村休闲健康游等。

4.3 面向银发和亚健康旅游市场形成新优势

围绕老年人群的候鸟式"养老度假"和亚健康人群的康养型"疗愈度假"，打造青岛海洋度假新模式，形成海湾、海岛和海洋度假新引领，促进青岛作为海洋休闲度假迈向新阶段。目前老年旅游市场存在产品数量少、同质化程度高、产品整体质量低、安全保障体系有待完善、老年旅游团缺乏专业导游等问题。青岛可以抢抓机遇，积极构建老年海洋旅游度假新体系、新产品和新业态，从硬件和软件设施、环境、人性化服务等方面建设适应老年人的海洋旅游氛围，加大专业化力度并着力培养一批高水平管理服务人才，使青岛海洋养老旅游服务成为集旅游、娱乐、医疗、保健、教育于一体的优质服务。鼓励旅游企业针对老年海洋旅游者的喜好，设计特色旅游路线，开发老年自助游、定制游、家庭游等新的海洋旅游形式，让老年游客有更多的选择。在设计具体的海洋旅游产品时，要从食、住、行、游、购、娱等方面考虑老年人的特点，以海洋清淡、松软、易消化的食物为主，提高滨海、山海、海岛安静舒适的住宿环境。打造现代化养老度假型海洋旅游城市，打造适宜城市亚健康人群。《中国城市健康白皮书》调查显示，76% 的白领人群处于亚健康状态，城市生活节奏快、工作压力大、焦虑时候多、熬夜看手机等是主要诱因。面向广阔大海，旅居静谧海岛，拥抱蓝色海湾，欢畅海洋游乐，能够促进亚健康人群生活方式的改变，使得心理和身体得到全面放松，形成疗愈效果，促进绽放健康新活力。针对规模较大的亚健康人群旅游市场，青岛市应率先打造海洋疗愈度假新模式，依托山、海、城、湾、岛等独特自然和人文景观优势，建设满足白领人群自我修复、自我感悟、自我提升、自我超越的新场景，融入大都市人群自我实现的新需求特征，塑造海洋健康休闲新生活方式体验基地。一方面，对游客和居民中的亚健康人群进行教育引导和宣传讲座，开设心理咨询门诊，开展心理健康教育，倡导健康的生活方式，强化生产监督，保护生态环境，从源头上保障食品安全、药品安全，整治环境污染，提高当地居民和游客的身体健康水平。另一方面要利用海洋健康价值，发展海洋康养旅游，促进富有营养的海洋食品的生产加工和销售，改善城市环境和生态健康，为当地居民和游客提供一个良好的生活、休闲和旅游环境。

4.4 加强海洋健康科技创新，提升海洋旅游城市竞争力

凸显海洋城市在健康休闲、旅游和度假方面的科技创新，不断提升海洋旅游城市核心竞争力。将科学技术、海洋旅游业、健康产业的特点和市场需求相结合，通过技术研发、产品设计、文化创意和商业化运作等形式，不断提高海洋旅游城市的健康科创能力，实现科技兴海、兴旅、兴健康、兴城市的目标。海洋旅游城市围绕健康主题开展科技创新主要体现在四个方面。一是加强健康旅游科技创新，突出"海洋＋健康＋科技"的跨界技术融合，形成新技术、新产品和新平台，不断孵化出新技术并加以应用推广。二是加强海洋健康旅游的科技研发中心、科技实验室、科研机构和技术平台的搭建，依托城市创新功能进一步完善该领域的创新集群建设，形成持续性推动科技创新的源动力。三是开展海洋健康旅游的科技人才建设，通过教育培养、高端培训和人才引进的多种方式，形成一批科技创新团队和科技应用人员。四是重点开展海洋健康新产品、新业态和新模式的研发，融合文化、科技、艺术和创意的力量，建设一批海洋健康度假、海洋健康运动、海洋亚健康治愈、海洋健康医疗、海洋健康养生等支撑性项目，引领海洋旅游城市高质量发展。

参考文献

［1］孙明菲.滨海旅游城市宜游度评价研究［D］.华侨大学，2012.

［2］刘明，徐磊.我国滨海旅游市场分析［J］.经济地理，2011，31（2）：317-321.

［3］赵明辉.居民健康消费需求与青岛健康服务业发展［J］.中共青岛市委党校.青岛行政学院学报，2014（3）：105-109.

［4］姜鹏鹏，王晓云.中国滨海旅游城市竞争力分析——以大连、青岛、厦门和三亚为例［J］.旅游科学，2008，22（5）：12-18.

［5］张广海，刘佳.中国滨海城市旅游开发潜力评价［J］.资源科学，2010，32（5）：899-906.

［6］徐梦蝶，陈斌卿.滨海城市可持续性旅游规划分析［J］.旅游纵览（下半月），2018（4）：93-94.

［7］陈永成，闵玲，刘钰怡，李永强.我国部分地区健康服务业发展经验与启示［J］.中国卫生经济，2017，36（12）：98-101.

［8］范业正，郭来喜.中国海滨旅游地气候适宜性评价［J］.自然资源学报，1998（4）：17-24.

［9］王兰，廖舒文，赵晓菁.健康城市规划路径与要素辨析［J］.国际城市规划，2016，31（4）：4-9.

［10］玄泽亮，魏澄敏，傅华.健康城市的现代理念［J］.上海预防医学杂志，2002（4）：197-199.

［11］陈柳钦.健康城市建设及其发展趋势［J］.中国市场，2010（33）：50-63.

［12］隋春晨，宋影飞，罗先香等.海洋健康指数法对青岛胶州湾健康状况评价的研究［J］.中国海洋大学学报（自然科学版），2018，48（1）：85-96.

［13］李其忠.亚健康问题面面观［J］.检察风云，2011（16）：94-95.

［14］于宁.银发旅游市场前景广阔［J］.中国国情国力，2019（11）：46-49.

［15］魏卫，李娟文.都市旅游与旅游产品开发——以武汉市为例［J］.

经济地理，1997（4）：98-102.

　　[16]张广海，刘佳.青岛市海洋旅游资源及其功能区划[J].资源科学，2006（3）：137-142.

　　[17]张文萱.博鳌亚洲论坛全球健康论坛首届大会　世界目光聚焦青岛[J].走向世界，2019（28）：14-17.

　　[18]王欣.健康城市视域下青岛现代化国际城市建设研究[J].青岛科技大学学报（社会科学版），2016，32（4）：15-20.

　　[19]李堃.青岛市都市旅游产品的RMP（昂谱）分析[J].江西科技师范学院学报，2008（3）：29-32+67.

　　[20]陈明生.滨海城市生态旅游资源评价指标体系的研究[J].福建商业高等专科学校学报，2006（4）：6-9+12.

　　[21]孙毅，林家润，宋艳红.滨海城市海洋体育旅游资源的开发研究[J].中国商贸，2014（15）：192-193.

　　[22]韩海燕.一场"帆船之都"的蓝色盛宴——2018第十届青岛国际帆船周·国际海洋节[J].走向世界，2018（32）：8-13.

　　[23]李松柏.我国旅游养老的现状、问题及对策研究[J].特区经济，2007（7）：159-161.

　　[24]冯清.浅析老年旅游的新模式——"候鸟式"旅游[J].华东经济管理，2007（3）：121-123.

　　[25]李伟豪，何思，方璇."健康中国"背景下都市人群亚健康状况的调查分析及对策研究[J].中外企业家，2018（4）：212-213.

　　[26]吕燎宇.加快滨海新城生命健康产业提质发展[J].浙江经济，2017（5）：63.

第十三章　海洋特色休闲渔村

　　旅游兴村富民已成为我国乡村振兴的重要模式。根据文化和旅游部在全国25个省、市、区设立的乡村旅游扶贫监测点监测数据显示，2019年监测点通过乡村旅游实现脱贫人数占脱贫总人数的33.3%，监测点乡村旅游对贫困人口的就业贡献度达30.6%，乡村旅游在推进脱贫攻坚和乡村振兴战略中发挥出了重要作用。在疫情影响下乡村旅游发展迎来了新的契机，人们追求原生态、纯天然、绿田园、亲自然、低密度、少接触的健康消费行为更加凸显，城郊乡村地带、观光农业、休闲渔村、田园户外休闲、亲子乡村度假等模式和业态受到热捧。在此背景下，依托海洋气候和景观，特色渔村作为乡村旅游的重要类型，其神秘海洋渔景、原生态渔文化、渔业活动、渔民生活、渔村景观等成为人们健康休闲的理想选择。然而，我国现有特色休闲渔村发展和健康价值的挖掘还比较滞后，不能满足现阶段游客文化体验、健康休闲、度假养生等多元化需求，亟待从理论和实践上加以提升。本章在论述我国特色渔村发展概况和梳理相关理论的基础上，以舟山市特色休闲渔村为分析对象，提出了其健康价值提升的相关策略。

一、我国海洋特色休闲渔村发展概况

1.1 海洋渔村的概念与内涵

　　渔村是以捕鱼为生计的人聚集而成的村落，海洋渔村是指在地理空间上依靠海洋资源生存的渔民共同体或资源型社区，拥有独特的海洋生存方式和属于渔民群体的海洋文化。海洋渔村因为独特的地理位置和生产方式，其特色主要体现在文化特色风貌、渔业生产方式、滨海乡村环境三个方面。文化特色风貌是指渔村在发展过程中形成的非物质的村庄特色，包括社会经济和人文两大要素，是村民在村庄社会中集体情感的寄托，主要表现在"渔"文化上，如和渔业活动有关的宗教祭祀、具有鲜明的异质性的生产生活习惯等。海洋渔业是渔村发展的主要支撑。海洋渔业是利用海洋生物资源进行物质生产活动以及衍生出来的其他相关生产活动，主要包括海洋捕捞和海水养殖，与渔业有关的水产品加工、船舶机械仪器制造等工业生产和工程建筑活动，与渔产品流通有关的餐饮、交通运输、物资供销仓储、渔业科技服务业等。根据渔村所处地理位置、经济社会的不同环境，大致可将渔村类型分为城郊渔村、半农半渔村、纯渔村三种（见表 13-1）。因海洋渔业资源衰退，海洋生态环境被破坏，渔业作业成本不断提高，经济效益降低，渔民收入水平和生活保障下降以及对美好生活的追求，传统渔村急需转型。渔村转型有多种主体和方式，从整体来看渔村转型的休闲旅游化日益明显（见表 13-2）。

表 13-1　渔村分类

渔村类型	特点
城郊渔村	渔民和城镇居民杂居，渔业人口和从事渔业的劳动力减少，第二、三产业发展较快，渔村传统经济组织将逐渐消失，进而演变为公司服务性的行业社团组织
半农半渔村	渔村内渔民、农民杂居。现在从事渔业生产、参加股份合作的人员，原来渔民或农民的身份界限已难以区分；转制改革之后，村级组织多数已丧失对渔业的管理和服务手段；渔民和渔业生产单位都愿寻求有较好港口条件依托的渔村，实行组织创新
纯渔村	渔业要素呈现集中化、规模化特点，大多数的纯渔村仍然维持着经济组织与社区组织村委会的"政社合一"体制，原生态生产和生活方式较好，但面临着如何适应新形势而进行改革的新问题

表 13-2　渔村转型方式

主体	方式
渔民由传统型转向现代型	渔民改变知识体系、生产技术与作业方式，但不改变身份和职业
	渔民转产转业，从渔业转向其他产业领域
海洋渔业发展多元化	大力发展休闲渔业，利用观光游览、渔家风情体验、饮食购物等形式，加快渔业与其他产业的融合
	采用新技术提高渔业资源利用率，发展海水养殖业、海洋生态牧场、水产品深加工等产业形式
渔村城镇化	通过发展休闲渔业和旅游业，促进新型渔村建设，推动渔村城镇化
	建设环境友好型新渔村，发展立体养殖模式，重视清洁加工
	保护、传承和发扬渔村文化，增强文化凝聚力，发展民俗旅游业

1.2 我国海洋渔业渔村发展情况

较于国外发达的海运所衍生的一系列渔村产业，我国国内发展休闲渔业较晚。1988 年起，台湾开始在基隆、梧栖等 6 个渔港，进行景观强化改造，大量发展休闲中心，促进渔民走向多元化经营，鼓励结合渔港和休闲产业，发展游艇码头、渔人码头、海鲜广场、海上钓鱼俱乐部、海景公园、儿童娱乐场以及相应的酒店和海上钓鱼旅游服务设施，并推动当地经济发展，使得传统渔村转型，扭转渔村衰败的局面。目前大陆地区的渔村发展主要是东南沿海一带，如山东、江苏、浙江等省，逐步呈现出多元化的发展趋势，其中山东发展较为成功的有荣成东楮岛渔村、烟墩角渔村、烟台养马岛、青岛会场渔村等。渔业衰退导致渔村发展面临困境，纯渔村数量不断减少。20 世纪 80 年代初期，我国大陆沿海的捕捞能力就超出了沿海海洋渔业资源的承载能力，1978 年，中国海洋渔业资源开始出现资源衰退现象，渔场不断向外推移，1983 年中国海洋渔业资源利用状态进入重警阶段，1997 年进入巨警阶段，目前，我国东海近海渔场几近无鱼可捕，主要渔场基本转移到外海，我国海洋捕捞渔业的发展面临着资源严重枯竭的突出问题。《中国渔业统计年鉴》的数据显示，2018 年全社会渔业经济总产值 25864.47 亿元，全国渔民人均纯收入 19885 元，渔业人口为 1878.68 万人，同比减少 53.18 万人。其中传统渔民为 618.29 万人，同比减少 33.85 万人，渔业从业人员数量为 1325.72 万人，同比减少 33.67 万人（见图 13-1）。

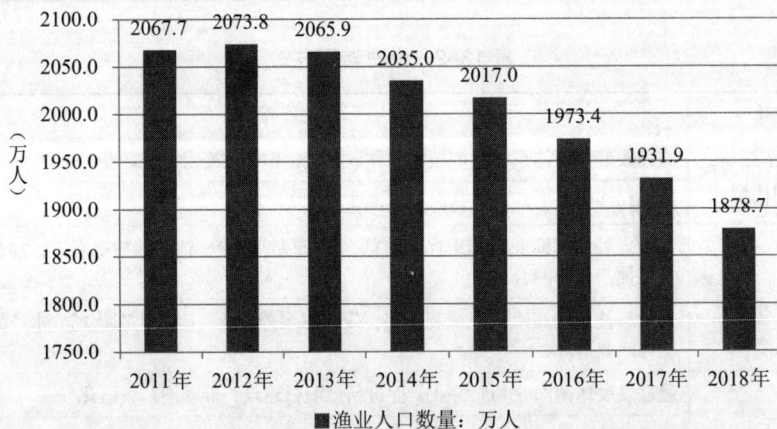

图 13-1　2011-2018 年我国渔业人口数量变化

1.3 我国特色渔村休闲旅游发展概况

休闲渔业获得政策支持且发展较快，促进了特色休闲渔村的发展。休闲渔业是利用各种渔业资源，通过资源优化配置，将渔业与休闲娱乐、观赏旅游、生态建设、文化传承、科学普及等有机结合，发挥渔业与渔村的休闲旅游功能，实现一二三产业融合，促进渔村发展。目前我国休闲渔业主要有垂钓型、度假型、养殖型、观赏科普型、水产美食型等类型。1986年，《中华人民共和国渔业法》颁布实施后，相关部门和机构开始关注休闲渔业发展，2006年6月，农业部发布《全国农业和农村经济发展第十一个五年规划》，明确要引导和推动有条件地区发展都市休闲渔业。2011年，农业部发布《全国渔业发展第十二个五年规划》，将休闲渔业列为我国现代渔业的五大产业之一。2016年在厦门召开的全国休闲渔业现场会，是首次以休闲渔业为主题的全国性会议。后来为促进休闲渔业持续健康发展，农业农村部渔业渔政管理局首次组织编制休闲渔业发展报告，分析我国休闲渔业存在的主要问题、未来发展方向和趋势。近年来我国休闲渔业发展迅速，产生了明显的经济效益，产业化、规模化、综合化的程度越来越高。我国海洋渔文化与乡村景观资源丰富。渔村旅游资源主要集中在自然生态旅游资源和人文旅游资源两方面，自然生态景观旅游资源的吸引力主要体现在享受性、休闲养生性和怀旧性，人文景观旅游资源的吸引力主要体现在观赏性、体验性、教育学习性和探险性。

1.4 海洋特色休闲渔村旅游资源基础

具有原真性的环境生态旅游资源。环境生态景观包括自然生态与文化生态两方面。渔村一般远离大城市，受工业化影响较小，相对完整地保持了原先的自然风貌，而且空气清新污染较少，自然生态环境优美。同时受到海洋对气候的调节作用影响，昼夜温差和年温差都比较小，适合观光游览和健身疗养。在文化生态方面，渔村文化的原生性、完整性、真实性是文化生态的集中表现，包括建筑的原风原貌、民风的淳朴真实。渔村文化的传统性、本土性和完整性是区别于其他旅游地的重要标志。渔村人文景观主要包含渔村聚落特征、渔事活动与渔俗文化三方面的内容。聚落文化包括建筑理念、艺术装饰、布局思想等，既受渔村生产水平和自然地理环境的影响，又影响着渔村民俗的发展。渔事活动是一种比较松散的生产活动，比农事劳作多了一些不可预见性、紧张性与协作性。渔俗文化属于民间文化，如渔家方言、渔家号子、渔村生活习俗、渔家节事等，具有悠久的历史和深厚的文化底蕴，一些相对抽象的文化可以通过渔俗文化展现出来，使渔村人文景观变得更加生动，更容易被游客体会。

1.5 海洋特色休闲渔村的市场前景

渔村休闲旅游市场前景广阔。旅游客源市场年龄跨度大，知识水平高。从年龄、文化程度和初次来渔村旅游的信息来源三个方面对旅游客源市场进行分析发现，各年龄层次的游客都对渔村旅游感兴趣，但是不同年龄层次的游客对旅游活动及旅游目的地有不同的偏好，如老年游客更喜欢养生、观光等旅游活动，体验渔村的风土人情，倾向风平浪静的目的地，年轻游客更喜欢捕鱼、冲浪、海钓等旅游活动，追求刺激。游客整体的知识水平呈中等偏上，游客选择渔村旅游是为了追寻净化的空间和淳厚的传统文化氛围，初次选择渔村旅游主要通过旅行社推荐、旅游网站或旅游论坛、顺道、周围人推荐、报纸报道等方式获取目的地相关信息。选择渔村旅游的游客基本上都是第一次进行渔村游，大多和亲朋好友结伴出游，或是独自出游、单位组织出游、旅行社组织出游，通过旅行社组织前往渔村旅游的游客最少，旅游者的旅游动机主要有体验渔民生活、出海捕鱼、吃渔家饭、回归自然、民俗风情五大类，消费结构也比较稳定，主要集中在出海捕鱼活动、餐饮和住宿。由于渔村离城市较远，地理位置偏僻，渔村旅游正处于起步阶段，旅游商品匮乏，旅游娱乐项目不完善，其他方面的旅游消费少。

二、海洋特色休闲渔村发展的理论基础

2.1 我国特色渔村相关研究综述

以"渔村"为关键词在中国学术期刊全文数据库 CNKI 进行检索，共获取了以渔村为主题的期刊论文 2315 篇。在时间维度上，1981 年出现渔村相关的研究文献，经过渐进发展之后，2003 年文献数量增长速度开始变快，2011 年后增长相对平稳，目前关于渔村的研究主要集中在休闲渔业、渔村经济、渔业生产、渔业资源、乡村旅游、乡村振兴等方面。在休闲渔业发展和渔村产业结构升级方面，刘帅、宁波等（2020）研究认为，政策环境、产业融合、人才储备、特色文化传承是影响新渔村建设的重要因素。一方面国家制定了《乡村振兴战略规划（2018—2020 年）》等全国性的乡村振兴战略政策，涉及财政、科技、人才、服务、金融等方面，为渔村的科技教育事业发展、企业经营、人民

生活水平提高提供了政策支持。另一方面不同地区的渔村形成具有自身特色的发展政策和路径，如连云港西连岛村以"一脉相承合则而渔"为定位，以"一点一线一片区"划分功能区，发展休闲渔业和文化旅游业。产业融合是渔村三大产业协调发展的必然趋势。朱念、姜洁、汪小丹、李燕（2019）以广西海洋渔村为例，提出促进三产融合需要加强渔村电网建设、提高渔民收入、发展适合当地特色的新业态，实现渔业和农业、加工业、旅游业的有机衔接。求锦津、张平、姜华帅、刘煜（2014）提出要深化运输、贸易、水产加工业等第三产业的发展，发挥大企业的带头作用，发展国内贸易和国际贸易，实现产业化发展，促进产业的全面发展。在渔村旅游的具体规划开发方面，李凡陈、同庆等（2000）通过分析清远白庙街的旅游资源特征，提出将渔村建设成一个独具特色的综合性旅游区，突出主体形象这一中心旅游区规划原则，并提出了总体设计思路为动静相衬、开合有致和配套的建设措施。在与旅游配套的旅游产品上，李巧玲（2010）通过实地调查，对渔村旅游产品优化的必要性和优化目标做全面分析，指出"突出乡村性、突出海洋性、突出体验性"这一核心目标，并提出产品开发类型多元化、空间地域格局合理化等一系列优化途径。渔村建设也与时俱进，逐步开发以观光休闲为主的功能，形成从市场到规划，再到旅游产品的一条具体的发展链。关于渔村健康环境的研究，由于渔村的行政区划等级低，不同地区的小镇渔村之间缺乏交流和沟通，所以对特色渔村的健康产业和健康旅游产业的整体发展状况的研究很少，对局部地区的渔村健康产业和健康旅游的研究，主要包括居民健康情况、健康旅游发展问题及解决措施、健康旅游产业发展模式、海洋健康产业发展路径等内容。如戴天元（2007）提出了建设立体型养殖模式、发展"负责任"水产捕捞业、重视"清洁加工"、提高资源的有效利用率等发展生态渔业、推进环境友好型新渔村建设的一些思路。李晓光（2017）认为在舟山康养旅游基地建设中，要结合舟山康养旅游资源的优势和现状，对康养旅游基地建设进行明确的定位和规划，明确康养旅游产品的质量标准，开发特色康养旅游核心区块。

2.2 海洋特色渔村健康价值提升的理论基础

乡村生态文明、乡村振兴与乡村旅游发展相关理论。特色休闲渔村发展基于人与海洋环境的和谐共生，践行绿色发展理念、实施渔村振兴是当前特色休闲渔村发展的根本任务。因此，需要深度理解乡村生态文明内涵、深刻把握我国乡村振兴任务要求、深入研究乡村旅游发展规律，使得海洋特色休闲渔村能够实现健康可持续发展。生态文明又区分为城市生态文明和乡村生态文明，乡村生态文明是生态文明建设中的重点和难点，在我国生态文明建设中占据着十分重要的地位。在新时代乡村振兴背景下，乡村生态文明建设在于重构和增进人与人、自然、社会的和谐关系，要坚持以生态文明理念为思想指引，以生态宜居为建设突破口，以产业的绿色兴旺为发展依托，以生态文明乡风为文化支撑，以生态法治为重要保障，以人民生活富裕为根本目标，切实将生态文明建设融入至农村其他领域和实践中去，推进农村的整体性、兼容性发展，从而实现农村农业的绿色现代化。习近平总书记在党的十九大报告中指出，坚持人与自然和谐共生，必须树立和践行"绿水青山就是金山银山"的理念，坚持节约资源和保护环境的基本国策。基于此，生态文明建设和"两山"理论深刻揭示了人类发展和生态环境的辩证关系，对于特色休闲渔村健康可持续发展具有重大的启示。乡村旅游发展在践行生态文明建设和"两山"理论基础上，应进一步把握乡村文化和旅游融合发展的基本规律。目前中国乡村旅游正处在起步阶段，旅游功能比较单一，观光为主休闲为辅，主要包括观赏、品尝、购物、劳作、娱乐、农技学习、乡村文化欣赏、农民生活体验等，旅游项目以农业旅游为主，农业旅游和民俗文化旅游相结合，体现了"农、游合一"和"人与自然和谐"的特点。乡村旅游主要的发展模式有田园农业旅游、民俗风情旅游、农家乐旅游、休闲度假旅游、村落乡镇旅游、科普及教育旅游、回归自然旅游七种模式。特色休闲渔村作为乡村旅游发展的一种类型，特色海洋文化、渔业文化、渔村民俗文化与旅游融合，进一步形成"文旅+"和一二三产业融合格局，将是未来发展的有效途径。未来特色渔村的发展趋势是依据"文旅+"战略，改变资源配置方式，以乡村滨海环境、渔业生产活动和独特的渔文化为依托，发展休闲旅游、购物旅游、健康旅游，推出"旅游+渔业""旅游+康养"等新型旅游模式，形成"渔业+旅游+购物"的渔村新业态，促进一二三产业多元创新和融合发展。渔村特色文化和旅游业融合，合理开发和利用渔文化，既可以增加旅游吸引力和旅游收入，打造当地的旅游品牌和文化品牌，又有利于传承发扬和创新当地特色文化。休闲渔业的发展也带动了渔村旅游业的发展，渔村旅游未来的发展方向主要包括整合渔村的优势资源、丰富旅游产品类型、精心规划渔村布局等，以旅促农、以旅促渔。

健康乡村理论基础。健康乡村的概念来源于"健康中国"2018年党中央宣布实施乡村振兴战略，全面推进农村发展改革，建设"健康乡村"。陈爱如、张明明（2012）认为"健康乡村"建设是在国家战略统筹下，通过借助国家政策加强农村地区健康服务供给，满足农村居民对健康的需求，建设过程中既与农村地区医疗服务水平和保障能力相关，又受农村居民自身意识与行为的束缚。许源源、王琏（2021）以CNKI数据库中的311篇CSSCI来源期刊论文以及Web Of Science平台中的716篇核心合集库文献作为研究样本，运用Cite Space5.6. R 2软件进行可视化计量分析，发现关于健康乡村研究文献的主要议题有乡村居民个体健康影响因素、乡村中的特殊群体健康、乡村健康风险与健康保障三个方面，国内研究与国外研究在议题设置阶段上有些许差别。进一步分析可知，国内研究将集中于乡村振兴战略和乡村治理现代化，相关重点议题有："大健康"理念下的健康乡村研究、健康乡村政策研究、健康乡村韧性度提升研究、数字化健康乡村研究。张检、何中臣等（2020）分析了国内典型地区的健康乡村建设模式，指出了健康乡村建设进程中存在的主要问题，提出了"以培育健康人群为中心，营造健康环境为前提，优化健康服务为基础，促进健康文化为纽带，发展健康产业为突破"的"五领域一中心"健康治理模式。李宁（2020）结合乡村振兴战略的实施，以此次新冠肺炎疫情为切入点，对当前健康乡村建设存在的突出短板进行分析和探讨，在此基础上提出加快构建与经济发展和新时期广大乡村民众对医疗卫生需求相适应的乡村医疗卫生服务体系建设的对策建议。丁少平、陶伦（2020）认为应统筹考虑乡村规划管治与突发公共卫生事件防御应对的双效举措，在借鉴美日等发达国家的经验和中国在此次疫情应对中的有效措施，探索了以柔性管治和韧性防御为主要应对策略的健康乡村模式，以此为突发公共卫生事件下的城乡规划实施政策提供理论依据。海洋特色休闲渔村的健康问题，不仅仅是以乡村居民健康及其生活生产环境健康为主要内容，更多地需要扩展到游客的健康水平促进和健康旅游活动层面。特色休闲渔村依托健康的海洋气候环境、资源、体验项目和美食餐饮，在促进游客身心健康方面能够实现显著提升。

2.3 特色休闲渔村发展案例

意大利五渔村（Cinque Terre）作为世界文化遗产，彰显出了独特的健康价值。五渔村位于意大利利古里亚大区拉斯佩齐亚省海沿岸地区，是蒙特罗索、韦尔纳扎、科尔尼利亚、马纳罗拉、里奥马焦雷五个悬崖边上的村镇的统称。1997年，五村镇被联合国教科文组织列入《世界文化遗产名录》，1999年被评为国家公园。五渔村全年气候温暖，火车、自驾和步行都能前往五渔村，2001年五渔村还发行了Cinque Terre卡，整合了当地旅游资源，包括无限次乘坐五渔村之间的通勤火车和巴士，免费使用导游服务和卫生间、参与五渔村环保教学工作室活动、各类博物馆折扣等服务，满足了旅客的不同出行和娱乐需求，提高了服务质量。五渔村为了打造高辨识度的山地城镇，一方面成立了专门的色彩机构，出台相关政策，依据建筑类型、周边环境特点和色彩协调性对当地建筑进行保护、维护和更新，保障五渔村房屋色彩的整体性和视觉享受性。同时五渔村内随处可见的海浪、珊瑚、彩色渔船等海洋元素，不断强化人们对滨海度假村轻松、温馨的印象。另一方面举办种类丰富的特色活动，吸引周边国家的游客，如五渔村国际音乐节、野外山径跑步比赛、葡萄酒节等。五渔村以休闲旅游建设为主，营造山、城、田空间一体化，2018年接待游客超过250万，游客数量远超负载，严重影响了当地人的生活。为了更好地保护和开发五渔村，景区通过限制售票控制人数，并在通往五渔村的道路上安放计数装置统计游客数量。

石浦中国渔村，以大型海洋渔文化休闲度假来诠释健康价值。石浦渔村是一个比较典型的渔村休闲度假产品，位于宁波象山石浦北侧，是能体现渔区民俗风情的首家大型渔文化休闲度假区。石浦渔村以渔文化和海洋文化为主题，集旅游、休闲、度假、人居为一体的功能，具有"国家4A级旅游景区""宁波市十大魅力景区""上海世博之旅渔文化体验点"等荣誉称号。石浦渔村围绕丰富的海洋资源和深厚的渔文化内涵，通过渔村主题别墅、三桅式古船、渔家排档、帐篷村、渔村风向标、桅灯等，全方位展示渔区的生活氛围，以其浓郁的渔区风情和丰富的海洋文化，成为象山、宁波休闲度假的一大品牌。游客还可以到邻近的石浦渔港古城更深入地感受渔家风情，中国渔村一般与周边的象山影视城、石浦渔港古城、海山仙子国等景点组成一日游旅游产品。象山影视城、松兰山旅游度假区、石浦渔港古城、中国渔村共同组成了象山县的四大老牌景区，2018年国庆期间，象山县接待游客152.17万人次，旅游收入15.13亿元。

三、舟山市特色休闲渔村发展的问题研判

3.1 舟山市特色休闲渔村的发展基础

舟山市是浙江省地级市，位于浙江省东北部，舟山岛是舟山群岛最大的岛屿，也是中国第四大岛。如表 13-3 所示，2018 年舟山市渔村渔业统计情况显示，渔村数量达到了 195 个，渔业人口达到了 19 万人，是我国典型的渔村集聚区。舟山现有住人的离岛 57 个，共有渔村 160 多个，人口约 16 万人，可以说海岛渔村是舟山的独特形态。

表 13-3　2018 年舟山渔村渔业统计 [①]

项目		数量	
渔业乡镇/街道（个）		26	
渔业村（个）		195	
渔业户（户）		69828	
渔业人口（人）		194166	
渔业劳动力（人）	捕捞	48843	
	养殖	4041	
	加工	6253	100904
	其他	16108	
	兼业劳动力	6314	

舟山是全国著名的"渔都"，星罗棋布的舟山离岛渔村，也面临渔业资源不足和产业结构单一的问题。近年来，当地政府围绕重构渔村的生产空间、生活空间和生态空间，在乡村振兴的道路上做出了一些新的探索。依托独特的海岛资源、区位优势、旅游大环境和长三角城市客源市场，舟山渔村迈向了旅游休闲、文化体验和家庭度假的新发展阶段，特色休闲渔村发展呈现出了日新月异的态势。舟山渔村利用当地资源开发海钓、邮轮、休闲观光渔业、海鲜美食文化节、会展度假休闲游等多样化的休闲旅游产品，如普陀区渔村推出包括做一天渔民、环岛海上观光、海岛钓鱼、参观旅游景区等活动的"住在渔家、吃

[①]　数据来源于《2019 年舟山统计年鉴》。

在渔家、乐在渔家"旅游活动。普陀区渔村还以"走进东方渔都，体验渔家风情"为主题，打造四大主题休闲渔业旅游基地：以"渔区人民公社"为形象主导的海岛民俗风情旅游点；国际海钓休闲渔业基地；岛礁海钓休闲渔业基地；突出渔港风情和"海上人家"休闲主题的养殖观光、海鲜品尝休闲渔业基地。

3.2 舟山特色休闲渔村发展的大健康环境

一是气候宜人，环境质量好。舟山市拥有优越的气候条件、丰富的海洋资源和相关政策支持，为健康产业提供了良好的发展基础，随着经济社会发展，舟山人民收入增多、生活水平提高，对健康产品和服务的需求也日益增强。舟山海洋性气候怡人，冬暖夏凉、温和湿润，空气质量好，在全国名列前茅，全年空气质量高于等于国家二级标准天数的比重年均达到99.4%以上，植被覆盖率高，全市森林覆盖率稳定在50%以上。而且舟山市不仅海洋风景秀美，海洋生物资源也非常丰富，是我国最大的近海渔场和重要的海洋生物基因库，有利于运用新技术对海洋产品进行深加工，发展海洋生物制药产业和海洋功能食品产业。二是出台了相关政策促进健康产业发展。健康产业是浙江省"十三五"期间重点发展的产业之一，舟山市把健康产业作为经济转型升级和推动服务业发展的重要板块之一。舟山市政府制定了《舟山市健康产业发展规划》《健康舟山2030行动纲要》《关于推进健康舟山行动的实施意见》，如普陀区就重点瞄准细胞治疗、医药商贸、禅修康旅、健康管理、医学会展五大生命健康类产业，通过鼓励创新、培育品牌、优化政策、营造生态，将普陀建设成具有海岛特色的医疗先行先试区、国际知名的禅修康养海岛旅游区和品牌高端的海洋健康产品先进智造区。三是健康产品和服务的需求大，客源市场广。舟山市居民和来自外地的游客对健康养生的需求也越来越多，健康产业市场前景广阔。舟山市背靠长江三角洲，健康产业市场的地域范围广，舟山接待的游客大部分都有养生需求，再结合佛教文化、禅修旅游等心理上的医疗养生，体现出较强的磁场效应，为健康产业的发展营造了良好的环境，有利于舟山市健康产业的发展。

3.3 舟山特色休闲渔村的健康化转型问题

舟山渔村的休闲旅游发展前景较好已成为共识，但是目前也存在一些问题，制约了休闲渔村健康价值的彰显。第一，休闲渔业发展较快，但渔村健康类旅游产品较为缺乏。舟山市的特色渔村小镇原来大多以渔业尤其是捕捞业为主要产业，休闲渔业和海洋旅游业发展还不成熟，健康旅游仍处于起步阶段，海洋旅游产业和健康产业、文化产业融合度不高。目前舟山市缺乏成熟的海洋健康旅游产品，旅游活动以滨海观光、宗教朝觐为主，没有形成完整的海洋健康旅游体系。缺少有知名度的海洋健康旅游产品品牌。第二，渔村的医疗卫生和健康服务水平还比较低。舟山市渔村提升海洋旅游的健康价值，还要提高医疗服务卫生水平，完善医疗服务卫生设施。虽然舟山市城乡居民基本医疗保障覆盖率达 95% 以上，但是渔村的医疗卫生设施和服务水平与大城市相比还有很大差距，不能满足当地人和游客的多样化的健康需求。舟山的养老康复设施也比较缺乏，专业化水平低，既不能满足本市的需求，更不能为国内外养老市场提供设施和服务，目前专业的康复疗养院、养生度假酒店、保健机构等其他健康旅游设施还处于空白阶段。而且一些渔村对公共卫生工作还不够重视，公共卫生服务能力亟待提升。第三，渔村旅游配套设施建设相对滞后。一方面，海洋健康旅游项目和设施建设滞后，目前舟山的全民健身工程体系基本建成，各类体育健身设施已基本遍布社区和村庄，但是市场需求潜力大的海洋特色运动设施与项目，如水上运动和沙滩运动的设施和项目都非常匮乏，海岛户外运动设施与项目、露营地设施与项目等也比较落后。还有一些小规模的饭店、旅店商户无证经营，存在食材储存和摆放不卫生，消防安全设施不完善等问题。第四，从业人员素质较低，经营管理欠规范，缺乏必要的安全意识、服务意识、环保意识和诚信经营的理念，导致服务质量不高。提升海洋旅游的健康价值，需要运用到医学、旅游管理、健康管理、生态学等相关知识，但是目前的人才培养不足，缺乏具有多学科融合知识和思维方式的复合型人才。

四、舟山市特色渔村健康价值提升策略

4.1 丰富健康旅游产品，建设康养型慢生活海岛度假村

依托美丽小岛和浓郁渔韵的独特魅力，在现有休闲渔村基础上开发多元化的健康旅游产品，建设康养型、慢生活、度假式的新型渔村，形成独特的渔村健康魅力。首先，创新渔业和渔文化康养新业态，深入挖掘渔村中的渔业活动、渔业文化、渔业环境、渔业收获中的健康元素，包装出独特的渔业健康体验项目，让渔业过程成为游客健康赋能的新方式。其次，重点构建渔村慢生活养生体验环境。在其所建构的渔村"慢生活"空间里，没有污染、噪声，也没

有行色匆匆的路人和川流不息的车辆，有的只是悠然自得的慢食、慢行、慢交流，在这里渔耕慢式文化与现代要素实现了有机融合，迸发出新的活力，让游人能够"诗意地栖居、健康地生活"。最后，进一步完善渔村基础设施和卫生条件，引入先进医疗、康复和保健设施进入基础较好的渔村，坚持生态优先理念，建设一批示范性强的度假式康养渔村，引领渔村发展转型升级。在优越的环境和条件下的渔村，建设集医疗服务、休闲疗养、康体保健于一体的康体养生项目、职业病疗养项目和老龄人疗养项目，满足游客越来越强烈和多样化的健康旅游需求。

4.2 突出"渔家乐"康养价值，发展渔家健康游项目和品牌

渔家乐作为一种渔村特色旅游项目，得到了城市现代人的青睐，但疫情后随着人们对健康的更高更多诉求，渔家乐也面临更加高质量的转型升级，"渔家康乐"则逐渐成为新兴的发展方向。传统渔家乐是沿海或海岛渔民向城市游客提供的一种回归自然从而获得身心放松、愉悦精神，了解渔家民俗的休闲旅游方式。渔家乐的一般内容是欣赏海岛风光，吃当地特色海鲜，游泳、钓鱼、赶海、沙滩游戏（排球、足球等体育活动），当一天渔民，住渔家体验渔家风情。通过调整渔业作业方式和改造船型，开设张网、笼捕等海上渔事体验，利用沙滩和海岸线开展岸滩、船钓娱乐活动和滨海餐饮服务，把当地渔村原有的生产和生活方式转变为游客的旅游方式。新型渔家健康旅游项目是"渔家乐"的升级版，更加强调围绕渔民和渔家体验的健康养生属性，主要包括三个方面的内涵。一是渔家健康生活方式的体验，针对渔民家的健康、长寿和自然生活设计出相应产品，供游客体验并赋予健康习惯。二是将渔家健康美食作为主要吸引物，开发不同的渔家健康餐饮种类，形成渔家独特的健康和营养的饮食套餐，丰富游客味觉上的健康体验，打造特色渔家健康宴。三是突出舟山渔村的渔家健康品牌与形象，成为舟山渔村的特色魅力点，做好"渔家康乐"的宣传推广，把舟山渔村包装成全国著名的康乐项目。

4.3 依托渔村海洋自然本底，开展原生态乡居疗养游

依托特色的海洋型气候和海陆交错地带的自然优势，结合渔村居民点原生态的环境，建设乡居疗养和"候鸟型"养老居所，满足健康养生人群的多元化需求，实现特色强、性价比高、低密度、最自然的康养产品供给。重点从三个方面进行开发：第一，保护和挖掘独特的自然生态资源，详细梳理海陆交

错地带的气候条件、水土环境、动植物品类、天然食材药材等情况，在保护完整生态环境基础上开展旅游可持续开发，形成渔村生态化康养的本底条件，给游客回归大自然和大海洋的真切体验。第二，重点建设渔村居民点原生态人文环境，把现有渔村渔民居住房屋和生产设施改进为游客日常康养、疗养和保健养生场所，营造出渔村渔民居住原生态风格、风貌和风尚，形成生活性健康体验，改变游客原有的或不健康的生活方式和习惯，融入新的健康旅游环境中。第三，不断完善现代化的医疗设施，既要原生态环境又要有先进设施支撑。完善的基础设施是渔村发展海洋旅游的重要基础，高水平的医疗卫生服务能力和良好的服务环境是提升海洋旅游健康价值的重要前提。在提高舟山市的医疗卫生水平时，一方面要提高舟山市医院的医疗水平，另一方面要引进国内外高水平的医疗护理团队、专家和康体疗养机构，打造舟山医疗品牌，开发落实以乡居疗养、中医康复疗养、"候鸟型"养老为特征的，集医疗服务、休闲疗养、康体保健于一体的康体养生项目、职业病疗养项目和老年人疗养项目，满足游客越来越强烈和多样化的健康旅游需求。

4.4　加强规划引领，建设一批渔业康养休闲名村名镇

在科学规划的指导下，结合舟山市渔村自然人文环境的独特性以及健康产业、旅游产业的发展现状，建设海洋健康旅游服务体系，依托海洋旅游资源、禅修养生、海鲜美食、渔民渔家生活、水土环境条件等健康资源，建设渔业休闲旅游名村名镇，打造现代化海洋健康旅游目的地和海洋健康旅游品牌，扩大影响力和市场竞争力。在规划阶段注重新业态、新项目、新产品包装和研发，结合渔村小镇自身特色形成一批示范性品牌性项目，引领休闲渔村健康化高质量发展。大力培养海洋健康旅游的复合型人才，引导人才下乡进村，弥补基层专业人才短缺的局面。出台相关优惠政策，加大在创新创业、科研等方面给予人才的支持力度，吸引和鼓励人才到舟山来推动特色渔村的海洋健康旅游发展。

参考文献

［1］孙岳.山东青岛海洋旅游的可持续发展研究［J］.度假旅游，2019
（3）：156-157.

［2］李巧玲，徐颂军.对滨海渔村旅游开发的几点思考［J］.华南师范大

学学报（自然科学版），2009（4）：116-120.

　　［3］刘龙腾，高宏泉.实施渔村振兴：意义、基础与问题［J］.海洋开发与管理，2019，36（7）：35-41.

　　［4］俞锡棠.舟山渔村体制现状与改革新路［J］.中国渔业经济研究，2000（2）：15-18.

　　［5］吴丹丹，马仁锋，王腾飞，李加林.中国沿海"渔业、渔民、渔村"转型研究进展［J］.世界科技研究与发展，2016，38（6）：1343-1349.

　　［6］朱琳.基于生态文化的休闲渔村旅游开发和景观规划设计研究［D］.哈尔滨：东北农业大学，2011.

　　［7］徐艳芳，刘福彩，孔德汀，刘丽媛.休闲渔业视角下滨海渔村景观规划设计方法研究［J］.安徽农业科学，2021，49（1）：110-112.

　　［8］郭晓蓉，高健.海洋捕捞渔村经济社会现状的调查研究——以宁波海洋捕捞渔村为例［J］.中国渔业经济，2014，32（3）：28-32.

　　［9］张桂华.我国休闲渔业的现状及发展对策［J］.长江大学学报（自科版）农学卷，2005（3）：98-102.

　　［10］刘龙腾，王良.实施渔村振兴：借鉴、路径与政策［J］.海洋开发与管理，2019，36（8）：36-41.

　　［11］刘帅，宁波.江南渔村的经济转型研究现状与思考［J］.科学养鱼，2020（1）：76-77.

　　［12］刘龙腾，王良.实施渔村振兴：借鉴、路径与政策［J］.海洋开发与管理，2019，36（8）：36-41.

　　［13］王思琦.连云港特色城镇的形成与发展——以西连岛村为例［J］.建材与装饰，2019（13）：63-64.

　　［14］朱念，姜洁，汪小丹，李燕.广西海洋渔村"三产融合"障碍诊断及应对研究［J］.数学的实践与认识，2019，49（9）：293-303.

　　［15］求锦津，张平，姜华帅，刘煜.舟山市渔村转型现状及对策研究［J］.安徽农业科学，2014，42（14）：4521-4522+4525.

　　［16］李凡，陈同庆，黄耀丽，杨俭波.清远市白庙渔村旅游区总体规划设想［J］.佛山科学技术学院学报（自然科学版），2000（4）：27-32.

　　［17］李巧玲.雷州半岛滨海渔村旅游产品优化探讨［J］.广东农业科学，

2010，37（4）：264-268.

［18］戴天元，张农．发展生态渔业，建设环境友好型新渔村［J］．福建水产，2007（1）：77-79.

［19］李晓光．全域旅游背景下舟山康养旅游基地建设研究［J］．海峡科技与产业，2017（9）：84-86.

［20］陈小捷．乡村振兴背景下农村生态文明建设问题研究［D］．北京邮电大学，2020.

［21］新华网．绿水青山就是金山银山［EB/OL］（2016-05-09）.http：//www.xinhuanet.com//politics/2016-05/09/c_128969837.htm.

［22］郭焕成，韩非．中国乡村旅游发展综述［J］．地理科学进展，2010，29（12）：1597-1605.

［23］陈爱如，张明明．健康乡村建设的理论厘清与发展方向［J］．齐齐哈尔大学学报（哲学社会科学版），2021（2）：44-48.

［24］许源源，王琎．乡村振兴与健康乡村研究述评［J］．华南农业大学学报（社会科学版），2021，20（1）：105-117.

［25］张检，何中臣，唐贵忠．乡村振兴视域下健康乡村的内涵、建设现状与路径选择［J］．重庆行政，2020，21（4）：54-56.

［26］李宁．突发公共卫生事件视角下健康乡村建设问题若干思考［J］．经济论坛，2020（4）：112-117.

［27］丁少平，陶伦．健康乡村：突发公共卫生事件背景下的乡村应对策略［J］．规划师，2020，36（6）：72-75.

［28］周思悦，罗震东．意大利五渔村：一段梦幻的山海吟唱［J］．人类居住，2016（3）：36-39.

［29］何孟辑．普陀渔业渔村旅游开发的现状与对策［C］．浙江省旅游协会．科学发展观与浙江旅游业论文集．浙江省旅游协会：浙江省旅游协会，2005：111-113.

第四部分　案例论坛篇（附）

第十四章 国际海洋旅游目的地健康价值 提升案例分析

作为世界海洋经济的重要组成部分，海洋旅游业依然是许多国家的重要收入来源。2019 年 8 月，联合国世界旅游组织（UNWTO）发布最新《2019 年国际旅游报告》（*International Tourism Highlights, 2019 Edition*，以下简称《报告》）显示，① 2019 世界十大热门旅游国家，全部是沿海国家或者海岛国家，② 它们一共接待了全世界 40% 的游客。而对泰国、墨西哥、印度尼西亚等国家来说，海洋旅游业已经成为当地的支柱性产业，政府也不断加大海洋旅游产业的投入。在学术领域，全世界学者对海洋旅游的关注也是只增不减。近年来，国外研究海洋旅游的方向不断扩展，从一开始的传统的海岛旅游规划和滨海旅游发展路径研究，逐渐新增了邮轮、游艇旅游等新型旅游方式的新视角，也更加强调了海洋旅游的可持续开发和环境保护，关注海洋旅游开发带来的影响。这暗示了未来海洋旅游产品会朝着更高层次、更高质量的方向发展。这其中就包括健康产品的开发。

"康养 + 旅游"在国际上并不是一个全新的话题，比如欧美滨海旅游诞生之初就包含着康养目的，但"康养 + 旅游"依然是一个热门的方向。《报告》总结出了六大消费者的旅游趋势，其中就包括"对健康生活的追寻"，也就是游客对徒步、康养、健康旅游的需求。③ 海洋旅游资源中得天独厚的气候、海水、阳光条件等，为开发养生理疗、沙滩运动、鱼疗美容、度假康复等健康产

---

① 文件来源于世界旅游组织 UNWTO 官方网站 https://www.unwto.org/.
② 这十个国家依次为法国、西班牙、美国、中国、意大利、土耳其、墨西哥、德国、泰国、英国。
③ Consumer travel trends: pursuit of a healthy life（walking, wellness and sports tourism）.

品提供了条件。国际上海洋旅游业经过数十年的发展已经具备了一定的规模，现在更多是在提升其海洋旅游目的地的健康价值，很多国家也探索出了一条独特的健康价值提升模式。本章主要通过选取全球几个具有代表性的海洋旅游目的地，分析其健康价值提升的方式，为我国海洋旅游健康价值提升提供更多可参考的方式。

一、案例选取

1.1 选取标准

为了保证案例研究的科学性和权威性，在详细介绍各个案例之前，需要对本章如何选取案例以及为什么选取该目的地作为研究对象做一个简单阐释。如何才能选出具有"代表性"的海洋旅游目的地，本章主要参考以下四个原则：

原则一，各大社交网站出现的频率。"有代表性"的旅游目的地可以理解为知名旅游目的地，也就是说可能具有良好的口碑和高关注度，也一定是大众喜欢的目的地。随着社交媒体的发展，旅游目的地热度可以通过各大网站的数据来体现，比如相关词条点击量与浏览量、某目的地的相关旅游攻略数量与游记数量、游客对目的地的评价等，可以很直观地看出哪些海洋旅游目的地更受到游客的欢迎，该标准站在大众旅游者的角度衡量目的地的代表性。

原则二，文献中出现的频率和相关文献数量。一个有代表性的目的地一定具有科研价值，其比较成熟的旅游产业体系吸引无数学者进行研究分析，以此追溯背景或者预测发展，寻找普遍规律形成新方法论，为其他目的地的开发提供借鉴。所以根据目的地相关学术文献的数量，我们也可以用来判断一个目的地是否具有代表性。该标准主要站在学术的角度判断目的地的代表性。

原则三，权威机构或组织的评选结果。得到过权威机构的认可和推荐的目的地具有代表性。评委会或其他评选组织集合专家，对目的地进行充分调研，汇集到访游客意见和未到访游客旅行意愿，经过充分讨论最后形成旅游推荐榜单。这些结果是学术性和大众性综合考量的结合，既具备高旅游价值又拥有高度人气，完全可以作为本章筛选代表性目的地的参考对象。

原则四，健康产业在案例地具备特性。本章选取的代表性目的地，在海洋旅游的健康价值拓展方面有自己的特点，比如主要依靠政府引导和扶持，也有靠自己充分挖掘自身旅游吸引物的健康价值，也有靠着企业合作而走出了一条自己的健康产品之路。换句话说，本章的案例必须具备一定的参考意义，能够比较全面地展示健康价值提升的各种可供学习的成功路径。

1.2 选取过程

案例的选取过程并不必完全按照四条标准逐一核对，而是具有一定的渐进性和灵活性。在通过四条途径寻找到一个大致的方向或者几个目的地之后会对其进行深度挖掘，对照标准剔除不适宜本章研究的对象，最后抽丝剥茧出最核心的健康旅游价值，敲定为本文的案例。

首先利用百度、Google、Being、猫途鹰、booking、Airbnb 等国内外网站在互联网上进行大范围海选。利用搜索引擎先进的数据整理和抓取能力以及大数据处理后的推荐能力，我们能够很轻易地通过搜索关键词找到被人关注的其他热门词条，从而测写出网民关注的对象是什么。此外，通过关键词搜索可以比较大范围地获得信息，有助于从大到小从泛到细地判断目的地是否具有代表性。Facebook、Twitter、豆瓣、Bilibili 等社交媒体平台都会有博主给出自己推荐的国外海洋旅游目的地。接下来我们浏览了携程、途牛、马蜂窝等 OTC 平台，[①] 推荐了以海上活动为主打的普吉岛、浪漫的巴厘岛、拥有高端酒店的马尔代夫、玩水圣地迪拜、拥有超高人气的圣淘沙和 S.E.A 海洋馆的所在地新加坡以及澳大利亚的大堡礁，也可以建立初步的案例备选名单。

对网络上的热门海洋旅游目的地有了简单的认识之后，再来看学术文献中提到的热门目的地。蔡礼彬（2018）总结，目前最具市场影响力的世界级海洋旅游目的地主要包括地中海地区、加勒比海地区和东南亚地区，高建（2007）选择以马尔代夫、夏威夷、新加坡、坎昆四个国际典型的海岛旅游目的地作为案例，详细分析了四者开发的成功经验；韩伟雄（2019）的分类则把印度洋替换成了大洋洲。除了热门程度之外，有些学者也注意到了海岛旅游正在往健康旅游的方向扩展，曲凌雁（2005）提到东南亚许多海岛正在朝"健康岛"方向建设，成为"集休闲、养生、美容、健康于一体的'身心美容充电站'"。由此可见，我们可以考虑在加勒比海、地中海、东南亚这三个区域挑选热门旅游目的地，尤其是东南亚的目的地更加具有健康价值。

结合在互联网上海选出来的地点，在 CNKI 和 ScienceDirect 上输入目的

---

① 马蜂窝官方网站 http://www.mafengwo.cn/.

地寻找相关文献，逐一阅读后可以筛选出符合主题的文献。CNKI 即中国知网，是目前国内学术文献最集中的地方之一，ScienceDirect 全文数据库则是荷兰一家全球著名的学术期刊出版商 Elsevier 的电子资源库，该出版商是世界上公认的高品位学术期刊，从这两个数据区检索的文献具有权威性，也比较全面。在学术方面，国内的研究总量偏少，内容较宏观，以研究马尔代夫、巴厘岛、普吉岛为主。

经过两轮筛选其实已经缩小了名单范围，最后来参考一下权威机构的评选名单。如表 14-1 所示，值得注意的是，这些机构评选标准并不一致，出发点也并不相同。比如有些机构会推荐冷门目的地或者新兴目的地，也有些机构会以年为单位评选该年度比较有价值的不同于以往的目的地。比如美国《国家地理》的 2019 全球十大旅游目的地选取了新兴热点景区做推荐，《纽约时报》每年的十大推荐目的地更致力于介绍小众景区给游客，以探索更多的可能性。在筛选案例中如遇到这种情况，会不予考虑。

表 14-1　主要参考的旅游机构 / 组织

机构 / 组织名称	形式	评选来源
Lonel Planet[①]	旅游指南	Best in Travel 2020 主页旅游目的地推荐 highlight
Trip Advisor	旅游网站	全球 25 个最佳旅游目的地
Euromonitor International[②]	咨询机构	Top 100 City Destinations Ranking
左图右景编委会	旅游指南	这辈子一定要去的 100 个世界顶级景区

通过前面的筛选可以看出，知名度高的海洋旅游目的地很多，并且都能得到大众和专家的认可，这为我们的案例筛选增加了难度。这时候必须通过标准原则四，依次判断该目的地的健康价值大小以及该目的地在发展健康产业中是否具有借鉴意义。如表 14-2 所示，此为目的地案例选取结果。

---

　　① Lonely Planet 是世界最大的私人旅行指南出版商，其同名杂志《孤独星球》是全球背包客和自助游者海外必备指南。旅行专家们每年会发布 Best in Travel（最佳旅行）榜单，列出明年最值得去的地方，为全世界旅行者提供下一年旅行计划的灵感。孤独星球官方网站 https：//www.lonelyplanet.com/

　　② Euromonitor International（欧睿国际）信息咨询公司成立于 1972 年，在出版市场报告、商业参考资料和网上数据库方面拥有超过 40 年的经验，品橙旅游市场调研机构跟欧睿国际紧密合作，发布了全球年度百大旅游目的地城市等榜单。

表 14-2　目的地案例选取结果

目的地	入选的权威机构 / 组织	案例特点
普吉岛	Euromonitor International 的 Top 100 City Destinations Trip Advisor "全球 25 个最佳旅游目的地" 左图右景编委会《这辈子一定要去的 100 个世界顶级景区》	泰国在传统文化中挖掘独特的健康旅游价值。泰国的医疗旅游业主要是将传统自然药草、专业医疗、Spa 美疗等养生度假活动融合于旅游活动当中，重点发展曼谷、清迈、普吉岛与苏梅岛等主要旅游目的地，积极发展健康旅游，并且一直保持着快速增长。目前为止泰国已经拥有几座享誉世界的康养度假酒店
印度	2019 Lonely Planet 亚洲最佳旅游地 Top 10	印度的医疗旅游者在寻求健康治疗，包括吠陀疗法、瑜伽疗法、冥想和饮食咨询等。印度也是亚洲乃至世界健康旅游较发达的国家。印度健康旅游以瑜伽、冥想、阿育吠达为主，重点突出健康旅游特色
坎昆	Euromonitor International 的 Top 100 City Destinations 左图右景编委会《这辈子一定要去的 100 个世界顶级景区》	主打玛雅文明古城 + 优质 3S 养生海岛，打造国际滨海养生之都，集气候养生、水疗养生、运动养生等于一体的滨海养生度假地
夏威夷	Euromonitor International 的 Top 100 City Destinations 左图右景编委会《这辈子一定要去的 100 个世界顶级景区》	夏威夷作为老牌海洋旅游目的地，以火山海岛景观、热带水果与花卉、土著文化吸引八方来客，是"乐活族"向往的人间天堂
土耳其	TripAdvisor "全球 25 个最佳旅游目的地" Euromonitor International 的 Top 100 City Destinations	土耳其是鱼疗的发源地，坎加尔鱼温泉鱼疗项目被誉为世界八大温泉疗养项目，世界游客都慕名而来。棉花堡位于土耳其代尼兹利市北部，是远近闻名的温泉度假胜地，去棉花堡参观的游客都愿意去旁边的罗马古董温泉池泡个免费的温泉浴。相对于度假康养，土耳其宗教文化和海湾风光更具有吸引力

　　总而言之，目前泰国或者印度（传统文化 + 康养）、墨西哥坎昆（3S 旅游度假 + 运动旅游）、夏威夷（乐活之旅）比较具有研究价值，而为什么土耳其没有形成比较完善的健康产业，也能给予我们反思。接下来的案例分析中，我们会重点以这四个目的地为对象，探索海洋旅游健康价值提升的路径。

二、泰国普吉岛

2.1 基础条件不断完善且转型升级趋势明显

　　普吉岛位于泰国南部，面积 576 平方千米，与新加坡相近，人口 38 万，属于热带季风气候，因为拥有众多天然的美丽海滩和椰林，这里被誉为"安达曼群岛的明珠"。岛上主要的地形是绵亘的山丘，有少量盆地，还有 39 个离岛各具特色，每天数以万计的游客在皇帝岛、斯米兰群岛、皮皮岛等岛屿中间穿梭，享受度假的乐趣。普吉岛是一座著名的度假岛，也是海岛旅游的代表性目的地之一，多次登上各大机构最值得去的目的地榜单。

普吉岛具有丰富的旅游资源。优质的热带海岛风光是吸引众多游客前来度假的主要因素。这里开发的最为完善的主要有芭东海滩（Patong）、卡伦海滩（Karon）和卡塔海滩（Kata），三个海滩上到处可见摩托艇、冲浪、水上拖伞等娱乐项目，让你过足水上运动的瘾。另外，泰国的美食、宗教、文化也是重要的旅游吸引物。夜幕降临，各种酒吧让你嗨到天明，特色的人妖表演和泰拳搏击也会让你热血沸腾；当然，泰式炒河粉、海鲜大餐和经典泰式 Spa 也是绝不容错过的体验。要是时间赶得巧，还能体验到泰国芭东海滩狂欢节。每年 11 月，海滩聚集了来自世界各地的人们，他们在这里尽情狂欢，直到日落。狂欢节上有泰国最好的爵士乐队表演、人妖表演、调酒技艺表演、魔术表演等。还会组织许多丰富多彩且有趣的活动，其中包括早上的修福、水上运动竞赛、游客选美大赛等，还可以接触到普吉当地的艺术品。

旅游业很早就是普吉岛的支柱性产业。普吉岛的旅游观光业从 1970 年开始逐渐兴起，一开始普吉岛只是因为岛上富含锡矿而引起了国内外的重视，后来成为泰国旅游的重要目的地之一。泰国体育旅游部的数据表示，2019 年前 11 月，泰国接待游客 3587 万人次，同比增长 4.4%，旅游营业收入达 1.74 万亿泰铢，同比增长 3.67%。泰国体育旅游部部长表示，泰国仍是对国际游客颇具吸引力的目的地。[1] 普吉岛作为泰国旅游的重要目的地，在 2017 年共有 8400 万旅游人次到达，同比 2016 年增长 12%，[2] 而在 2018 年，到达普吉岛的旅游人次突破 9700 万，即使是经历了 2018 年 "7.5" 普吉岛沉船事故，普吉岛旅游业虽然有受损，但依然是最值得一去的海洋旅游目的地之一。[3]

在旅游交通建设上，目前岛内以航空、水运、陆路三种交通形式为主。普吉岛国际机场是岛上的交通枢纽，仅在 2018 年的 1—4 月，仅仅四个月，承接了 3500 万旅游人次，具有巨大的吞吐量。除此之外，泰国于 2019 年开工建

---

[1]　Original source：EMIS Insights.

[2]　https：//www.sohu.com/a/297396791_99899191.

[3]　《泰国旅游部长：普吉岛游客数 "不像媒体说的那么糟"》https：//baijiahao.baidu.com/s？id=1641161484708784850&wfr=spider&for=pc.

造普吉岛第二国际机场，用以缓解普吉国际机场的客流。新机场选址位于攀牙湾，Sarasin 大桥附近，斥资 600 亿泰铢（合约 128 亿人民币），将于 2025 年正式投入使用，如此大的花费投资，可见泰国政府对旅游业的重视。在酒店设施上，截至 2018 年第一季度，普吉岛一共有 1744 个住宿设备，共约 84427 个单位，其中包含了注册为酒店的和还未注册为酒店的项目。到 2018 年年底，将新增 1369 个单位。在未来开业的酒店名单中，共有 27 个住宿设备，8281 个单位的总量，均为国际知名品牌酒店。另外，还有 10 个项目是酒店式公寓，占到未来酒店总量的 28%。国际品牌酒店霸占普吉岛酒店的 75%，普吉岛也是世界上唯一一个集齐国际十大酒店品牌的海岛。比较知名的包括位列世界前三的 Spa 度假胜地 Chiva-Som 度假村、被 Fox News 杂志评为世界十大养生酒店之一并拥有世界级排毒中心的 Pavana 度假酒店。在未来，整个普吉岛有 4 项综合体开发建案，3 项旅游景点开发建案已经开始建设。政府如此大力开发旅游景点和综合体的建设，一方面是为了带动普吉岛非海边区域的发展，另一方面是为了满足越来越多海外游客的购买力。普吉岛的基础建设正在大力发展，标志着普吉岛将来不再是一个单纯的海岛，而是一个现代化的城市度假区。

2.2 本土化、低价格和高质量的健康旅游发展导向

泰国医疗旅游产业始于 1997 年，2005 年约有 100 万名外籍病患到泰国的私立医院接受医疗诊断与治疗（主要是中国和俄罗斯），衍生的相关医疗收入总计约 230 亿泰铢。从 2015 年开始，泰国医疗旅游产值超过 45 亿美元，年增长率达 18%，每年有超过 300 万人到泰国看病。[1]泰国早已经成为名副其实的"亚洲健康旅游中心"。

泰国旅游管理局指出，与泰国传统草药疗法相结合的高品质 SPA 服务，与本土风情的建筑设计相结合的低成本疗养服务以及具有丰富从业经验的服务人员是泰国健康市场的三大关键力量（Ngamvichaikit et al，2014；Connell，2011）。换句话说，泰国医疗旅游的品牌特色在于本土化、低价格、高质量。这种特色是把国际化的设施和服务、优质的海洋旅游资源与本土泰式康养资源进行有机结合，走出了一条自己的"海洋＋健康"的发展路径。泰国的度假酒

---

① 数据来源：Anchana，Bull World Health Organ.

店和度假村依靠美丽的普吉岛风光吸引游客，借助泰国传统草药、泰式按摩、熏香或精油扩展了度假村产品和服务，避免了度假康养的同质化问题，又联动岛上具有先进医疗水平的医院，发展"一条龙"式的海洋康养旅游。

在泰国有多种健康促进旅游活动，包括泰国传统医疗旅游、草药食品旅游、当地草药旅游、自然农业旅游、温泉旅游、冥想训练和冥想治疗旅游、旅游自然栖息地等。泰国医疗旅游具有以下几个特点：[①] 第一，具备专业的医疗团队和设备技术。整体而言，私立医院医疗人员普遍素质精良，接受国外医疗专业训练的专科医师人数较多，医疗质量已具国际水平。而且大多数泰国私立医院多与美国及欧洲等国际知名大学医学院、教学医院和大型医疗院所进行策略联盟。第二，高质量服务。泰国号称"微笑之国"，客人在接受健康和医疗服务时，总能迎来热情洋溢的笑脸。泰国医疗旅游基本都是个性化定制，医院本身就能提供如同五星级酒店般的设施，客人可以享受到洁净私密的客房、翻译服务、客房点餐服务（包括清真食品），泰国医院为国外患者提供翻译、预约、签证等多种服务，几乎面面俱到，堪称细致入微。第三，国际化。泰国是全世界接待医疗旅游者最多的国家，也是亚洲地区作为医疗旅游目的地赚取外汇最多的国家，比较出名的医疗服务包括牙科、激光、整形外科、丰胸、变性以及面部美容等。目前泰国约有 26 家国际医疗机构可以提供医疗旅游服务。以曼谷医院为例，曼谷医院属于全球前十的医疗机构，该院配备 32 国翻译，共设立 63 个部门，按照国际化标准服务。第四，丰富的配套行程。旅游是在泰国接受医疗康养的重要组成，相对应的，医院会给病人提供配套的旅游行程。曼谷总院在热门旅游地像普吉、芭堤雅等地都设有分院，病人在曼谷住院，手术期或危险期过后，直接通过内部系统便可以调病人资料到分院，让病人在康复医疗阶段享受热门旅游地的美景，同时总院给予医疗嘱咐、跟单医疗服务等。第五，性价比高。泰国医疗素有"第三世界的价格，第一世界的享受"的美誉。从彭博新闻社数据来看，到泰国旅游的外国游客每日平均花费为173 美元（5530 泰铢），而如果是在迪拜，旅游期间每日花费则大约为 537 美元；新加坡旅游每日也要 286 美元，相较之下泰国性价比优势明显。私立医院在很多领域达到甚至超过发达国家医疗水平，费用却相对较低。

---

① 整理自泰国旅游局官网 www.amazingthailand.org.

普吉岛作为泰国医疗旅游的重要旅游目的地之一，其康养设施和产品也十分完善。已获得 JCI 国际医疗服务标准认证的就有 2 家医院——普吉岛国际医院和曼谷国际医院，通过与普吉岛上知名酒店、度假村和水疗中心的紧密合作，开展了医疗旅游项目。除了这些优质的独立医院之外，还建设了许多中心医院的分部，进入康复期的病人会被转移到岛上享受美景。而在酒店设施上，除了主打"浪漫"的蜜月酒店之外，普吉岛大部分酒店都以休闲度假为目标，其产品多少都包含水疗、SPA、泰式按摩、熏香等具有康养性质的服务。普吉岛也拥有很多主打康养的酒店。比如安纳塔拉水疗度假村（Anantara Phuket Villas 和 Anantara Phuket Layan Resort and Spa 两家），班陶海滩瑞享水疗度假村（Mövenpick Resort Bangtao Beach Phuke），① 具有"顶级水疗"之称的悦榕庄 SPA 静心轩（Banyan Tree Spa Sanctuary，Phuket）等。

2.3 政府在泰国健康旅游发展中发挥的作用

现在泰国的医疗产业已经与旅游产业紧密结合，各相关主体在参与医疗旅游的过程中形成了一个医疗旅游产业集群（Medical Tourism Clusters），这得益于政府的推动。事实上，整个泰国旅游业的发展政府的作用功不可没，政府对旅游业极为重视，普吉岛健康价值的提升离不开泰国政府的积极引导和重点扶持。依靠政府嫁接传统医疗文化，再扶持医疗设施和服务的优化，泰国走出了一条政府主导型的健康价值提升路径。

首先，泰国形成举国一致的协调机制，出台相关政策扶持医疗旅游的发展。2004 年起，泰国实施了一项为期五年的国家计划，由卫生部门牵头，组合医疗服务、健康保健服务、传统草药产业三个领域，为实现"亚洲健康旅游中心"做出规划。比如，"魅力泰国运动"（Amazing Thailand）增强了泰国 SPA、医院和草药产品的吸引力；泰国政府为医疗旅游者和外国退休者设立了一个新的签证类别，提高赴泰医疗旅游的便利性。其次，建立完善的医疗旅游业监管机制，确保医疗旅游业健康有序运行。旅游业是泰国经济支柱之一，政府非常重视对其的监管工作，不断加强旅游立法，逐渐形成了规范性的法律法规保障体系，如《旅游法》《全国环境质量提高与保护法》《旅馆法》《旅游与旅游导游法》等。法律中对医疗服务行业准入与质量监控、医疗从业人员资格

---

① http：//www.360doc.com/content/15/0621/22/19476362_479667131.shtml.

认证等做了规定，以确保医疗服务质量。与此同时，政府积极鼓励本国医疗机构与发达国家医疗机构、医学教育机构等进行合作，并通过认证提高本国医疗机构的国际认可度。另外，政府为康养旅游的发展投入了大量经济支持。一是提供税收支持，二是财政补贴。这一套"组合拳"有利于整合医疗旅游资源，改善国内旅游接待环境和医疗旅游设施，提高医疗旅游服务水平，并最终提升医疗旅游国际知名度，实现"亚洲健康旅游中心"的目标。

除了制定泰国旅游发展战略，为旅游发展提供人力、财力政策的支持之外，泰国政府还积极地为旅游业"打广告"。第一，在营销主体上，政府发挥了带头作用。泰国国家旅游局每年都会举办下一年的营销计划报告会，向泰国旅游从业者提供其主要客源市场的信息，帮助旅游从业者更好地服务来自世界各地的游客，同时针对国内外游客提出了不同的营销策略。泰国每个省都会建立旅游部委，在地方组织中开展促销和奖励活动，促进改善旅游管理。此外，泰国政府还积极与其他国家政府开展旅游交流活动，比如在 2003 年制定了"中泰联线"，与中国政府合作推出一条旅游路线。第二，在营销渠道上，借助互联网等新兴媒介，举办活动吸引游客。泰国国家旅游局于 2010 年 10 月 15 日（星期五）在曼谷绿宝石酒店（Emerald Hotel）发起了"泰国医疗旅游电子营销活动"，与泰国医疗旅游官方网站联手推广泰国的医疗旅游，活动主要有以下三个：举办"医疗旅游博客大赛"活动、推出"泰国健康美丽假日"活动、"你是好帮手"活动。第三，在市场定位上实时关注游客需求，丰富产品体系。对外积极吸引新的目标群体来泰旅游，包括年轻企业家、年收入在 2 万美元（约合 13 万元人民币）以上的国际游客以及来自新兴市场国家和伊斯兰国家的游客。泰国旅游局建议通过分析国外游客群体的社交媒体，了解游客需求，从而制定相应的宣传策略，满足游客需求。到了 21 世纪后，泰国旅游局敏锐地察觉到了女性游客的崛起，特意为女性游客制定了美容护肤、养生、结婚游、蜜月游、家庭游、高尔夫球、马拉松、自行车赛等产品。第四，在营销方式上，对不同消费群体采取不同的营销策略。有学者对泰国旅游产品在上海的营销策略进行研究后发现，泰国在产品的定价、销售渠道、促销方式上会根据目标群体的不同性别、年龄、婚姻情况、学历、职业、收入等而有所改变，使得产品更能够打动消费者，从而吸引游客前来消费。

三、印度

3.1 神秘又充满惊喜的旅游目的地

印度位于南亚，是南亚次大陆最大的沿海国家，西濒阿拉伯海，北靠喜马拉雅山脉，海岸线长 5560 千米。印度大部分属于热带季风气候，北部有小部分热带沙漠气候，东北部还拥有世界"雨极"。

印度有着十分丰富的旅游资源。西面有塔尔沙漠，东面有素达鲁班国家公园，而中部的德干高原因有大量野生动物栖息而闻名。在河流方面，印度有世界长河恒河、布拉河及普特河。古印度人创造了光辉灿烂的古代文化，作为最悠久的文明古国之一，印度具有绚丽的多样性和丰富的文化遗产和旅游资源，其在公元前 2500 年就诞生了印度河流域文明，贡献了佛教、印度教、阿拉伯数字等多种类型的文化成果以及历史悠久的泰姬陵、鹿野苑、胡马雍陵、贾玛清真寺、阿旃陀石窟、恒河、塔尔沙漠等一系列闻名遐迩的景点。印度有着著名的由亚各拉—斋浦尔—德里组成的金三角，还拥有联合国教科文组织审核批准的十四个世界级的历史文化遗产。如果阿的古教堂、古修道院，乌特北方邦的古城堡，喀拉拉邦太阳庙，加佐里奥纪念碑和印度河流域文明遗迹等。在开展旅游活动方面，印度打响"不可思议的印度"招牌，为全世界的游客呈现了一个神秘又充满惊喜的旅游胜地。在这里游客可以体验印度淳朴自然的农业风光，体验采摘、观光、培植、休闲等项目，这些年来，一些重要的交易会和盛大的节日聚会也成为重要的旅游吸引物。如喀拉拉的大象比赛、克久拉霍的舞蹈节、布尔格尔商品会、苏拉杰昆德的工艺品交易会等。

印度的旅游业起步比较早，已经具备一定规模。1949 年便创立了"旅游交通局"，20 世纪 50 年代后改为单独的旅游局，20 世纪 60 年代成立印度旅游发展有限公司，负责经营全国业务。经过半个多世纪的发展，印度的旅游业已经具备一定规模，2018 年印度旅游业约占 GDP 的 10%，旅游就业人口占总就业人数的 8.1%。来自联合国世界旅游组织的数据显示，2016 年印度接待国际游客的数量仅为大概 900 万人次，位居世界国家排名中的第 40 位。入境游方面，印度以"不可思议的印度（Incredible India）"作为国家整体旅游宣传口号，展开多层次的营销推广，效果明显。2017 年接待外国游客突破 1000 万人次大关，大大超过上年的 880 万人次。其后单月最高纪录是在 2018 年 12 月，创下接待外国游客近 120 万人次的新高。国内游方面，也呈现强势上升趋势。数据显示，2014—2017 年，印度国内游客人次增加了 28.8%。可以看出印度旅游业具有很大的提升空间。

3.2 医疗旅游和瑜伽类养生产品

印度入境游的代表业态有五大"招牌菜"——医疗之旅、瑜伽之旅、宗教之旅、历史人文之旅、生态之旅，最直接与健康产业相关的是医疗旅游和瑜伽类养生产品。2004 年，印度医疗保健业有 400 多万从业人员，其吸引了 15 万医疗旅游者，医疗旅游收入略超过 10 亿美元，比 2003 年增长 30%。21 世纪特别是 2010 年后，印度为了充分挖掘旅游资源的潜力，积极推动医疗旅游发展，吸引了大量外国游客前来就医和养生，并成为全球医疗旅游发展最快的国家之一。2012 年，印度医疗旅游人数约 14 万人，收入达 25 亿美元，占全球市场的 2.4%。而近几年印度医疗健康旅游人数保持 20% 甚至 30% 以上的增速。2016 年印度医疗旅游业外汇收入达到 42 亿美元，接待的医疗患者达 23 万人，预计 2018 年将达 60 亿美元。印度正成为全球最受欢迎的医疗旅游目的地之一。

印度医疗旅游有两个优势——非常低廉的医疗价格和会讲英语的医护人员（高质量服务），和泰国的情况非常相似。政府也出台了一些政策推动印度成为一个重要的医学旅游目的地国家。政策包括把对抗疗法（alopathy）、阿育吠陀医学（ayurveda）、瑜伽（yoga）、尤那尼（unani）医学和悉达（siddha）等传统医学等结合起来形成一个综合治疗体系。后来印度政府还专门颁发为期三年的医疗旅游签证，专门服务于寻求健康的游客。印度作为医疗旅游的后起之秀，其发展势头不容小觑。在东南亚医疗旅行图上，印度与泰国一直是受欢迎的目的地之二，虽然比起后者印度的医疗旅游产业要薄弱一些，但是凭借印度药草学、物理疗法与藏药等独特的医疗资源，印度的医疗旅游还是能够独树一帜。根据市场调查，心脏治疗在印度最受欢迎，此外还有骨科、神经外科、肾脏、治疗不孕不育等，漫长的手术等待期增加了对健康旅游和替代疗法的需求，使得医疗旅游中的术后康复和调理变得格外重要，也提供了印度发挥其本土医疗资源优势的机会。目前印度有以下具有特色的医疗项目。

阿育吠陀：印度的医学体系包括阿育吠陀（Ayurveda，又称生命吠陀）医学和悉达（Siddha）医学。它被认为是世界上最古老的医学体系。五千多年来，它在无数印度传统家庭中使用着。其影响波及南北半球几乎所有的医学系统，因此印度阿育吠陀被誉为"医疗之母"。阿育吠陀形成了独特的生活方式和饮食指南，其中都离不开草药。阿育吠陀可以治疗关节炎、瘫痪、肥胖、鼻窦炎及偏头痛等疾病，同时可以防止过早衰老，或用于卫生保健。喀拉拉邦能成为一个世界性的旅游目的地，其中的一部分原因就在于，这里有著名的阿育吠陀疗法研究中心。这种治疗方法可以帮助患者缓解压力。同时，喀拉拉邦宜人的气候使其成为帮助人们治愈疾病、恢复活力的理想之地。

瑜伽：瑜伽是一项有着 5000 年历史的关于身体、心理及精神的练习，起源于印度，其目的是改善身体和心性。现在瑜伽已经成为国际流行的健身和修身养性的运动，它不只是一套流行或时髦的健身运动这么简单。瑜伽是一种非常古老的能量知识修炼方法，集哲学、科学和艺术于一身。瑜伽的基础建立在古印度哲学上，数千年来，心理、生理和精神上的戒律已经成为印度文化中的一个重要组成部分。古代的瑜伽信徒发展了瑜伽体系，因为他们深信通过运动身体和调控呼吸，可以控制心智和情感，以及保持健康的身体。

禅修：印度是宗教大国，印度教拥有 5000 多年历史，留下了美好的庙宇。许多信徒和朝圣者沿着神圣的恒河，造访多处佛寺，通过解经、冥想和打坐来寻找慰藉。印度政府有关部门、慈善信托基金和寺庙对住宿、交通和仪式进行了精心安排。这些组织也设立了医院、教育机构、修院、禅修中心来造福当地社区。有 500 多个宗教场所已经通过了认证，并努力让中央和各省政府以及私人参与其中，帮助这些宗教中心进一步发展。

相对同类型的目的地泰国而言，印度的健康产业还存在一定的缺陷，比如基础设施不完善、医疗信息披露不完整、缺乏完善的认证和监管体系、具有 JCI 和 NABH 认证的医院数量有限、缺乏医院统一定价政策、技术水平不够顶尖等，使得印度在东南亚医疗旅游的竞争中处于不利地位。

3.3 印度的混合制健康管理服务体制

印度健康旅游产业的发展，是在经济发展面临困境、公共健康服务基础落后、公共资金严重不足的情况下，通过政府引导而发展起来的。印度形成了一种混合制健康管理体系，通过产业化发展弥补公共资金不足，从而提高全社会公共健康水平，这是印度政府对医疗、教育等社会化服务市场化、私有化改革的初衷，也是印度健康旅游发展的宏观背景。

印度自古以来就是个康养中心，前文提到的瑜伽、禅修、阿育吠陀等在古代就吸引了中东、东亚等区域的信徒和冒险家前往。在莫卧儿时期，印度德里就是一个远近闻名的内科医生和外科手术医生集中的区域，这为印度成为世界健康旅游目的地奠定了重要基础。但是现代康养旅游业只能从20世纪90年代算起，为应对恶化的经济环境，印度政府颁布第八个五年计划，强调政府在基础设施建设和重工业中的大规模投资的作用，此时公共医疗机构占主体。自第九个五年计划（1997—2002）开始，强调"社会公平性增长"，政府"看得见的手"渐渐松开，市场"看不见的手"开始发挥作用，印度健康旅游业等开始了市场化进程。其表现包括市场结构发生变化、全国私营医院不断增加、各大民间医疗组织成立、医药产业链延长，市场活力得到了释放。进入2000年，伴随着补贴、减税、签证等优惠政策，印度的健康服务逐渐变成了商品而不仅仅是社会福利。政府寻求与私人企业的合作，引入社会资本帮助健全基础设施，整合医疗部门与民间组织共建印度健康服务"安全、信赖、卓越"的品牌形象。

刘艳飞（2018）把印度健康旅游产业发展模式总结为"政府引导、市场驱动相结合的混合发展模式"。印度政府通过放松管制，民间资本自由流通，市场淘汰、兼并机制运行，使得私营医疗企业比例上升；积极提供财政支持，成立市场发展援助计划（MBA），对获得国际认证的机构提供援助，还积极支持医疗科研事业的发展，在2010年投入了1.1亿美元支持印度医疗产业提升科技含量。随着市场发展起来的还有一系列监管制度和行业标准，国家内部建立了专门的认证部委（NABH），之后又引入美国的标准，逐渐与国际接轨。印度政府通过这些方法激发了市场活力，还积极引入国际医疗人才、引入国际先进设备，更进一步迈向国际化。

印度健康管理服务在政府的规划、引导下，利用市场机制，发展了传统医疗保健项目、旅游服务和医疗服务融合的新兴产业业态，以满足国际健康旅游消费者的个性化健康需求。政府规制放松，引导国内与国际人才、资本要素的流动，开发医药科技，是印度健康旅游市场形成的触发机制，而私人健康服务市场的积极跟进，国际资本的踊跃参与，带动产业融合和产业集聚，是印度健康旅游形成国际竞争力的实现机制。

四、墨西哥坎昆

4.1 从落后的渔村到国际度假中心

坎昆，墨西哥著名旅游城市，位于加勒比海沿岸，是一座长21千米、宽仅400米的美丽岛屿。整个岛呈蛇形，西北端和西南端由大桥与尤卡坦半岛相连。隔尤卡坦海峡与古巴岛遥遥相对。是集滨海度假、运动养生、旅游休闲、玛雅文化体验、国际会议于一体的度假区，坎昆是世界公认的十大海滩之一，被誉为世界第七大海滩度假胜地。坎昆属于亚热带气候，年均温度在27℃左右，具备滨海养生度假必需的气候优势和3S（阳光、沙滩、海洋），其独特的岛屿形状也为游人提供了旖旎风光，古老的玛雅文明又为这个小岛蒙上一层神秘的面纱，加上《寻梦环游记》的推介，墨西哥亡灵节的魅力也得到了更多人的认可。气候大会和南北会议推动了坎昆会展经济的发展，坎昆旅游也愈发国际化。

20世纪60年代，坎昆是个仅有300余人口的僻静小渔村，1972年，墨西哥政府为其投资3.5亿美元建设综合旅游度假区和自由贸易中心，重点发展旅游业。经过30多年的建设，坎昆已发展成为一座世界最知名的滨海旅游度假城市，目前常住人口80多万，有140多家酒店，26000间客房，年接待游客超过1000万人次，旅游总收入超80亿美元，游客人均消费2000美元以上。坎昆度假区主要客源来自美国、西欧、拉美和日本，其拥有到上述各国的快速方便的航班。另外，度假区距市区仅14千米，却有3条公路相连。

坎昆建立了比较完善的休闲度假体系。作为"国际会议之都"，坎昆拥有利兹卡尔顿、希尔顿、万豪、凯悦等众多国际知名酒店，形成了酒店集群。其中市区150多家，客房3万余间，80%以上是五星级酒店；"玛雅海岸"66家，客房3.7万余间。根据TripAdvisor的数据，2015年全球城市旅游指数最贵城市就是此地，3晚旅游总支出达1802.19欧元。此外，坎昆是世界上发展旅游会展经济成功的典范之一，通过举办具有国际影响力的国际会议和博览会，坎昆形成了一种极具竞争力的国际品牌，由此带动度假观光的繁荣；坎昆商业中心现在拥有1500多家自由免税商店，从沿街珠宝摊到高档免税店，各个档次的商业都涵盖其中。总之，坎昆将海滨运动休闲、玛雅文化体验、养生休闲、国际会展、免税购物等旅游产品相融合，形成了综合型海洋旅游度假区。

4.2 气候、水疗和运动养生的度假区典范

医疗养生之都瑞士蒙特勒、心灵静修之都印度浦那、退休疗养之都美国太阳城、滨海养生之都墨西哥坎昆这四大城市是当今世界上公认的康养胜地。

坎昆主要提供三种健康产品：气候养生、水疗养生、运动养生。在气候养生上，坎昆具有海滨休疗必需的 3S 体系，充分利用坎昆的气候条件、优质的沙滩和美丽的海洋风光，提供相关健康产品，比如游客可以在其 30 千米长的滨海度假酒店区进行太阳浴，有些酒店会提供私人沙滩和太阳浴护理服务，让客人享受私密又亲切的服务。在水疗养生产品上，和大部分的滨海度假区一样，提供海洋温泉 SPA、鱼疗等服务；在运动养生上，坎昆为游客提供了多种运动项目选择，比如潜水、通气管潜水、跳伞等水上运动，沙滩排球、滑沙、冲浪、垂钓等滨海运动。此外，坎昆多数度假酒店都配套自己的高尔夫球场，坎昆致力于打造五大高尔夫球场，与海景、湖景以及玛雅遗址相结合，丰富和提升度假旅游产品，成为坎昆重要的旅游设施和景观资源。

以地中海坎昆尤卡坦俱乐部（Med Cancun Yucatan）度假村为例，它是国际知名旅游度假连锁集团"地中海俱乐部（Club Med）"在坎昆建的一座度假村。Med 以运动休闲度假为品牌特色，传达简单、快乐、阳光的度假理念，自然不会错过在坎昆发展海上运动产品的机会。在尤卡坦俱乐部，你可以滑水、航海、风帆冲浪、皮划艇、浮潜、网球等，如果不会，俱乐部会给客人配备专业的私人教练，全天一对一指导；海景套房外面甚至还有一个操场和迷你高尔夫球场，给客人提供充足的锻炼空间。Jade 套房包括独特的体育活动、定制的服务、私人游泳池、运动康复师等，许多运动员会选择来这里度假。俱乐部还提供舒适的水疗服务，包括各种水疗套餐以及知名理疗师的服务。

虽然墨西哥的物价水平不高，但在坎昆的消费并不便宜，这里高端度假酒店和高尔夫球场星罗棋布，提供的服务也价格不菲，健康项目一次少则几十美元多则几千美元。来这里旅游的人包括来开国际会议的商务旅游者，也包括从欧美赶来度假放松的明星显贵，坎昆敏锐地捕捉到自己的目标群体，为这类游客提供高端精品休闲度假旅游产品。现在坎昆的健康产品体系更加完善，已经集齐海上静修养生、海洋生物保健品开发、海洋运动养生、海产品食疗养生、海岸森林氧吧养生、滨海居住养生等多种海洋健康产品，实现了对海洋旅游资源健康价值的全面提升。

4.3 充分开发海洋康养度假旅游产品

坎昆海洋旅游健康价值提升以充分挖掘海洋资源的健康价值为导向，换句话说，坎昆在开发滨海康养度假设施的同时，提升海洋健康产品的类型，多元化开发利用海洋养生资源，打造深度滨海特色康养体验项目。

坎昆的游客主要来自以美国为首的欧美国家，墨西哥的"3S"旅游资源深深吸引着他们前来享受美好假期。事实上，滨海旅游自古以来就包含对健康产品的需求，古代欧洲人前往南方的滨海城市度假，是因为他们相信海水在某种程度上可以治病；而以前的美国人南迁，也是觉得西海岸温暖的气候更适合养老。坎昆度假村充分认知到了海洋旅游资源不仅具有观赏价值，也具有健康价值等。

观赏价值和健康价值是相辅相成的，秀美的风景使人身心愉悦从而促进机能修复等，以实现康养目标。坎昆的滨海风光已经提供了这份观赏价值，而墨西哥政府则负责保护好这份风景资源，在旅游开发中非常注重生态保护。在海岸线上兴建风格多样、色彩各异的高品位酒店群落，并使之与其对面未开发的原始湿地和谐共存就是最好的佐证。其经典生态环保案例之一是库库尔坎滨海大道两侧的规划设计，一侧是滨海度假酒店，另一侧则是保护完好的红树林，这一建设布局完美地体现了在保护中发展，在发展中保护的生态环保理念。

在健康价值的发掘方面，坎昆瞄准了"海洋"这块宝藏。从海洋风光，到海水的治疗功效，到水上的运动空间，到水里的生物资源，简而言之坎昆无所不用其极，把海洋资源的方方面面都挖掘出了健康产品，这些产品也并不是粗放的，而是跟高档休闲度假产品相匹配，走出了一条高端健康产品路线——最好的海滩，最全的设施，最优质的服务，最健康的生活方式。前文的地中海俱乐部的案例可以充分体现这一点。

除了观赏和健康价值之外，文化价值的发掘也为坎昆休闲康养旅游增加了额外吸引力。墨西哥玛雅文化与坎昆海滨的综合开发是文化遗产与自然景观互动融合产业化的典范。墨西哥政府制定了"玛雅世界"旅游规划并推出"玛雅大海岸"生态旅游项目，在20千米长的白色沙滩上设计修建了以棕榈叶为顶、石为柱的玛雅式凉亭和小屋以供游客休闲观景和体验玛雅文化，把滨海自然景观和玛雅本土文化巧妙有机融合，为自然景观注入了玛雅文化之魂。另外，随着坎昆作为会展中心的地位不断上升，来这度假的游客，在享受康养产品的同时能够探索神秘的玛雅文化、观看一次国际会议，这是坎昆的海洋旅游产品的点缀。

总而言之，坎昆的高端滨海休闲度假、康养旅游、玛雅文化体验和国际会议相互支撑，古老文明和现代休闲有机结合，走出了一条自己的旅游发展之路。

4.4 尊重人与自然，健康可持续开发海洋旅游业

坎昆在开发海洋旅游的过程中有个突出的特点是充分保护了自然生态环境。滨海旅游目的地环境具有脆弱性，旅游开发如果超过其环境承载力，可能造成严重的环境污染，这对旅游的影响是毁灭性的。海洋旅游资源在开发的过程中容易造成海洋水质破坏、海洋生物受损、海洋景观破坏、海洋功能失调等影响。溯其本源，主要由破坏性开发（填海造陆）、规划和监管不到位导致的乱造乱排以及过度消费（游客数量超载和废物排放超标）这三大点造成，在这种情况下政府的责任就变得非常重要，尤其坎昆是靠海洋发展的，如果海洋遭到破坏，坎昆的经济发展必定会受到重创。

坎昆政府为了海洋旅游能够可持续发展下去，科学规划了当地的旅游开发。其原则是不能破坏海洋生态环境。坎昆在旅游区的建设过程中，始终坚持人与自然和谐相处的思想，城市各社区都留有大片绿地或休闲空间，生态性建筑、人性化设施随处可见。坎昆市十分注重生态平衡和绿化工作，环境建设以绿化为主题，植物种类繁多，郁郁葱葱。酒店布局合理，设计构思巧妙，几乎每座酒店的每一个房间都可以看到大海，配上绿油油的高尔夫球场，令人心旷神怡。

坎昆政府科学规划表现在前瞻性、民主性和严肃性上。第一，前瞻性。坎昆政府把目光投向未来，并不局限于眼前的利益，不分好坏地接受投资、建设各种类型的酒店，而是只接受对环境友好的、高品质的酒店，还完善了法律体系，建立了严格的市场准入机制，不放过任何违法乱造乱填的行为；政府意识到要想发展好旅游业，旅游基础设施、公用设施的完善是前提，所以建设初期投入了大量的资本，为后续发展夯实了基础；此外，政府的规划布局充分预见了未来发展需要，提前几十年就已经为现在做好规划，避免了重建乱建造成的资源浪费。第二，民主性。坎昆政府十分尊重民意，政府旅游发展规划文件一定会公开，充分征询公众建议后才能落地。先在规划编制过程中让技术人员深

入调查研究，组织对多个方案进行比较，组织专家讨论，择优方案；对重要建筑或基础设施的修建，除规划部门把关外，必要时还要进行公民表决，充分尊重民众意见。旅游业的发展是与当地原住民的生活息息相关的，东道主和游客的友好关系是旅游业可持续发展的重要组成部分，坎昆政府通过征询民意等方式，有效缓解了未来游客挤压原住民生存空间、占用公共资源而引发的矛盾。第三，规划的严肃性，规划一经确定，必须按规划有步骤地进行建设，保证了这些政策能够落地，树立了亲民又有威信的政府形象。

五、土耳其

在分析三个比较成功的案例之后，本章选取了一个案例来做对比。事实上土耳其也是全球前十热门旅游目的地，但在海洋旅游健康价值的发掘上缺少体系化和系统的旅游规划。本案例将会先介绍土耳其丰富的旅游资源，概述土耳其曲折的旅游业发展历史，呈现土耳其海洋旅游产品开发和健康旅游产品开发的现状，并且推断未来的开发趋势。

5.1 古老旅游胜地发展的历史进程与变革

土耳其，是一个横跨欧亚两洲的伊斯兰教国家，北临黑海，南临地中海，东南与叙利亚、伊拉克接壤，西临爱琴海，海岸线长 7200 千米，是连接欧亚的十字路口，地理位置具有极高的战略意义。土耳其地形复杂，从沿海平原到山区草场，从雪松林到绵延的大草原，具有丰富的生物资源，也为游客提供了多种风光，一年拥有 300 天的日照时间及长达 8 个月的适宜出游气候。历史上的土耳其曾经是罗马帝国、拜占庭帝国、奥斯曼帝国的中心，有着 6500 年悠久历史和前后十三个不同文明的历史遗产；土耳其也是宗教旅游的圣地，包含圣索菲亚大教堂等众多知名宗教遗产；除此之外，土耳其的美食享誉国内外，提到土耳其就会想起当地的烤肉、烤全羊和葡萄酒；来到土耳其的游人也会选择购买当地物美价廉的土耳其地毯、海泡石烟斗、恶魔眼做纪念品等。总而言之，独一无二的人文资源和得天独厚的自然环境使得土耳其在全球旅游目的地中占据重要地位。2018 年，土耳其入境游客 45628673 人次，2019 年入境游客达到 51850042 人次，同比增长 13.7%；2019 年旅游收入同比增长 17.0%，达到 345.2 亿美元。个人支出达 253.5 亿美元，而旅行团支出则获得 91.6 亿美元的旅游收入，[①] 土耳其文化和旅游部部长表示，要在土耳其共和国成立 100 周年之际（2023 年），吸引 7500 万游客和 650 亿美元的旅游收入。

　　和前面的案例都不一样，土耳其的旅游活动出现得非常早，得益于土耳其特殊的地理位置和悠久的历史。早在古希腊时期，特洛伊（现在土耳其恰纳加莱南部）就被著名旅行家希罗多德记载在他的游记中；到了罗马文明时期，以弗所成了罗马帝国的一部分，这里成了丝绸之路连接欧洲的桥梁，随着贸易的发展，君士坦丁堡（现在的伊斯坦布尔）成了国际贸易中心；奥斯曼帝国建立后，土耳其温泉浴作为新兴的旅游资源，被推广到了欧洲各地，而到了 19 世纪中叶帝国开始衰落后，苏伊士运河的开通伴随着世界现代旅游业的萌芽，土耳其也被迫加入了这场现代化变革中。

　　土耳其现代旅游业的发展跟土耳其的政治体制的变革过程息息相关。1950年，土耳其民主党执政，推行西方资本主义市场经济，鼓励大量外资涌入自由开发，政府投资建立了土耳其旅游银行，为旅游企业提供贷款，为现代旅游业发展做好铺垫；1960 年军事政变后新政府结束了自由经济政策，建立各大旅游部委和旅游区，出手制定旅游规划，这个时候政府是旅游发展的主导者，通过完善法律、提供财政支持等手段完善旅游基础设施、鼓励旅游小微企业发展、重点培育了餐饮业，土耳其旅游迎来了十年黄金发展期；1980 年土耳其再次经历政变，恢复自由经济体制，国家停止对旅游设施投资，并进行私有化改革，充分发挥市场作用，一个以国家旅游部和资金雄厚的旅游银行为主要机构的、高效的旅游发展激励体系逐步建立起来；此外，新的旅游形式，如游艇、博彩、餐饮中心以及综合服务设施获得了承认和许可。到了 20 世纪 90 年代，土耳其政府致力于发挥在旅游资源方面的优势，全面发展土耳其北部和东部地区的休闲度假旅游市场；进入 21 世纪，旅游业已经上升为国家核心产业，土耳其政府选择了一条政府规划和社会共同参与的开发路线，旅游业的发展步伐也大大加快。

　　基于前文对于土耳其旅游业发展的总括分析，我们不难发现，微观企业在土耳其旅游市场中占据重要的地位，进而形成了土耳其旅游业独具特色的发展模式转型，即由旅游业发展初期的政府主导型旅游发展模式，过渡到政府与市

---

① 数据来源：https://www.sohu.com/a/377300858_120414338.

场协同型发展模式。在转变过程中，旅游产业的自组织特性发挥了巨大作用，也最终使政府让位于市场，退出了微观领域。土耳其旅游业在实现产业自身发展的同时，为国家形象重塑、提升土耳其国际地位做出了巨大贡献。但是也要注意到，正是因为土耳其特殊的战略地位和复杂的文化及宗教信仰，国内外环境对旅游业的发展并不友善。到了现在，土耳其旅游业依然面临着经济制度变革、极端宗教主义、恐怖主义、石油纷争和大国霸权等威胁旅游业的风险。

5.2 温泉和医疗旅游资源丰富

土耳其的健康旅游资源主要是温泉（地热）旅游资源和医疗旅游资源。土耳其拥有丰富的地热资源，数据显示，土耳其全国拥有 1500 个温泉；55140 个温泉疗养度假村的接待能力达 55140 人次，[①] 在伊斯坦布尔，有 60 个蒸汽房正在使用（回到奥斯曼时代，这个数字是 237）。[②] 最知名的是位于代尼兹利（Denizli）市北部的棉花堡，名字来源于其像棉花一样的钙化堤，由几千年的温泉水不断沉淀矿物质形成，远远望去像一团洁白的棉花。这里的温泉水汇成一个个的天然池，大大小小，成层叠状下降，从高低不同的地方闪烁着万千波光，景色非常奇特。水温终年保持在 36~38℃，泉水富含钙、镁等矿物质，对风湿病、皮肤病、妇科病、消化不良及神经衰弱等有神奇疗效。棉花堡附近就是古罗马贵族洗浴场所，池中还错落地保留着倒塌的罗马石柱，石柱表面都长了青苔，池底散布着小石子，在这里洗浴颇有一种穿越的感觉。[③]

除了惊艳的景色和优质的温泉水之外，土耳其温泉旅游还有个杀手锏——"亲亲鱼"，也就是我们现在很多地方都能看到的"鱼疗"。事实上土耳其坎加尔鱼温泉才是鱼疗的发源地，古代奥斯曼帝国的人发现有一种温泉鱼对治疗皮肤病有奇效，后面推广到了国外，现在也有不少游客都慕名而来，体验土耳其鱼疗。[④]

在棉花堡泡温泉是免费的，事实上土耳其的很多项目都是私人经营，价格也十分亲民，这或许也是土耳其大众旅游发展的重要因素。川流不息的游客与

---

① https://www.10766.com/post/11416.html.

② https://baijiahao.baidu.com/s？id=1616848298632773831&wfr=spider&for=pc.

③ 棉花堡温泉池，从远古起，土耳其温泉就闻名于世 https://baijiahao.baidu.com/s？id=1622801237528982168&wfr=spider&for=pc.

④ 百度词条"土耳其鱼疗"https://baike.baidu.com/item/%E5%9C%9F%E8%80%B3%E5%85%B6%E9%B1%BC%E7%96%97/7653381？fr=aladdin.

山下大量兴建的温泉旅馆，使得泉水量锐减。枯竭的水源使原本棉白色的地表转黑，土耳其当局意识到事态严重，宣布暂时关闭棉花堡的观光，让此地得以休养生息。重新开放之后，除了限制游客在棉花堡的游览范围与活动（需赤脚、不准游泳）之外，也约束温泉旅馆的取水。

不同于坎昆和普吉岛，土耳其的温泉酒店或者水疗酒店档次不一致，既有希尔顿等国际高档酒店，更多的是平价旅馆，这是因为土耳其政府鼓励小微企业的发展，积极扶持本地居民开设特色民宿。以棉花堡附近的酒店为例，克洛萨泰马尔温泉酒店、莱克斯河温泉酒店（Lycus River Thermal Hotel）等很多酒店都提供土耳其浴服务，但是也就是把棉花堡的温泉水引入酒店泳池，供客人休息放松。住宿价格普遍较低，酒店设备和规模也无法和坎昆和普吉岛相比，游客的评价最多是"性价比高"。① 可以看出，土耳其的温泉旅游资源并没有被充分开发，形式比较粗放，温泉旅游活动也比较单一。

在医疗资源上，土耳其的情况和泰国、印度比较接近。具有高品质、经济实惠的医疗服务，在医疗旅游领域也有长足的进步，成为全球医疗旅游领域的后起之秀，尤其是吸引了大量来自欧洲与中东地区的医疗游客。最擅长的医疗项目包括眼科、植发、牙科、心脏科和美容。先进的治疗方法、更低的治疗成本以及相对自由的就医体验成为游客选择医疗旅游的主要原因，使土耳其成为最受欢迎的医疗旅游目的地之一。公开数据显示，土耳其拥有的通过国际医疗卫生机构认证标准的医院数量位居全球第四。目前，土耳其约有 1500 家医疗机构，其中 600 家为私营机构，至少 100 家具有吸引外国游客的综合实力。土耳其共有 46 家国际联合委员会（JCI）认证的医院，使土耳其成为 JCI 认证医院（不包括美国）第三高的国家。最受欢迎的目的地之一是伊斯坦布尔、安卡拉和安塔利亚。主要客源来自欧洲、中东地区、俄罗斯。自 2004 年以来，土耳其的私立医院数量增长了 102%，政府对私立医院的投资总额已达 250 亿美元。2018 年，土耳其医疗卫生支出达 2479.66 亿里拉，占 GDP 的 6.7%，接待近 100 万名医疗游客。土耳其现在被认为是一个不断上升的医疗旅游中心，土耳其前卫生部部长 Ahmet Demircan 表示，到 2023 年，土耳其将接待 200 万名健康旅游者，收入将达 200 亿美元。②

---

① 对比携程网酒店价格和游客评价得出．

② https://zhuanlan.zhihu.com/p/91439770.

与同样是医疗资源丰富的普吉岛相比，土耳其的医疗产业和旅游产业缺少整合。在普吉岛，医院和酒店有合作，医院会给患者提供配套的私人定制旅游行程，患者在医院接受治疗后可以直接转入酒店内，一边享受美好的假期一边又能得到专业的护理。而土耳其医疗和旅游更像是独立的两个活动，其关联程度并不高，很多游客只是在当地接受医治后想"顺便"旅个游。除了温泉旅游和医疗旅游之外，土耳其也有发展运动旅游的潜力。比如卡帕多西亚延绵不绝的自行车车道，被誉为世界上真正伟大的长途徒步旅行路线之一的利西亚路（Lycian Way），或者可以在沉没的城市 Kekova 上划皮划艇。总而言之，土耳其的健康旅游资源非常丰富，但是目前并没有被充分开发出来。

5.3 充分挖掘本土健康资源并不断完善产品

从前文可以看到土耳其旅游产品的健康价值并没有被充分展示给全世界的游客，随着土耳其旅游业的发展，市场呼唤一种更高层次的旅游产品，特别是健康旅游产品，这主要可以通过重构以下两类产品来实现。

一是海洋旅游产品。土耳其超过 70% 的领土边界由北部的黑海，西北部的马尔马拉海，西部的爱琴海和西南的地中海四个海洋环抱，具有长达 8333 千米的海岸线。漫长的海岸线上不仅有沙滩、海湾、峡湾、港口，还有众多的半岛和岛屿。受地中海式气候影响，夏天很长，在一些地区有长达八个月之久的旅游时间。1992 年，土耳其加入欧盟的"蓝旗计划"，[①]政府投入巨资，用于滨海地区环境保护和旅游设施的改善。目前，在漫长的海岸线上共有 313 处海滩和 14 座港湾获得了"蓝旗"标志，"蓝旗海滩"的数量居世界第四位，主要集中在安塔利亚、梅尔辛、穆拉、爱伊旦、伊兹密尔和伊斯坦布尔等地区。滨海旅游资源的开发成为土耳其发展大众旅游和滨海旅游的开端，并取得了良好的成效。

土耳其政府意识到旅游业不再仅仅是"3S"旅游时代，需要进一步挖掘旅游市场不同的旅游商品和服务需求，培育和发展不同主题的旅游业形式，促进旅游业的进一步发展。现在土耳其致力于发展冬季海边度假、运动旅游、海

---

① "蓝旗计划"最早由法国提出，倡导海滨城市重视海洋环境保护工作，标准包括 4 个大项，27 个小项。1987 年，欧洲环境教育基金会将滨海旅游开发规划、环境保护等标准纳入"蓝旗"标准范围，并将"蓝旗"标志作为海洋旅游的最高荣誉，授予那些虽然已经商业化运营，但对自然环境保护非常重视的沙滩和码头。除环保外，还要求海滩具备基本的娱乐、服务设施，如洗手间、救生设备、运动设施、残疾人士专用设施等。目前，世界上共有 3450 个海滩和港湾获得了"蓝旗"标志。

洋文化旅游、高尔夫旅游、游艇旅游等主要旅游类型的基础上，还增加了新兴的旅游门类，如会展旅游、生态旅游、温泉旅游及高原旅游项目的投资。比如在运动旅游上，开发海上项目和下海浮潜项目，尤其是具有特色的海上热气球和滑翔伞项目。这种拓展途径和坎昆的"海洋＋健康"途径具有相似之处。

二是温泉旅游产品。温泉旅游产品提升主要分为两个方向，一个是拓展温泉旅游活动。土耳其的温泉旅游最早可追溯至罗马人时代，是他们发现了土耳其温泉的治疗功能，尤其是传统的土耳其浴室和按摩护理发展至今已有数千年历史，土耳其温泉旅游不应该仅仅停留在游客来棉花堡泡个澡游个泳那么简单，借助其他旅游资源，如今土耳其还提供极致的温泉疗养、放松和美容护理体验，游客还可以在泡澡的时候享受土耳其美食，欣赏美丽的金角湾海湾风光。除此之外还应该减少温泉产品的同质化，开发出各具特色的温泉产品。

在温泉旅游产品的开发上，日本黑川温泉可以称得上是独树一帜。整个黑川镇都保持着统一的传统日式建筑风格，但每个旅馆提供的温泉都别具一格，大的可以容纳 100 名客人，小的只为私人提供。"汤"由石块自然堆砌而成，看不出人工痕迹，旁边树木郁郁葱葱，还有小瀑布涓涓流淌，整个"汤"简直是个完美的日本庭院。在这里泡温泉，具有极高的隐蔽性，如痴如醉，流连忘返。

将温泉旅游产品与医疗旅游产品结合。作为健康旅游的一部分，土耳其也开始制订地热旅游发展路线，希望土耳其能够在该领域发挥重要作用，采取的措施之一就是与土耳其航空公司合作，在客机上分发土耳其医疗旅游和地热旅游的宣传册。地热健康与旅游协会主席 Yavuz Yılık 表示："土耳其是全球七大地热国之一，拥有超过 1500 个天然温泉。地热是具有疗效的水体，为土耳其带来了经济效益。土耳其未来应该保护这些医疗温泉，让我们的下一代也能共同享有。"我们可以看出土耳其开始重视发挥温泉在康养旅游中的巨大吸引力，整合温泉旅游和医疗旅游资源。

六、美国夏威夷

6.1 热情如火的国际海洋旅游目的地

"夏威夷"源于波利尼西亚语，18 世纪英国航海家库克登上夏威夷群岛后，夏威夷群岛才进入大众的视野，1959 年成为美国的第 50 个州。夏威夷群岛位于太平洋中部，由 132 个岛屿组成，形状似新月，有"太平洋十字路口"

和"美国通往亚太的门户"之称，具有重要的战略意义。夏威夷属于热带海洋性气候，降水量受地形影响较大，各地差异悬殊，森林覆盖率近 50%。

在生态旅游资源方面，各岛均有丰富的自然风光资源：沙滩、海湾、山脉、火山、雨林、森林公园等，各个岛的景观又各具特色。比如可爱岛以花草植被为名，建设了许多公园与花园；欧胡岛是檀香山（火奴鲁鲁，Honolulu）首府城市的所在地，既能享受城市的舒适，又能陶醉于大自然的美景中；莫洛凯岛最忠实于夏威夷的传统，整个岛上没有高于椰子树的房子，也没有任何交通灯，原真性保护得非常好；拉纳岛被誉为最为安静祥和的地方；茂宜岛有着非常优美的海岸线和自然风光。夏威夷群岛的文化体验在各岛均有分布，其中以欧胡岛和大岛为主，主要项目为各类博物馆、纪念馆、教堂、神庙、皇宫、文化广场、艺术社区等文化设施。夏威夷是多种文化汇集交融的大熔炉，包括玻利尼西亚土著，亚洲、北美洲和欧洲的移民，感受"种族乐园"的真正内涵。当地土著以热情好客享誉海外，来到这里的游客都会穿上别出心裁的"夏威夷衫"，戴上花环，听尤克里里弹奏，跳草裙舞，高喊"阿罗哈"，体验热情似火的夏威夷。

与其他海洋旅游目的地不同的是，夏威夷拥有独一无二的海岛火山景观，世界上最活跃的两个活火山——冒纳罗亚山和基拉韦厄火山，就像两个巨塔俯瞰着太平洋。人类在这里发现了许多稀有鸟类、当地特有物种和大量的巨型蕨类植物，政府也在此建立了公园，其中夏威夷火山国家公园（Hawaii Volcanoes National Park）还在 1987 入选了世界自然遗产名录。当然，夏威夷群岛不只有丰富的自然资源及历史人文资源，还有很多具有地方特色的休闲娱乐项目：各类海上运动、海岛探险、海洋动物观赏、特色购物、餐饮、艺术体验、高尔夫等，它也是全球著名的邮轮旅游目的地之一。夏威夷群岛农场观光也是极具特色的旅游项目，在此可以体验热带特有的各类种植园、果园、牧场、农庄、花园、鱼塘。

商务旅游也是夏威夷旅游产品的重要组成部分。夏威夷群岛的商务旅游主要依托檀香山的夏威夷会展中心。它的设计结合了高科技的会展设施和夏威夷独特的美丽景致、自由氛围和悠久文化，总面积达到 18581 平方米。会展中心比邻众多酒店，客房总数达到 10000 间，拥有完善的会展会场及配套服务设施，举办过包括美国各行业年会、各类博览会、文化以及世界级的领袖会议及展览会。吸引了来自世界各地的人士到此进行商务会议及旅游。

得天独厚的自然条件和文化环境为夏威夷旅游业发展提供了条件，1866年经过马克·吐温的宣传，名声大震，蒸汽轮船和喷气式飞机出现后，群岛孤立的状态被打破，岛上游客数量出现大幅增长，很快，旅游业在夏威夷群岛上如炸开的火花一下蔓延开来，经过百年的发展，夏威夷旅游产业已经非常成熟，是夏威夷经济的支柱产业。近几年夏威夷旅游人数一直稳步提升，但由于基数过高，增速趋缓。夏威夷旅游局的数据显示，2015年夏威夷过夜游客数量超过800万人次，同比增长8%。2018年夏威夷的游客总数为990万人次，创造了180亿美元的收入，给20多万人带来了就业机会。其中大约20%的游客来自亚洲，日本、韩国和中国游客所占比例最大。到2019年10月为止，夏威夷游客人数已达近870万人次，比2018年同期的820万人次增加了5.5%，虽然中美贸易摩擦一定程度上影响了夏威夷旅游业，但夏威夷仍然是热门的国际海洋旅游目的地之一。

6.2 具有非常完善的海岛休闲系统

作为起步早，开发成熟的旅游目的地，夏威夷已经有一套自己的食、住、行、游、购、娱海岛休闲系统。全州建立了7个国家公园、77个州辖公园和582个县辖公园，满足游客游览观光的需求，配备65个高尔夫球场、279个公共网球场、总长39千米的度假海滩和1600个特许冲浪地，旅游内容丰富多彩，从军事、文化、体育、农业到购物、娱乐应有尽有。得益于良好的城市规划，夏威夷旅游商业区与居民区分隔开，有效缓解了游客与原住民在生活空间上的冲突，在这个区域内，度假酒店、旅游街区、休闲公园、游艇码头和购物超市在空间上鳞次栉比、有机布局，商品价格不一，满足不同消费水平的游客的需求。

夏威夷为游客配备了高质量的服务。在旅游信息提供上，夏威夷旅游官网提供10多种语言，游客能在出行前查询到食、住、行、游、购、娱的各种信息；到达目的地后，也能在机场、商业区、度假区找到各种语言版本的旅游手册，每周更新一次，信息全面；就人性化服务来说，度假区、露营地、社区公园处处都有免费饮水处和洗手间，海滩周边配备冲洗设备、救生人员、换衣间等，即使很偏僻的乡村也通水电气，道路、厕所等设施十分完备，方便了自驾游客的环岛旅游；岛上有很好的指引系统，路边的标识牌清晰，地图导览简单易懂，更重要的是这些标识很好地与周边景观融在一起，丝毫不觉得突兀；作为享誉全球的旅游胜地，夏威夷人的热情、友善与诚挚也体现在服务态度上。

"旅游业体系中的各个要素都渗透着浓郁的地域文化元素。"王科旭评价道，夏威夷政府为了塑造独特的"阿罗哈"品牌文化，开发了一批知名旅游品牌，通过风土人情展示，不仅将太平洋各岛屿文化融合在一起，而且通过游客将波利尼西亚文化传播到世界各地。举例来说，在夏威夷王国古遗址里，道路、学校、建筑的名称很多采用夏威夷王国国王与王后的名字，虽然名字拗口但很地方化，间接地传播旅游地的特质形象。将夏威夷文化中的符号、色彩、造型、轮廓等融入服饰、餐饮、礼仪、舞蹈、雕塑等各个方面，阿罗哈精神及其语言 LOGO 符号的创意与传播更是成为全世界旅游地学习的典范。

岛上便利的交通无缝衔接起各类休闲活动。进出岛与岛内的交通都比较完善，TheBus 系统是覆盖欧胡岛全岛的主要的公交系统，车费合理，路线广泛，几乎遍布岛上的每一个角落，主要为方便当地居民出行，同时也有专为游客准备的通票。Thebus 拥有 100 多条公交线路，4200 个公交车站，这是夏威夷州仅有的，也是唯一加盟到全美公交机关协会的公共交通机构。为了让往返每个目的地的过程都变成一种享受，夏威夷政府鼓励发展特种旅游交通，让交通运输工具成为特色鲜明的旅游项目和重要旅游吸引物，如游艇游船、旅游潜水艇、观光巴士、观光直升机、滑翔伞等，其中依托观光巴士的城市观光旅游、依托游艇和游船的观鲸旅游、依托观光直升机的夏威夷活火山观赏、依托旅游潜水艇水下观鱼等成为夏威夷最具吸引力的特色旅游项目之一。这样，游人无时无刻不在旅游和休闲中。

不仅要把游客移动的过程变成观光的过程，夏威夷抓住趋势，让酒店变成新的旅游吸引物，从而让游客的住宿过程都变成旅游休闲的一部分。如夏威夷岛上的维克拉希尔顿度假村酒店通过小火车、水上游船将三处酒店群连接起来，辅之以开放式休闲廊道式博物馆，并将海豚表演活动融入酒店泳池之中；华拉莱四季度假酒店拥有令人惊叹的"海洋泳池"，还有注入 180 万加仑海水的天然礁岩"水族馆"，环境宜人，超过 4000 尾热带鱼生存在这方人工礁湖内，也为浮潜初学者创造了最佳学习地，让旅行者以更为自然的方式亲近海洋。夏威夷的酒店以浓烈夏威夷风情打造的入住空间朴实、自然，为旅行者呈现真实的夏威夷气息，在酒店内游客吃喝玩乐缺一不可，酒店本身成为一处可游览、可体验、可住宿、可娱乐、可度假的旅游景区。

可以看到，无论是参观游览还是住宿出行，在夏威夷的每一时刻都能成为旅游休闲的一部分，游客被浓郁的夏威夷风情包围，在热情的服务中享受着完美的休闲度假之旅。

6.3 "乐活"之旅与"阿罗哈"精神

乐活（LOHAS）是英语 Lifestyles of Health and Sustainability 的缩写，意为以健康及自给自足的形态过生活，是全球兴起的一种新的健康可持续生活方式，是 1998 年美国社会科学家针对人类"健康衰退、心灵空虚、关系疏远、资源紧缺"提出的新的健康生活方式。乐活者们追崇健康、快乐、生态的生活方式，在消费时以健康、环保、时尚、有机、天然、绿色为主题。"乐活"是一种环保理念，一种文化内涵，一种时代产物。它是一种贴近生活本源，自然、健康、精致的生活态度。

借助原真的自然风光，夏威夷首当其冲成为乐活族朝拜的圣地。派罗阿美丽的黑色沙滩在阳光下诱人地闪闪发光，与周围的熔岩悬崖和茂密的植被相得益彰；波普的海水清澈见底，游客既可以带上家人在沙滩上野餐，也可以到水底与色彩缤纷的鱼群亲密接触；寇基州立公园是欣赏本地植物和丰富多彩的夏威夷特有森林鸟类的绝佳地点，这里还是野营的绝佳地点，游客可以充分体会在热带雨林野营、冒险的乐趣；等看到了威美亚峡谷，游客不能不惊叹大自然的鬼斧神工，蜿蜒曲折的威美亚峡谷大道延伸至群山内部，直到寇基州立公园尽头。国家公园的构想者和建设者缪尔曾经以"让人类向自然无条件投降"来表达他建设公园的目标。游客通过接触到原始的自然环境，认知到"人"作为自然的一部分回归自然，从而获得心灵上的平静和超脱。

乐活族环保的理念和夏威夷可持续理念不谋而合，这种可持续理念源于当地土著尊敬自然、敬畏自然的传统文化。当地政府意识到让人类敬畏自然，就要保护好大自然最原始和奇特的面貌。2001 年夏威夷旅游局开展了"可持续旅游发展"计划，让这种文化传统变成了政府工作的原则之一。夏威夷旅游业的发展过程中极其注重环保，为了防止环境污染，夏威夷杜绝一切现代工业，200 海里范围内禁止商业捕鱼，并放弃了近海养殖业；港口不准停靠大型运输船，一定程度上避免了海水污染；旅游活动中渗透着环境保护意识，当局希望以参观珍稀物种的形式，学习生物知识，把环保的理念灌输给游客，为度假旅游增添了丰富的生态内涵。

　　盛产热带农产品的夏威夷，是乐活族享受有机食品的好去处。岛上建设有很多健康食品商店、有机蔬果店，Down to Earth 就是夏威夷最具代表的健康有机商店，该商店最初旨在帮助夏威夷本地居民提高健康饮食的意识。为了让人人都受益，Down to Earth 不仅开门店卖产品，也开设课程宣传素食主义饮食的健康意义。店内提倡素食主义，在这里所有的货架产品和现场烹制菜肴都遵循有机素食的选材原则，为乐活族提供了非常完美的享受纯天然美食的机会。这些商店也为游客敞开了大门，现在越来越多的旅游团聚集在此，挑选一些旅行生活品、手信和纪念品、有机保健品。

　　除了自然旅游资源之外，夏威夷的人文旅游资源也共同体现着"乐活"的特点。说起夏威夷，许多人的第一印象就是充满热情的问候"阿罗哈"，它仿佛已成为夏威夷的名片。它不只是热情的问候，"阿罗哈"还是关爱和友善，是团结和分享，但更多的，它传递出了一种朴素、真实的价值观，与"乐活"精神所倡导的东西相辅相成，即使游客只在这里短暂地游玩，也一定会被"阿罗哈"精神所感染，并不由自主地想要接触自然、接触当地原住民。这种积极向上、热情洋溢的旅程，帮助人们摆脱精神空虚、锻炼身体，成为健康旅游的代表之一。

　　当游客踏上岛屿时，热情的夏威夷女郎会给游人送上鸡蛋花编织的花环，呼喊着"阿罗哈"欢迎远道而来的客人；土著人脸涂油彩，身披草裙，围着篝火，在疯狂的呼喊和狂舞中，赞颂"火山女神"；尤克里里的声音清扬悦耳，伴随着阵阵花香，让人心旷神怡；游客们与人群共狂欢，酣畅淋漓。此外，当地村落居民会为游人表演各种生活情景，比如摘椰子、织布、取火等，让游客体验一把原始自然的生活乐趣。在这些旅游活动中，游客感受到的是一种古朴、快乐的生活方式和天人和谐的生活理念，可能也会潜移默化地影响他们日后的生活习惯和态度。

　　夏威夷是世界著名水上体育运动中心，许多世界级的水上赛事都在此举行，比如欧胡岛北海岸（North Shore）是名扬世界的大浪冲浪胜地，每年11月到来年2月无数的冲浪高手都会来此一试身手，参加全世界最顶级的冲浪比赛之一——冲浪三冠王大赛（The Vans Triple Crown of Surfing）；每年夏威夷大岛科纳的铁人三项世锦赛（The Ironman World Championship）是世界公认的该项目最高级别赛事，还有火奴鲁鲁马拉松（Honolulu Marathon）、现代冠军锦标赛（Hyundai Tournament of Champions）等举世闻名的赛事。值得一提的是火奴鲁鲁马拉松大赛是全球唯一一场没有报名人数限制、不设关门时间的马拉松赛事，许多热爱健身的游客不远万里赶来，一边锻炼身体，一边欣赏沿途欧胡岛风景，包括世界闻名的威基基海滩（Waikiki Beach）和钻石山（Diamond Head）等，简直是为"乐活族"量身打造的体育赛事。除此之外，夏威夷徒步旅行也备受欢迎，比如科基州立公园拥有长达72千米的徒步路径，游客可以在1200米的地方一饱卡拉拉乌谷的眼福，眺望一览无余的山谷一直延伸到北海岸的美景。

总而言之，在夏威夷，"乐活"不仅是旅游观光，更是跟随着"阿罗哈"精神的指引，在马拉松、冲浪和呼啦舞等各式各样的体验中回归健康质朴的生活方式，通过旅行焕然新生，重新发现自我，找到更积极乐观的自己。游客走进夏威夷，跟随当地土著的足迹，体验并享受丰富多彩、独具特色的户外项目，将健康、运动和积极的生活理念传递给更多人。

七、案例总结与启示

本章以普吉岛、印度、坎昆、土耳其和夏威夷五个国外典型海洋旅游目的为代表，探究了海洋旅游健康价值提升的可能途径。首先介绍了各个案例地的旅游资源和旅游业发展情况，然后对现有的健康旅游产品和产业进行了梳理，最后探讨了推动这种旅游产业形成的要素，形成了本章节最后的结论。

通过分析我们看到，泰国普吉岛的海洋康养产品特点是"现代医疗＋传统医疗＋海洋旅游"，主要由政府负责引导和整合；印度面临东南亚医疗旅游的激烈竞争，利用混合管理体制让其传统医疗资源发挥了价值，但是对旅游的开发并不充分；墨西哥坎昆则是由资源做主导，充分开发海洋旅游健康产品，提升产品的档次，走出了一条高端休闲度假路线；土耳其的温泉资源具有极高的康养旅游价值，未来或许可以结合其丰富的历史文化资源，打造亲民的大众温泉旅游胜地；夏威夷作为老牌旅游地，搭建了"乐活"旅游与当地文化相互沟通交流的桥梁，是人们追寻心理愉悦、身体放松、生活绿色和返璞归真的最佳选择。

虽然各案例地的品牌核心不尽相同，但是在健康价值提升的途径中我们也能发现一些共性——政府发挥着巨大的作用。可以说政府的态度和导向作用是旅游业发展的前提条件，旅游业是经济社会发展高级阶段的产物，旅游业作为现代服务业，同时兼具生产性服务业、消费性服务业和公共性服务业的三种特质。政府的态度和导向作用对于旅游业发展影响巨大。对于发展中国家旅游业发展而言，一国的国际关系、外交政策以及开放程度是旅游业发展的前提条件。三个案例地的政府都非常重视旅游业的发展，一方面，通过立法、宣传和教育，为旅游业发展创造制度环境和社会环境；另一方面，通过政策扶持和基础设施建设，大力推动旅游私营部门的发展，为旅游业的发展营造开放的市场环境。

在政府和各社会主体的关系上，合作才能共赢。在印度，激发市场活力必须松开政府这"看得见的手"，让医疗既具备社会福利的价值也作为旅游商品增加了印度外汇收入；在土耳其，虽然经历了数次政变，经济体制也在自由主义和凯恩斯主义之间切换，但是最后寻找到了一种"政府扶持＋市场参与"的平衡，激发了很多小微企业的活力，同时提示我们需要引导这些小微企业进行产品升级；而在坎昆和夏威夷，当地的海洋旅游开发非常尊重社区居民的意愿，政府的旅游规划都会提前公布并且征询当地居民的意见；此外，五个国家在海洋旅游开发中都非常注重环境保护，呵护这块蓝色的宝藏。

海洋旅游目的地健康资源有两种来源，一是直接利用海洋本身具有的健康价值，比如海岛气候的治愈价值、海洋垂钓的休闲价值、海上和海下运动的健身价值、海洋生物的保健价值，在这方面墨西哥坎昆是典范；二是联动其他健康旅游资源。泰国把传统医疗资源嫁接来，同时又发展现代医疗产业，实现了"医疗＋海洋旅游"的融合，土耳其可以借助古老的温泉资源，给游客提供一场浪漫之旅；夏威夷的健康价值来自旅游资源和人文资源的整合，从而抽象出属于夏威夷的健康理念，在旅游中贯穿着健康、快乐、绿色的"乐活"精神。

也正是在借助本土其他健康旅游资源的过程中，案例地塑造独一无二的海洋旅游品牌，比如提到普吉岛就会想到泰式按摩和熏香 SPA，到印度会选择感受一下当地的瑜伽和阿育吠陀，提到坎昆就会想起高档奢华的海边高尔夫球运动，提到土耳其就会想泡一次棉花堡的温泉来治疗疾病，提到夏威夷就仿佛能听见"阿罗哈"的呼喊，想在原始的自然和人文中来场全身心的"乐活"之旅。也就是说，对海洋旅游资源进行健康价值的提升，不仅是对旅游产品层次的提升、旅游活动的增加，从而增加旅游创收，更有利于打造新的目的地"名片"，让目的地焕发新的活力。

通过对前文的总结，我们可以总结出这样一条海洋旅游产品健康价值提升路径（图14-1），对我国海洋旅游的发展有一定借鉴意义：

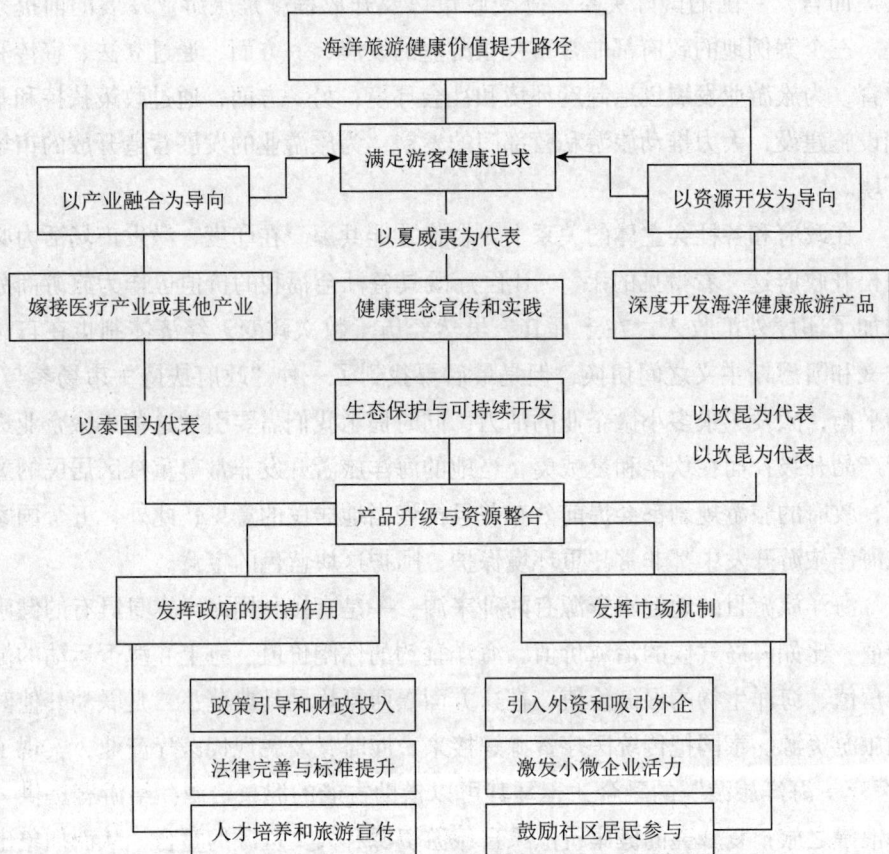

图14-1　海洋旅游健康价值提升途径示意图

海洋旅游目的地健康价值提升的方式主要可以分为两大途径，一是以产业融合为导向，普吉岛、印度、济州岛、新加坡就是因为医疗旅游业发达而享誉世界的海洋旅游目的地；二是以资源开发为导向，主要从海洋资源和非海洋资源两个方向健康价值挖掘。挖掘海洋资源的健康价值，就是要完整、全面地认知海洋资源的价值，从海洋生物、海洋景观、滨海气候、海水质量、海洋文化等多个角度出发，开发丰富的健康旅游产品和项目。非海洋资源的健康价值开发本质还是资源整合，把本土健康资源与海洋旅游整合在一起，泰国的熏香推拿、印度的瑜伽、土耳其的温泉浴等健康资源的开发，有助于完善构建当地的海洋旅游目的地健康旅游产品体系。

　　无论哪种途径，根本在于健康旅游产品升级与健康资源整合。要实现这一目标，需要政府和市场"看得见的手"与"看不见的手"的有机结合。一方面，政府提供政策引导和财政支持、完善法律和产业标准、加大人才培养力度和营销宣传，另一方面，要发挥社会的力量，引入外资和外企、鼓励小微企业的发展和民间资本的积累，还要鼓励社区居民参与，让原住民充分受益。值得注意的是，在这产品升级和资源整合的过程中，在健康价值提升的过程中，我们需要平衡好生态保护和经济发展的关系，始终坚持可持续发展的原则。因为优美的生态环境本身，就是重要的健康旅游资源。

　　现在，越来越多的游客希望通过旅游，追寻健康的生活、达到康养的目的。建设康养中心、开发健康旅游产品，也成了许多目的地旅游开发的新方向。海洋旅游目的地可以通过嫁接其他健康产业，或者充分利用海洋这个健康宝藏，来满足游客的健康需求。但通过夏威夷的案例学习，或许海洋旅游目的地开发健康旅游产品不应该仅仅停留在为游客提供生理上的健康服务，还要注重提升游客心理上对健康生活的认知；也不应该把健康产品局限在一栋康养休闲建筑内，而是在海洋目的地开发建设的过程中处处体现健康生活的理念，以当地健康文化加以包装整合，让游客的这趟旅程本身就充满着对健康生活的向往。

参考文献

　　[1]高建.海岛旅游开发模式探讨[D].浙江大学，2007.

　　[2]蔡礼彬，王晨琳.近年来国外海洋旅游研究综述[J].旅游论坛，2018，11（4）：31-42.

　　[3]韩伟雄.国外海岛旅游开发的经验启示[N].中国海洋报，2019-06-18（002）.

　　[4]曲凌雁.世界滨海海岛地区旅游开发经验借鉴[J].世界地理研究，2005（3）：80-85.

［5］毛晓莉，薛群慧.国外健康旅游发展进程研究［J］.学术探索，2012（11）：47-51.

［6］黄琴诗，朱喜钢，曹钟茗，孙洁，刘凤豹.国外康养旅游研究的转型与趋势——基于英文文献的计量分析［J］.林业经济，2020，42（2）：48-58.

［7］Ngamvichaikit A，Beise-Zee R. Communication Needs of Medical Tourists：An Exploratory Study in Thailand［J］. International Journal of Pharmaceutical and Healthcare Marketing，2014，8（1）：98-117

［8］李瑞霞.泰国旅游业发展经验及其借鉴［J］.消费导刊，2008（3）：12-13.

［9］刘德浩，庞夏兰.海南医疗旅游产业发展策略研究——基于泰国、印度经验的分析［J］.中国卫生事业管理，2018，35（12）：956-960.

［10］Alberti F G，Giusti J D，Papa F，et al. Competitiveness policies for medical tourism clusters：government initiatives in Thailand.［J］. International Journal of Economic Policy in Emerging Economies，2014，7（3）：281－309.

［11］陈国林.浅谈泰国旅游管理法律制度［J］.法制与社会，2008（25）：382-383.

［12］王大悟，王涛，陆国存.印度旅游业的发展和现状.上海社会科学院旅游研究中心.

［13］邓常春.试析印度旅游业的发展［J］.南亚研究季刊，2002（2）：23-26+34-2.

［14］陈利君，陈予涵.印度发展医疗旅游业对我国的借鉴与启示［J］.南亚东南亚研究，2018（4）：53-62+118-119.

［15］李燕.印度旅游业发展的经验、问题及其借鉴［J］.南亚研究季刊，2018（3）：44-51+5.

［16］国王.印度医疗旅游发展与挑战研究［D］.云南师范大学，2018.

［17］刘艳飞.健康管理服务业发展模式研究［D］.上海社会科学院，2016.

［18］王胜.海南应向坎昆学什么［J］.今日海南，2011（2）：30-31.

［19］秦川.国内外经典度假区研究［J］.中国房地产，2015（2）：36-39.

［20］刘俊.国外综合型旅游度假区研究进展［J］.桂林旅游高等专科学校学报，2007（4）：614-618.

［21］徐艳芳.拉丁美洲传统文化资源的旅游产业化路径及启示［C］.山东省科学技术协会.科技创新与文化创意产业——2012年山东省科协学术年会分会场青年科学家论坛文集.山东省科学技术协会：山东省科学技术协会，2012：38-45.

［22］谢灯明，何彪，蔡江莹.绿色发展理念下海南省海洋旅游资源的开发与保护［J］.海南热带海洋学院学报，2018，25（6）：27-32.

［23］罗颖.政府旅游营销推广研究［D］.武汉大学，2004.

［24］纪凯生.泰国旅游产品在上海的营销策略研究［D］.上海交通大学，2013.

［25］张元钊，林斯颖.夏威夷旅游岛发展经验对平潭国际旅游岛建设的启示［J］.学术评论，2017（3）：44-49.

［26］王旭科.夏威夷旅游发展的经验与启示［N］.中国旅游报，2014-09-12（006）.

［27］周家高.夏威夷的经济支柱——旅游业［J］.外向经济，1997（11）：39-40.

第十五章 "海洋旅游健康价值挖掘" 在线论坛

2020 年 2 月 27 日，中国太平洋学会海洋旅游专业委员会、天津津云新媒体文旅部、南开大学现代旅游业发展省部共建创新中心、MTA 中心联合举办第二场文旅在线研讨会：海洋旅游的健康价值挖掘。在全民抗击疫情的背景下，此次在线论坛深度聚焦"健康旅游"这一热点话题，围绕"海洋旅游"这一行业领域，邀请了 7 名学界和业界知名嘉宾齐聚线上开展讨论。不但为 60 多名学院学生和网民代表带来了一场鲜活的在线研讨公开课，也为天津海洋旅游的健康价值发掘贡献了思路和建议。

这场在线头脑风暴由旅游与服务学院副院长杨德进主持。特别邀请到了南开大学旅游与服务学院党委书记徐虹教授，厦门大学旅游管理与规划研究所主任、中国太平洋学会海洋旅游专业委员会副会长林德荣教授，海南省旅游委原巡视员、中国太平洋学会海洋旅游专业委员会副会长陈耀，南开大学旅游与服务学院教授马晓龙，中国太平洋学会海岛旅游分会副会长兼秘书长、洗心文旅总裁梁源媛，中远海运（天津）有限公司战略与企业管理部副总经理宫树伟 6 位嘉宾。

嘉宾们紧紧围绕国民休闲旅游在疫情后的健康需求、供给和保障问题，详细研讨了海洋旅游的健康发展回顾、健康价值取向、健康资源发掘、健康产品创新、健康产业链开发、健康管理升级、健康形象传递等内容。尤其是在海洋健康旅游供应链开发管理、厦门海洋旅游产品升级、邮轮游船旅游健康运营、海南健康旅游发展、海岛旅游健康化提升、天津市海洋旅游健康价值挖掘等实践方面，提出了诸多发展建议和策略。在线学生们也同现场嘉宾开展互动。

一、杨德进：如何挖掘和提升海洋旅游的健康价值

海洋旅游具有天然的健康优势和条件，面朝大海能放飞身心、呼吸海洋空气、享受沙滩阳光、开展海上运动等，都体现出了极大的健康魅力。后疫情时代，海洋健康旅游必将更加受到大众旅游的追捧，其发展潜力大和市场前景非常广阔。那么，我们如何在此阶段去深入挖掘海洋旅游的健康价值呢？个人认为当前应该开展以下几个方面的行动：

第一，应始终把从业人员和游客的生命健康安全放在首位，在保障滨海旅游景区内外环境"零风险"的前提下，科学、有序开园营业，坚决杜绝盲目跟风和违纪违规的经营行为。在复工复产过程中，我们的滨海景区除扎实开展防控疫情和企业"自救"外，还应该在健康价值挖掘及重塑上下功夫。第二，疫情后游客对海洋旅游健康安全的敏感度明显提升，对滨海自然、生态及健康产品的消费更加热衷，对我们的海洋型旅游目的地及企业的健康安全意识、卫生消杀保障更加看重。因此，我们需要充分挖掘资源健康价值、推出健康产品、保障健康环境、塑造健康形象，把健康安全理念融入发展的各个环节，系统化地提升景区的健康价值，才能获得游客市场更大的认可。第三，针对海洋型景区景点，应首选编制系统化的健康与安全价值提升方案。无论是何种类型的景区及项目，都需要重新审视其健康安全的基础与条件，积极寻找健康价值方向和卖点，构建起牢固的安全保障体系，制定分阶段实施的行动计划。第四，深入发掘海洋旅游资源的健康新价值点，推出一系列海洋度假旅游、滨海温泉旅游、康养疗养旅游、海上运动休闲、海鲜风情美食、海洋科普研学等产品，通过改造已有项目、优化开工项目、包装储备项目等方式，形成健康项目群落。第五，除海洋型景区外，海岛生态游、海洋风情游、特色渔村游、海洋文博游、主题公园游、海滩虚拟游、海鲜美食游等项目应全方位融入健康理念，补齐环境卫生和健康设施的短板，建立完善的健康标识系统和解说系统，挖掘海洋健康的文化内涵，促进海洋健康文化发展。第六，建立海洋旅游目的地的健康安全培训机制，加强对从业人员的健康安全培训和管理。尤其是在疫情当前，要更多地开展员工在线培训工作，加强安全教育培训专项内容，全面贯彻健康安全理念及流程，养成良好的安全管理操作习惯，树立海洋旅游目的地鲜明的安全健康服务意识与形象。

二、陈耀：海洋旅游资源开发过程中如何提炼其健康价值

海洋旅游起源于健康。中国古代的秦始皇到滨海巡游、到海上寻找不老之药，是对健康与长生的追求。古罗马帝王取得胜利到岛屿上建行宫休养也与健康有关。近代英国设立海滨休闲日也是利于人们的健康。可以说，健康的价值是海洋旅游起源的重要原因。

多年来，我国对发展海洋旅游健康价值的重视不够。北方地区以滨海浴场为主的海洋旅游，更多在于娱乐性的嬉游性；海南开发了一些滨海度假区，虽有硬件高档次的度假酒店，但度假区开发时候整体配套欠齐全，虽然强调了度假的价值，对健康价值的挖掘也还有待提升。

这次新冠肺炎疫情导致人们较长时间宅在家中，让人们更加认识到健康的重要性，同时让人们认识到在家也可以"宅游"。从长远而言，这次疫情会影响人们的消费需求以及消费习惯。2003年海南在抗非典基础上打造了健康岛品牌，促使旅游产品发生根本性变化。原来的产品以滨海观光为主，转变为以健康为吸引的滨海度假，此后海南的国际旅游产生爆发性增长。这次新冠肺炎疫情与非典不同的是更让人们认识到健康的重要性，健康意识将会深入人心。截至目前，海南省也累计出现一百多例输入型为主的新冠肺炎病例，但是海南作为热带海洋区域的健康因素还是比较有优势，发展海洋旅游应当大力发掘和提升其健康价值。

海洋旅游的突出特点一是空间大，二是相对环境好。海洋区域是人们最容易获得健康的地方。长期以来人们强调海洋旅游资源是"3S"包括阳光（sun）、海水（sea）、沙滩（sand），可以说在开发海洋旅游时主要是靠以上自然因素。但是发展海洋旅游特别是提升其质量不能仅仅依靠自然因素，还要深入挖掘它的健康价值，不仅注重自然的"3S"阳光、海水、沙滩，还应重视人文因素和价值，在这方面我认为应有新的"3S"：第一是"sports"运动：海洋旅游对人们健康价值最大的体现是多种多样的运动；第二是"seafood"海鲜：海鲜类食品对人们来说既是美味也是很有营养的健康食物；第三是"service"服务，包括提供有益健康的各类服务型产品。依赖传统的自然资源（阳光、海水、沙滩）是不够的，加上运动、海鲜食品和健康服务等人文因素，是从产品上挖掘和提升海洋旅游健康价值的体现。

海洋旅游的健康价值可从以下几个方面挖掘：

第一方面，要从理念上挖掘。现在海洋旅游滨海开发项目多是对自然资源的简单使用，还有很多房地产公司搞滨海房地产项目，这不利于对海洋旅游健康价值的挖掘和提升。优质海洋旅游资源是难得的公共性资源，要用创新发展理念来打造高价值、全产业链的海洋旅游。

第二方面，挖掘与提升海洋旅游的健康价值，海水浴场和滨海饭店是不够的，还要从"内与外""动与静""中与西""古与今"等不同角度创新开发旅游产品。"内与外"是指从游客内在和外在的健康角度出发，"动与静"是开展"动""静"结合的多种运动方式，"中与西"是要兼收并蓄我国与国外的健康形式，"古与今"是既要注重古的传统，也要吸纳现代新的科技成果。我们曾经吸引了大批俄罗斯游客到海南度假，其中最赚钱的还是中医康疗。开发海洋旅游产品"内与外"和"动与静"体现在游客的体验，"中与西"和"古与今"是产品提供者创新开发的途径。

第三方面，要打造一个海洋旅游的全产业链。现在我们的海洋旅游产品多是单环节的。北方以滨海浴场为主，很多滨海浴场游客主要是"洗海水澡"，创造价值不多。南方如海南发展海洋旅游气候条件好一些，但一些滨海酒店主要是卖高价客房。海洋旅游要从人们运动、食品和多种多样服务以及配套设施等方面挖掘健康价值和提升产业价值。

2003年，我们提出海南旅游是"户外、阳光、小型、分散"，得到了国外游客的赞同，促进了国际旅游的发展。下一步针对挖掘健康价值开发海洋旅游，总体上也要在"户外、阳光、小型、分散"上显示特色，大团队、观光式不适合海洋旅游价值的挖掘与提升。要充分关注这次疫情给人们造成的影响，今后家庭游、专业化的小团队游会渐成趋势，要充分利用海洋旅游的特点与新的消费趋势对接。海洋旅游总的特点是户外阳光小型分散，但也有另一极端的形式，如邮轮旅游就是客房空间小、公共空间人员高度集中的海洋旅游形式。这次"钻石公主号邮轮"上的疫情对我们是一种警示。邮轮是海洋旅游一种，但与海洋旅游的其他形式在特点上大不相同的。

个人对发展邮轮旅游有个建议：近年来我国邮轮旅游突飞猛进，沿海很多城市建了或者规划建邮轮港，这其实不科学。邮轮旅游的主导权不在旅游目的地，而在世界上少数几家大的邮轮公司。而邮轮母港需要巨大客流量的支撑，并不是每个地方都具备的条件。邮轮港建得再多，也不一定能够把海洋旅游带动起来。能够以旅游目的地为主导的小型、特色的游船旅游更符合一个城市开发海洋旅游的需求。我们要重视"钻石公主号邮轮"的案例，不让充满阳光的海洋旅游有健康上的阴影。我们要充分挖掘和提升海洋旅游的健康价值，赋予海洋旅游的产品、产业及行业更多健康内涵，给人们身心以更美好的愉悦与幸福感。

三、徐虹：简述海洋旅游的健康价值

今天探讨的主题，是海洋旅游的健康价值挖掘。我觉得这次疫情带给我们每一个人的问题，就是要重新思考健康是什么，健康有多么重要。其实对于我们大家来说，健康就是围绕人的衣食住行、生老病死，对生命实施全程全面全要素的呵护。并且健康也包含物理、生理、身体上的健康以及心理和精神方面的健康。所以笔者觉得，健康是一个多维度的。那么实现健康的途径可以有很多种。比如我们现在都在关注的，通过食疗、体育运动、外出旅游观光等方式，可以达到我们追求健康的目的。

但是海洋旅游，它是可以把各种实现健康的途径有机融为一体的一种新兴业态，它本身是一个宏观的概念，包括滨海旅游、海岛旅游、远洋和深海旅游、海洋主题旅游等。所以海洋旅游作为海洋经济当中的重要组成部分，普遍认为它是海洋经济当中第三产业的龙头产业。其实我个人觉得，不能局限在第三产业，因为在海洋经济里面的一二三产业，其实都对海洋旅游发挥了很好的价值引领和挖掘的作用。

个人认为，海洋旅游的健康价值体现在两个方面，即需求与供给。从个体的需求方面来讲，海洋旅游可以实现我们对身体健康以及精神愉悦的需求，这个健康需求是我们海洋旅游发展的市场基础。其实我们每一个人都是有双重身份的，我们既作为消费者，通过享受海洋旅游的活动，来增加我们的幸福感。同样作为生产者来讲，我们通过海洋旅游的消费活动，提升我们的智力、体力，进一步提高我们工作的胜任能力。作为个体微观层面，追求海洋旅游的健康价值，无外乎是消费者层面和生产者层面，都获得了它的价值追求的提升。从海洋旅游的供给方面来讲，如果我们没有海洋旅游产业的发展，那我们的消费者对海洋旅游价值的健康的追求也不能实现。从产业层面来讲，我们也应该追求健康。我们的企业组织，乃至我们的社会都可以看作是一个生命有机体。

那么作为一个生命有机体,它也需要全方位的呵护和养育。所以从产业来讲,国家提出的相关政策,比如我们看到的美丽中国、平安中国以及2015年提出的健康中国和2016年发布的健康中国20、30规划纲要。中国已经把它上升到了国家战略。所以它为我们产业的发展奠定了一个很好的政策基础。

目前,国家也在大力促进大健康产业的发展。个人觉得大健康产业可以包括两部分,即主动健康产业和被动健康产业,现在也都迎来了发展的好时机。这次疫情让我们看到,主动健康产业就是没有得病之前的保养保健,那么被动健康产业,就是得病之后的治疗康养。那么面对疫情带来的这种不确定性逐步增加,也让我们更加关注到主动健康和被动健康应该是相辅相成的。就像我们遇到疫情时,我们的被动健康启动,显示了它的重要性。那么作为海洋旅游来讲,它是集健康、保健、养生、养老、科技、运动、制造等多主体参与的,多产业融合的,多方式体验的,多渠道盈利的一个新兴的旅游业态。它展现了良好的发展前景。通过这次疫情带给我们的思考,健康是人类追求的目的,安全是保障健康的手段,技术是实现健康的支撑,理念是落实健康的引领。

疫情带来的这种变化,特别是最近的钻石公主号以及歌诗达赛琳娜号所呈现出来的问题,同样值得我们反思。面对疫情,未来我们海洋旅游业在发展过程当中也要明确一些方向。比如说我们将来在产业上的协作必须要加强,我们要构建产业链。海洋旅游的发展不仅要发展海洋旅游服务业,还要发展海洋旅游制造业,它们需要相辅相成,需要很好的协作和匹配。钻石公主号让我们看到了在疫情发生之后,游轮上的通风系统能不能保证不扩散病毒这一系列问题。未来我们在游轮制造上、技术上、设计上都需要创新,同时需要产业链的提升。所以在带动我们产业的转型升级和优化上,需要我们海洋旅游的服务业和制造业协作,如果没有强大的物质支撑和先进的设备设施,我们的海洋旅游服务业就不能够很好地为消费者创造价值,那消费者对健康的追求就会受到损害。另外在技术上的协同也非常重要,我们要构建同步创新链,即有形的海洋旅游制造业的创新和无形的海洋旅游服务业的协同创新。通过这次疫情也表现出了我们在协同问题上未来还有很大发展空间。未来我们还要在管理上协调,要形成一个灵敏的反应链。当我们遇到突发事件的时候,我们在管理上的灵敏反应和敏捷的管理链条的配合也非常重要。所以说为什么天津的歌诗达号能够用一天时间就完成了对四千多名游客的检查,就是因为它的灵敏反应和管理链条上的衔接，这既体现了我们制度上的优越性，也体现了我们以人为本的理念。反过来讲，钻石公主号所反映出来的问题，就是在管理链条上衔接灵敏度不足。

所以我觉得我们海洋旅游的健康价值的挖掘，不能够仅仅是挖掘它为消费者创造了什么健康价值，还应该从促进国家战略的实现、促进融合产业升级、推动技术进步创新等方面彰显健康意义。从企业的健康运行、产业的健康融合、生态的健康持续等方面其实形成了健康理念的广泛延伸。只有从很多维度更大范围去思考，才能够真正把海洋旅游健康价值挖掘得更加充分。我觉得这是此次疫情带给我们的思考，也是笔者对海洋旅游价值挖掘与开发的一些思考。

四、林德荣：厦门市如何在资源开发中提升健康价值

突如其来的疫情，使得人们对海洋旅游的生命健康和安全价值更为重视。海洋旅游具有天然的健康优势和条件，面朝大海能放飞身心、呼吸海洋空气、享受沙滩阳光、开展海上运动等，都体现出了极大的健康魅力，其发展潜力大和市场前景非常广阔。2月27日，由中国太平洋学会海洋旅游专业委员会、天津津云新媒体文旅频道、南开大学旅游与服务学院MTA教育中心、现代旅游业发展省部共建协同创新中心共同主办，以"海洋旅游的健康价值挖掘"为主题的第二场天津文旅在线发展论坛成功举办。

厦门大学旅游管理与规划研究所主任、教授，中国太平洋学会海洋旅游专业委员会副会长林德荣先生担任了本场论坛的嘉宾，带来了以"厦门市海洋旅游的发展现状及如何在资源开发中提升健康价值"为主题的演讲。他首先指出海洋旅游与健康是紧密联系的，海洋旅游的发展本身是为了健康发展，海洋旅游目前在中国的发展较快，但总体来说，较陆地旅游而言，海洋旅游与发达国家相比较仍存在很多不足。其中一个原因在于我们对海洋旅游的概念了解欠缺。大多人的意识里想到的海洋旅游就是海岸，以近海为主，包括沙滩、阳光，但对真正的深海，海洋了解不多。

随后，他从旅游产品的角度向大家介绍目前厦门的发展现状：厦门的海洋美食养生产品、海洋生物医药保健和美容产品、"中医保健＋海洋旅游"的康复理疗产品近几年发展良好；滨海度假康复疗养产品在慢慢兴起；现有的海洋

运动健身产品不够齐全且发展不均,其中帆船发展较好,游艇、邮轮相对较滞后。

在谈到海洋旅游资源开发过程中,应如何提升其健康价值这一方面,林德荣先生表示可以从以下几个方面入手:第一,要大力开发海洋运动健身产品。如开发潜水、冲浪、摩托艇、快艇环岛、帆船、帆板、空中悬挂、滑翔、沙滩排球、快艇海钓、水上飞机等。第二,要大力开发滨海度假康复疗养产品。这一方面东南亚发展较好,如泰国,菲律宾、印尼、马来西亚等。针对疗养这一方面,厦门有很大的发展空间。第三,开发中医保健海洋旅游康复医疗产品。第四,开发海洋生物医药保健和美容产品。如深海鱼油、海藻、螺旋藻以及深海泥美容产品等,目前国内还可以从产品质量方面继续提升。第五,开发滨海温泉度假康复疗养产品。福建沿海一带温泉资源丰富。可以大力开发起来,为疗养度假而服务。第六,开发海洋美食养生产品。海鲜内含优质的蛋白质,可以增强体质,提高免疫力,尤其是这次疫情,大家都注意到了健康的重要性。身体要保持健康,身体素质与营养有极大的关系。

最后,林教授表示,疫情很快就会过去,疫后更要注重旅游健康。旅游接待如何做好病毒的防范,如何提醒旅游者注意身体健康,尤其是从饮食的角度来提升身体素质,让人们玩得健康,吃得健康,这个是非常值得考虑的问题。作为旅游人,仍有很多事情值得我们去思考,去行动。

五、马晓龙:健康理念下天津海洋旅游产业大有可为

我来跟大家分享一下自己对于这次疫情之后对海洋旅游发展的一些判断和观点。本次疫情对整个旅游经济还有国民经济都造成了很大的影响,尤其是旅游经济,在这两三个月的时间里,基本上都处在一个停摆的状态,这次疫情对整个的旅游经济的影响是非常明显的。但我认为,经济影响是短期的,从长期来看,这次疫情对中国社会的发展最大的影响在于一种价值取向的变化。这种价值取向的变化集中表现在以下几个方面:

第一,从注重个体价值到注重群体价值的挖掘。比如面对此次疫情,我们整个国民的思想是高度一致的。原来我们都是更尊重个体的价值,但这个特殊时期我们发现有吹哨子的人、有逆行者这样一系列人和事情发生,这种感人的、正能量的事情的发生,或者说这种价值变化将长期影响到未来一段时间

整个中国经济和中国社会发展的方向。第二，从经济价值向人本价值转变。旅游经济发展在整个社会经济的发展中所占的比重是行业追求的一个目标。但是通过这次疫情我们会发现，为了能够控制住疫情，武汉封城了，武汉封城对武汉、对整个湖北的经济影响是非常大的。但是人的健康是最重要的，所以说是从原本的经济价值向人本价值转变。第三，从独特价值向朴实价值转变。通过这次疫情我们从多个方面都普遍感受到，人与自然的伦理关系、人与人之间的伦理关系更加平等，更加趋向于和谐，向着更加良性的方向去发展。第四，从感性价值向理性价值转变。面对这次疫情，我们会发现很多年轻的"90后""00后"做出了很大的贡献和牺牲。从原来的感性思考，我想做什么，我愿意做什么？到现在的理性思考，我应该做什么，在这社会中我的价值和意义是什么？每一个转向都向我们传递出，未来的中国社会的发展更加注重伦理价值的挖掘，更加重视生命和健康。

我觉得这些转变都会影响到未来老百姓的生活和社会生产。那么在这样的背景下，海洋旅游具备天然的健康价值属性，所以今天关于海洋旅游健康价值的研讨，对大家确实有很多的启发和意义。

天津的海洋旅游与厦门、海南等地有很大的不同。这种不同也可以理解为有比较大的差距。这种差距的形成，首先是对城市发展、对旅游业的重视程度等宏观环境因素。天津是工业名城，旅游业在整个天津社会经济发展中的地位并没有很重。另外一个客观的因素是气候环境的因素，天津是北方城市，跟南方城市的温暖和湿润有很大的不同。差距是有的，但是天津的海洋旅游，也有它的机会。随着全球性的经济下行压力越来越大，传统的工业生产的竞争力越来越弱化，天津市也逐渐意识到旅游业对于整个城市经济增长的重要性。所以也开始把精力放到海洋旅游、滨水旅游的发展上。另外一个优势在于，天津是直辖市，而且它的腹地有一个环首都的大的都市圈来支撑天津市场。所以说问题的核心在于，不是天津没有这样的市场需求，只是还没有很合适的面向市场需求的好的海洋旅游产品。从这个意义上讲，天津的海洋旅游是有很好的发展机遇和广阔的发展前景的。

海洋旅游健康价值的挖掘，一般来说是依托阳光、沙滩、海水这种环境特征来打造的。围绕海洋本身，可以延伸出很多海洋旅游产品，像休闲、度假、运动、美食，特别是对于天津来讲，像医养这样的旅游产品应该是有很好的发展前景的，因为天津在医疗设备的工业制造方面、机械工业方面都有着很好的发展基础，怎么把疗养健康的主题和工业生产融合起来，是我们未来努力的一个方向。从价值维度来讲，价值只有通过使用、流通才能够释放它的价值。那如何去使用这种价值、流通这种价值呢？从旅游产品供给的角度来讲，关键是如何提炼。如何利用以 5G 为代表的科技支撑来实现海洋旅游价值度挖掘是一个方向，另外一个方向就是如何把海洋文明文化植入既有的旅游产品中来。从未来的发展来看，追求健康的主题会更加突出，对健康对生命也会更加重视，所以从我个人的判断来说，在未来一段时间里，都市休闲型的旅游产品有可能会成为疫情之后旅游产业复苏的一个重要的发展方向，因为通过这次疫情，聚集型旅游行为或者说容易导致交叉感染的出游行为可能在短时间内复苏得比较慢，而对于以自驾方式为主的短距离的都市休闲型旅游产品，应该会有比较好的发展前景。在这样的一个背景下，天津背靠着环首都这样一个大的都市圈，车程基本也在两小时之内就能到达海边，因此天津滨海旅游、海洋旅游的发展潜力还是很大的。对于海洋旅游的形象塑造来说，是否能够获得市场的认可，是要通过游客用脚来投票的，如何在服务、口碑上传递出好的健康的形象，需要在做好营销的同时加强产品本身实力，通过科技和文明的支撑，能够切实挖掘出海洋旅游的健康价值。

此外，经过这次疫情，我们也可以从日本的邮轮事件和天津歌诗达邮轮事件处理上进行对比，可以说，天津歌诗达邮轮的危机处理应该能够成为旅游危机事件处理经典的案例来跟大家分享。但对邮轮旅游的管理来讲，这次疫情也确实提醒我们在危机管理的预警机制、应急处置方案，还有未来的邮轮旅游发展行业标准的制定上，可能还存在着一定的不足，这些不足也应该是我们未来能够在健康旅游的挖掘过程当中，不断补足的重要方向和短板。

六、梁源媛：浅谈海岛旅游"健康化"提升

面对海岛旅游健康化提升的课题，海岛需要从两方面做健康化提升：第一方面，对旅游者的健康化提升，从旅游产品、服务、管理等多环节的提升。旅游者的健康需求有哪些呢？我们大概都知道要身心健康。身体上的健康，目前国内外很多海岛旅游产品都可以满足。身心健康方面的旅游产品，以泰国为例，泰国康养类度假村均能提供多样而齐全的疗养清单以及一系列恢复身心的

活力疗法，无论是清体、营养、瑜伽、健康美食、新生机美食疗法，还是身心灵全方位的水疗 SPA、还会为入住的客人进行健康咨询或健康检测，并依据客人身体情况做整体测评，给出相应的养生建议，为游客量身订制健康疗养规划。

那么我们可以做什么提升呢？第一，国内海岛康养产品，也可以深入发掘中国传统的养生、中医等特色，开发比较具有体系的康养类产品。并从服务和管理上转变思路，一次性消费转换成多次消费，产品有效果、服务有温度、管理有思路，海岛旅游的康养产品让旅游者离不开，复游率高。第二，身心健康中的心理健康，我们还可以扩展和深化情感健康。举一个浅显易懂的例子，目前国内欣欣向荣的亲子旅游市场，就是一种促进情感健康的旅游方式。国内海南有很多酒店已经跟进了。但是，情感健康旅游可以提升的特别多。我们在给深圳小梅沙做项目咨询的时候，是和国外的设计公司一起，我们在研究未来旅游的方向，注意，不光是海岛旅游。其中涉及情感方面的，未来的旅游的情感要关注"奉献"。回馈环境和社会是人们的精神需求，并是国际的旅游趋势，使其因奉献而获得心理满足。我们目前的国内外的海岛旅游，有在做的，但是做得不够深入，具有非常大的空间和潜力。

第二方面，对生态健康化的提升，作为中国太平洋海岛旅游分会的一员，特别说一下我们学会隶属自然资源部，中国太平洋学会有特别多的海洋专家学者。我们分会平时工作也是在帮国内的海岛进行开发的建议。从对国内海岛的踏勘和资料的研究以及和海洋学者沟通中，我们国内大部分海岛旅游面临的最急迫的问题不是"对人的健康化"的提升，而是对"生态健康化"的提升。在座的老师或者同学，如果有喜欢潜水的，大概不会选择在国内潜水，都会近的跑去东南亚，远的跑去南太平洋。包括中国的西沙群岛，海洋的健康状态也不容乐观。"生态健康化"提升，我们不是不开发，而是要生态化开发。

第一，没有开发的无人岛，开发前要评估，适合哪种模式的保护型开发，开展海岛保护与利用规划。第二，已开发的海岛，要时时监控生态的变化，需要修复的要请专业人员进行修复。目前蜈支洲岛，通过人工鱼礁形成海洋观赏牧场，开展潜水的项目，也证明了好的生态健康可以为旅游经营者带来收益，并且是更长久的收益。第三，建议海岛旅游，多开展海岛生态旅游。生态旅游的标准要参考国际标准，澳大利亚开发《自然与生态旅游评估认证计划》

（NEAP）标准或者美国"绿色环球21"标准。国内的大部分生态旅游，都只能算作自然旅游，而且有的伪生态旅游还在破坏生态。

以上是一些个人观点，海岛旅游健康化提升，可以做两个方面的提升，一个是针对人的，一个是针对生态的，仅供大家交流。

七、宫树伟：谈海洋旅游的开发与提升

突如其来的疫情，让文旅行业受到了一定的冲击和影响。防控疫情的同时，广大从业者也积极在为走出疫情困境而努力。2月27日，由中国太平洋学会海洋旅游专业委员会、津云新媒体文旅事业部、南开大学旅游与服务学院MTA教育中心、现代旅游业发展省部共建协同创新中心联合主办的文旅在线发展论坛系列活动第二场顺利举行。本次论坛围绕"海洋旅游"这一行业领域，邀请了7名学界和业界知名嘉宾开展热情洋溢的讨论。中远海运（天津）有限公司战略与企业管理部宫树伟副总经理应邀做客论坛，针对怎么去开发海洋旅游、如何提升海洋旅游的健康属性等一系列问题分享了意见及建议。

中远海运（天津）有限公司是中国远洋海运集团直属二级企业。近年来，在从事海洋货物运输的同时，中国远洋海运集团也初步探索旅游产业。2019年，由中远海运集团和中国旅游集团共同打造的中国第一艘自主运营的豪华邮轮"鼓浪屿号"首航运营，成为我国民族邮轮产业发展新的里程碑。在全民抗击疫情的背景下，宫经理充分肯定了海洋旅游的健康价值，指出未来旅游行业从观光型向休闲型的转变已成为必定趋势。同时，他也指出了天津在发展海洋旅游方面存在的不足和差距。由于自然条件的限制，虽然天津是一座位于渤海湾的港口城市，但实际拥有的海洋旅游资源相对匮乏，不论是滨海的人工沙滩、洋货市场还是北塘海鲜城，相应的开发也停留在浅层次的水平。游客体验感相应受到了很大影响。

针对如何开发海洋旅游资源的问题，宫树伟表示需要发扬天津的地方特色。天津是中国近代工业文明的摇篮。天津港是北方第一大港，应该是扬长避短，把工业文明、航海文化还有天津"借钱吃海货不算不会过"的哏都精神展现出来。让大家到天津之后，可以乘坐着游船畅游天津港，感受工业文明的气息，感受真正的海事博览；可以游览国家海洋博物馆，参观海上妈祖，感受航海文化和历史民俗；也可以深入北塘去寻找皮皮虾的味道，感受哏都人民的精

神；还可以把废弃的海上平台改造提升，去感受海钓文化、渔民生活，感受人与大海融为一体的感觉。给京津两地，以及周边地区的游客充分疗养生息的空间，让他们在海洋旅游的时候，感受到文化的魅力和健康的价值，享受一场真正舒心的畅快淋漓的健康之旅。

最后，宫树伟表示，疫情过后大众的旅游消费观念也将发生巨大的转变，从原来关注新鲜感，转变为更加注重健康价值。从长远的角度来看，他表示看好天津海洋旅游的未来，同时透露中远海运（天津）公司在天津港游船码头，争取在本年内开业运营，届时将为天津的旅游者带来不一样的旅游体验。

项目策划：武　洋
责任编辑：武　洋
责任印制：钱　宬
封面设计：武爱听

图书在版编目（ＣＩＰ）数据

海洋旅游目的地高质量发展之健康价值提升报告 /
杨德进主编；妥艳媜，牛会聪副主编. -- 北京：中国
旅游出版社，2023.11
　　ISBN 978-7-5032-6929-5

　　Ⅰ．①海… Ⅱ．①杨… ②妥… ③牛… Ⅲ．①海洋－
旅游地－旅游业发展－研究报告－中国 Ⅳ．①F592.3

中国版本图书馆CIP数据核字(2022)第046841号

书　　　名：海洋旅游目的地高质量发展之健康价值提升报告

主　　编：杨德进
副 主 编：妥艳媜　牛会聪
出版发行：中国旅游出版社
　　　　　（北京静安东里6号　邮编：100028）
　　　　　http://www.cttp.net.cn　E-mail:cttp@mct.gov.cn
　　　　　营销中心电话：010-57377103，010-57377106
　　　　　读者服务部电话：010-57377107
排　　版：北京旅教文化传播有限公司
经　　销：全国各地新华书店
印　　刷：三河市灵山芝兰印刷有限公司
版　　次：2023 年 11 月第 1 版　2023 年 11 月第 1 次印刷
开　　本：720 毫米 × 970 毫米　1/16
印　　张：17.5
字　　数：284 千
定　　价：59.80 元
ＩＳＢＮ　978-7-5032-6929-5